CB135633

O QUE A VIDA ENSINA,

COM
PARTI
LHA-SE

ORGANIZAÇÃO

LÉO ALVES e VIVIAN CASTANHEDA

O QUE A VIDA ENSINA, COMPARTILHA-SE

Volume 2

PREFÁCIO DE **CHRISTIAN DUNKER**

EDITORA Labrador

Coordenação editorial
Pamela Oliveira

Assistência editorial
Leticia Oliveira

Projeto gráfico
Maurelio Barbosa

Diagramação e capa
Amanda Chagas

Preparação de texto
Maurício Katayama

Revisão
Júlia Nejelschi

Imagens de miolo
Acervo pessoal dos autores

Dados Internacionais de Catalogação na Publicação (CIP)
Angélica Ilacqua — CRB-8/7057

O que a vida ensina, compartilha-se : volume 2 / organização de Léo Alves, Vivian Castanheda. -- São Paulo : Labrador, 2022.
256 p.

ISBN: 978-65-5625-290-2

1. Autoajuda 2. Autorrealização 3. Felicidade I. Castanheda, Vivian II. Alves, Léo

22-5940 CDD 158.1

Índice para catálogo sistemático:
1. Autoajuda

EDITORA
Labrador

Editora Labrador
Diretor editorial: Daniel Pinsky
Rua Dr. José Elias, 520 — Alto da Lapa
05083-030 — São Paulo — SP
Telefone: +55 (11) 3641-7446
contato@editoralabrador.com.br
www.editoralabrador.com.br
facebook.com/editoralabrador
instagram.com/editoralabrador

Dedicamos este livro para todos os nossos familiares
presentes e aos que permanecem em nossos corações,
aos nossos amigos e a todas as pessoas que de alguma forma
estiveram conosco em algum momento na nossa jornada e cujos
ensinamentos enriqueceram enormemente os nossos entendimentos
das realidades interior e exterior, sempre com palavras sábias,
amorosas, conseguindo preencher nossos corações e nossas almas,
nos trazendo sabedoria para nos ajudar a encontrar nossos
caminhos, fazendo-nos descobrir quem somos para poder amar,
crescer e compartilhar um pouquinho do que a vida nos ensinou.

SUMÁRIO

Prefácio

A VIDA COMO CONCEITO A SER DEBATIDO

por Christian Ingo Lenz Dunker

A situação contemporânea parece prescrever uma forma de vida em que o trabalho se organiza compulsoriamente ao modo neoliberal, tendendo ao cansaço ou à exclusão. A linguagem se degrada em barbárie digital e o desejo é devorado pela demanda de produção e consumo. Mas será mesmo que sofremos mais hoje em dia do que em outras épocas, ou do que culturas com menos recursos que os nossos? É provável que na impossibilidade de saber exatamente o que perdemos, para chegar aonde chegamos, não seja possível determinar, com clareza, se há progresso ou retrocesso. Esta teria sido a pergunta formulada pela Academia Real Francesa aos pensadores do final do século XVIII: "teriam os progressos nas artes e ciências contribuído para melhorar a humanidade?". Diante de uma questão tão aberta e da improbabilidade de respostas que ultrapassem a especulação, o jovem Jean Jacques Rousseau escreveu um pequeno ensaio sobre a origem da desigualdade, que criou uma nova maneira de pensar o conceito de vida, com profundas consequências na formação dos projetos modernos da escola, da política e da própria disciplina da antropologia.

O livro que o leitor tem aqui em mãos é um conjunto de relatos de ressonância educativa, política e antropológica organizados em torno de uma nova edição da antiga pergunta da Academia Francesa. No entanto, agora, em vez de perguntarmos pelo progresso e emancipação, perguntamos pela sobrevivência subjetiva e desejante em tempos sombrios, marcados pelo declínio da confiança no progresso, nas ciências e nas artes. Atualmente, a crise ecológica, política e moral é indiscutível, ainda que não se consiga determinar sua extensão e desenlace. Assim como Rousseau precisou da noção de vontade geral, discutimos hoje o que poderia ser um conceito capaz de superar o impasse agudo entre formas de vida institucionais e comunitárias, divididas entre a fala e a escrita, entre unidades simbólicas e identidades imaginárias. Dois termos surgem no horizonte da pesquisa moral diante da colonização do mundo da vida pelo mundo da técnica: compartilhamento e comunalidade.

Compartilhar não é trocar, nem dar, mas um modo alternativo de "ter". Um modo de ter que não se ajusta à forma indivíduo, que dissolve a propriedade e supera a lógica de contratos, regulando genericamente nossas partilhas cotidianas. Compartilhar não é "possuir" com o outro. Por exemplo, se eu sou dono de algumas ações de uma empresa, mas não de todas, posso dizer que tenho uma parte do negócio, logo "partilho com", "tenho uma parte de um conjunto", "compartilho". Ora, esse é o conceito degradado de compartilhamento, no qual sua potência política, educativa e antropológica fica diluída em um mesmo sentido, que é o da propriedade, que pode ser de alguma forma resgatada, vendida, trocada por outra ação, emprestada, alugada. Posso até ter minha parte reduzida a nada se a empresa falir. Mas nada disso muda minha maneira de ter. Ainda que eu herde ou estabeleça uma fundação beneficente, juramentada em testamento, com finalidade "não lucrativa", estarei apenas transferindo valor e reproduzindo ou multiplicando uma parte que eu e eventualmente muitos outros possuem. Não mudei nada, portanto, no conceito de possuir.

Nosso mundo parece ter dado por definitivo que a vida não é mais um conceito a ser discutido. Ou melhor, podemos opor formas de vida umas às outras, mais individuais ou mais coletivas, bem-sucedidas ou fracassadas. Algumas parecem mais bem realizadas, outras meio interrompidas. Umas tantas meio frustrantes, outras belas e perfeitas em sua simplicidade despretensiosa. Talvez algumas sejam mais admiráveis ou honrosas do que outras, infames e esquecíveis. Há tantas existências dedicadas e honestas, com tantos sonhos e tantas gramáticas que elas mesmas se elegem para se medir, se avaliar ou meramente se contemplar, que ficamos um tanto desorientados procurando saber quem são de fato nossos heróis ou, inversamente, nossas verdadeiras formas de vida inimigas.

O novo Rousseau, aquele que estaria à altura de nossa época, provavelmente substituiria seu ensaio sobre a origem da desigualdade por uma pergunta em torno da origem da excepcionalidade. Se a verdadeira experiência de compartilhamento envolve dissolução da forma indivíduo, sobre o qual se confundem eu psicológico, sujeito do conhecimento e pessoa jurídica, a lógica da exceção passa a presidir a comparação entre formas de vida. Exceções podem ser privilégios, mas também contradições que movem processos transformativos. Exceções são o lugar-comum que reúne e confunde uniformidade, totalidade e universalidade. Mas em nenhum caso as exceções escapam ao meio que as torna reconhecíveis, memoráveis e generalizáveis, ou seja, a narrativa que torna possível e faz valer a pena uma vida ser contada, de preferência em seus próprios termos.

Este livro reúne um compilado dessas exceções.

Ele conta histórias que contrariam estatísticas e previsões, desde infâncias adversas que chegaram à fase adulta como grandes empregadoras, até vidas itinerantes em busca de um lugar. Às vezes um lugar onde se possa sonhar, ou um onde se possa esperar avistar aquela baleia inédita, nunca vista, que de toda forma um dia virá. Vida de sacoleira, vendedora de batom que inesperadamente chega a uma empresa de sete dígitos, mas que por dentro precisou atravessar desertos e pântanos, em dez dígitos de pânico e depressividade. Vidas como as da mãe solo em sua travessia infinita através das demandas de reconhecimento.

Mas não há vida sem seu irmão gemelar chamado morte. A luta contra o adoecimento nos lembra que não há vida sem corpo. Corpo próprio, corpo do outro, corpo estranho, corpo limite que testemunha o que é curável e o que é incurável em nossa existência. Não só a doença que mata e a morte que nos liberta das ilusões de infinitude. A morte que tanto leva embora o amor quanto o torna ainda mais precioso.

A vida que se passa em estrutura de teatro, jogo ou viagem. Figuras de sua natureza de transição e transitória. Talvez seja por isso que sonhamos em pertencer a um lugar de exceção, mais além da ocupação do território. Quem diz lugar, diz limites e a vida é esta coisa que cria e descria seus próprios limites. Como o do homem que de repente se descobre em uma vida limitada a não chorar. Como a vida de uma mulher que transborda de amor. O teatro da vida comporta decisões, acasos e circunstâncias, como coadjuvante ou como protagonista. Nela será preciso escolher, no palco ou no mundo, como atriz ou ator, personagem, diretor ou roteirista. A vida em egoísmo ou solidariedade na viagem da doença ou da saúde, da riqueza ou da pobreza. Nesse jogo é preciso se perder para poder se encontrar, e é preciso se desencontrar para poder se reencontrar. A viagem da vida traz sempre seu bestiário de monstros, dragões e fantasmas. Nela, se você não sabe de onde veio, jamais descobrirá para onde vai e muito menos onde está. Suas encruzilhadas vêm com mentores, dementores, influenciadores, anjos e demônios.

Todas estas são versões possíveis de vida. Vida parcial ou plena, bem vivida ou sobrevivida, com suas regras de como dar, receber e retribuir, mas principalmente com suas exceções. Encontros imprevisíveis, fortuitos e transformadores. Neste ponto se verá que vida é um substantivo sempre no plural. É por isso também que se pode dizer, ao mesmo tempo, duas coisas contrárias. Vida não se debate, mas se acolhe, se aceita, se admira, em sua inteireza e completude, como uma obra de arte. Mas a vida também é debate, controvérsia e luta por reconhecimento. Trabalho de transformação e autotransformação. Desejo de englobar e mudar vidas próprias e impróprias. Isso acontece porque vidas são feitas por outras vidas, e porque uma vida é feita por várias.

Sendo assim, o que seria um conceito justo de vida? Que conceito de conceito precisamos para esse caso? Não creio que a vida comporte esse tipo de conceito chamado categoria, que nos levaria a distinguir vidas felizes e vidas infelizes, vidas que valem e outras que não valem, vidas que são dignas de luto e outras que são feitas para o esquecimento e a indiferença. Vida também não é um conceito representacional, como a de um ser de direitos e participações, ou um conceito descritivo, condicionado pelo funcionamento molecular de cadeias de aminoácidos. Nem por isso o conceito de vida é comparativo, atinente ao que se pode possuir, trocar, produzir ou consumir.

Um conceito viável deveria incluir trabalho, desejo e linguagem sob forma de uma unidade precária, essencialmente conectado ao tempo de sua própria realização. Ou seja, o conceito de vida é conexo com sua própria transformação. Transformação acontece toda vez que a vida é contada, seja no sentido de narrada ao modo de uma história, seja no sentido de que ela se apresenta como unidade de um conjunto contável de vidas, mas que se manifesta em um universo infinito de versões. Nesse sentido, o conceito de vida é sempre parte de um debate, de uma conversação, de mitos e lendas, de palavras, ou seja, de vidas que nos antecederam e de vidas que nos sucederão.

A vida se debate não por haver piores ou melhores, mas próximas ou mais distantes de como a vida deve ser, em sua essência eterna, em seu destino determinado, em conformidade com ordem cósmica, natural ou teológica. A vida se debate como um peixe dentro de um aquário muito pequeno, querendo sair para fora de si, mas também querendo entrar em si, em seu próprio tamanho e cabimento. É assim que em cada vida cabem as vidas vividas, seus desejos historicamente desejados, muitas vezes esquecidos ou negados. Em cada vida cabem ainda as vidas por vir, daqueles que não nasceram e que serão como as baleias que virão, um horizonte em abertura possível e infinitamente indeterminada.

Vemos assim que o conceito do conceito de vida compreende principalmente as outras vidas, o seu anticonceito, até o limite das vidas que foram e das que virão. Vemos também que ele é um conceito movente, não idêntico a si mesmo, ao longo do tempo, que difere da criança para o idoso, do jovem para o adulto. Um conceito deveras anômalo e aí está a sua característica e afinidade com a ideia de exceção. Um conceito que depende de como ele se exprime a cada vez, com suas formas e cores múltiplas e indeterminadas. Só sendo outro, que não ele mesmo, este conceito pode ser verdadeiro. Vidas se debatem, se afetam, se destroem e se enriquecem com outras vidas. Mas há conceitos de vida que formam vidas sem conceito: reduzidas a formas estatuárias, exemplares, ritualisticamente compulsórias, como se fossem existências dedicadas honesta e unicamente a reviver vidas que já foram vividas, onde tudo aconteceu da forma como tinha de ser. Estas são também exceções.

Vidas sempre cumprem seu destino, mas o fazem seguindo suas próprias exceções. É isso que se aprende fundamentalmente neste livro, que é sobretudo, uma *lição de vida*.

“Você nunca deve ver os seus desafios como uma desvantagem. Em vez disso, é importante entender que as experiências que você adquire enquanto enfrenta e supera as adversidades são, na verdade, uma das suas maiores vantagens.”

MICHELLE OBAMA

Arte desenvolvida pela minha sobrinha
Gabi Felipe | @dixx_gabi4

1

SEJA ALÉM DAS ESTATÍSTICAS: EU SOU

Por Adriana Siqueira

Nada na vida deve ser temido, somente compreendido.
Agora é hora de compreender mais para temer menos.
MARIE CURIE

Meu nome é Adriana Siqueira.

Sempre acreditei que está inteiramente em nossas mãos o poder de decidir como reagir diante de uma situação e a maneira como absorvemos os ensinamentos que surgem em nossas vidas transforma o nosso caráter e movimenta nossos destinos para o futuro que planejamos.

Muitas vezes, influenciados por opiniões que nos chegam por diversos canais durante nossa formação, acreditamos que nossos destinos já são previamente traçados de acordo com nossas origens ou demais características de maior ou menor privilégio com as quais possamos ter vindo ao mundo. Ao contrário disso, acredito que, como personagens principais de nossas histórias, caberá a nós mesmos decidir qual tipo de roteiro queremos escrever e qual papel de protagonismo teremos em nosso enredo. Este poder não está relacionado à capacidade de controlar os fatos, mas, sim, à de converter nossas vivências em aprendizado, para que ele nos direcione a decidir de que forma nos posicionaremos perante o mundo.

A minha história de vida reafirma essas convicções e retrata como podemos mudar o nosso destino. Nasci em uma família de classe social baixa, no subúrbio de São Paulo, a maior cidade deste país. Cresci em um quintal de vila com três casas, habitadas por parentes, e com todas as dificuldades financeiras, emocionais e estruturais que uma infância humilde poderia trazer.

A primeira casa do quintal era aquela em que eu vivia com minha família: minha avó, meu pai, minha mãe e dois irmãos. Minha avó, Dona Diva, foi a minha primeira referência de mulher altiva e prática. Sempre nos contava que tinha comprado a casa em que morávamos guardando debaixo do colchão o dinheiro que meu avô, que não conheci, ganhava trabalhando em uma indústria. Dizia com orgulho que, se não fosse por ela, não teríamos onde morar.

Meu avô partiu cedo e a aposentadoria por viuvez da minha avó sustentava a maior parte dos gastos fixos das três casas. De inteligência aguçada e muito racional, estou certa de que, em uma época em que o papel da mulher era cuidar da casa e dos filhos, minha avó fez muito mais do que isso e poupou recursos da maneira que entendia ser a melhor para garantir que seus filhos tivessem um lar.

Lembro-me dela como uma mulher que passava a imagem de força, mas que também sempre queria se demonstrar impecável fisicamente. Lembro-me da minha avó me treinando, por tardes a fio, a andar de salto alto, com um livro na cabeça, para manter a postura ereta e elegante. Também me recordo de ela comprar minhas primeiras maquiagens e me dizer para nunca sair com cabelo desarrumado na rua. Creio que, além de aprender com ela o hábito de poupar e tentar resolver os problemas de forma lógica, também herdei a importância de zelar e cultivar o cuidado com a imagem própria, porque entendi que este também era um tipo de poder.

Na segunda casa, viviam minha tia e minhas duas primas, as quais considero irmãs. Minha tia se divorciou logo que minha prima mais nova nasceu e tenho lembranças do meu tio visitando minhas primas e nos trazendo presentes, mas não estando de fato presente como pai delas. A maior parte do sustento financeiro dessa casa vinha dos recursos de minha avó e do que minha tia ganhava trabalhando em lojas ou salões de cabelereiro do bairro. Olhando para trás, vejo que minha avó foi quem fez o papel de pai, financeira e psicologicamente, cuidando de suas netas e mais uma vez vestindo a armadura de fortaleza para dar suporte para sua filha. A ela também coube a tarefa de abrigar sua mãe, que vivia na terceira casa do quintal, já viúva.

Dentro de minha casa crescemos sempre com dificuldades financeiras que eram trazidas pelo desemprego. Meu pai não tinha estabilidade no emprego. A falta de dinheiro e recursos me traz lembranças de imensas dificuldades, como a grande quantidade de goteiras que tínhamos dentro de casa em dias de chuva, tornando o ambiente extremamente frio. Também me lembro de dias em que não tínhamos alimentação apropriada ou sapatos em boas condições de uso. Nesse cenário de desestruturação, desde muito pequena, assisti a minha mãe, sem formação ou qualquer experiência profissional, sair na rua à procura de uma solução para prover sustento aos filhos. Ela trabalhou durante anos limpando casas de família e salões de festa.

Minha mãe, Dona Ilza, se casou muito cedo, aos 16 anos, assim que ficou grávida do meu irmão mais velho. Nunca teve como retomar os estudos ou construir uma carreira, mas de alguma forma tinha dentro de si a importância desses itens para a vida e nos criou com a consciência de que esta era a única forma de não repetirmos a história dos nossos pais. Ela direcionou a mim e meus irmãos para o ensino técnico, que nos abriu as portas dos primeiros empregos. Recordo-me também de passarmos a noite em uma fila na rua para participar de um sorteio para nos matricularmos em uma escola pública integral e em um curso de língua espanhola, depois de ela ter tido um dia de trabalho físico intenso.

Para mim, sempre me foi passado pelas três mulheres que cresci tendo como referência, sobretudo minha mãe, como a independência feminina me permitiria a dádiva de poder decidir o meu destino. E sob essa ótica cresci me agarrando a toda oportunidade de estudo e a cada experiência profissional que surgia em meu caminho.

Minha mãe nos direcionava com pulso firme, mas com amor e cuidado. Era toda a minha fonte de segurança, amor e proteção. Até que, com 41 anos, foi diagnosticada com câncer no estômago em estágio avançado. Poderia descrever em detalhes a dor das cirurgias, tratamentos agressivos, noites infindáveis no hospital, diagnósticos negativos e a impotência gerada pela dor de ver quem você mais ama no mundo indo embora lentamente diante de seus olhos. Mas essa é a minha ótica de filha, que perdeu a mãe cedo demais e de uma maneira trágica e sofrida. Pela ótica da minha mãe, me lembro da força e fé durante todo o tratamento, de ela visitar os quartos das crianças com câncer que estavam no mesmo corredor do hospital para brincar com elas e confortar as mães, das palavras positivas de cura que ela tinha para as outras mulheres que estavam internadas no mesmo quarto e do sorriso que abria a cada visita minha e dos meus irmãos. Um grande exemplo de resiliência e de resignação.

E, entre todas as lições duras e dificuldades que a vida havia me dado até então, tive de viver a mais dolorosa delas. O vazio de perdê-la me assolou profundamente, e, sempre que penso em minha querida mãe, e quando me lembro de tudo que ela me deu e em tudo que não poderá jamais viver ao meu lado, um grande sentimento de tristeza toma conta de mim. Pensar que nunca poderei retribuir todo o sacrifício e amor incondicional que recebi é muito doloroso.

Depois da morte da minha mãe, vendemos o terreno onde morávamos e a família se separou. Minha tia e primas foram morar em outra casa. Minha avó, meu pai, meus irmãos e eu nos mudamos para um pequeno apartamento. Mas a convivência com meu pai não era algo fácil para mim, ainda mais sem a presença de minha mãe. Então, com 21 anos, me casei, movida mais pela situação que vivia e enxergando o casamento como uma rota de fuga do que pela decisão de dividir a vida com alguém pelo resto da vida.

Meses depois, meu pai vendeu o imóvel em que moravam e, com o dinheiro recebido, seguiu seu próprio caminho. Assim, a única segurança financeira, um lar para viver, com a qual minha avó e meus irmãos podiam contar, foi retirada de forma abrupta e em um momento de extrema fragilidade pela perda que acabávamos de passar. Meu irmão mais novo, na época, tinha 16 anos; por muitas vezes penso em qual rota a vida dos meus irmãos, jovens, sem os pais ou qualquer estrutura financeira e vivendo em um bairro periférico, poderia tomar. Contra todas as probabilidades, hoje olho com extremo respeito e orgulho para os homens que eles se tornaram e para o papel e estrutura que proporcionam às suas famílias.

Após a separação do meu pai, poucos anos se passaram até que minha avó, a quem eu havia direcionado todo meu sentimento de figura materna, também adoecesse e partisse depois de algumas semanas, reabrindo a ferida do luto pela perda da minha mãe, que ainda não tinha cicatrizado.

Mas é nessas horas, quando você acha que já teve o bastante da vida, que surge uma estrada de escolhas à sua frente, em que você precisa se tornar dona do seu destino e decidir qual história deseja escrever para si. E eu escolhi lutar e honrar os ensinamentos e sacrifícios que minha mãe havia feito por mim e assumir a imagem forte e segura que a minha avó havia me ensinado.

Na época estava trabalhando como assistente administrativa e consegui ser beneficiada em um processo de bolsa de estudos, em que a empresa custeava cinquenta por cento da mensalidade. Então me matriculei na minha primeira graduação e me agarrei àquela oportunidade de estudo como o primeiro degrau para trilhar uma nova história.

No trabalho, nunca fazia apenas o que me era pedido ou cumpria o horário básico estipulado. Tentava fazer mais, me destacar, me diferenciar. Era uma empresa de engenharia, eu não tinha formação e estava em uma situação fragilizada, mas escolhi lutar e não me vitimizar, honrando a memória das mulheres fortes que me influenciaram. Durante os anos de graduação, eu trabalhava, estudava, cuidava da casa, passava cerca de sete horas por dia no transporte público e dormia menos de quatro horas por noite.

Em um ambiente essencialmente masculino, aprendi a me fazer ouvir pelos resultados que entregava e a ser respeitada, agindo sempre de forma igualitária e buscando autossegurança por meio do esforço contínuo. Lembro-me de diversas ocasiões em que, no início da carreira profissional, ainda estudando e formando meu perfil, eu era a única mulher em reuniões com homens mais velhos, já formados e infinitamente mais experientes profissionalmente que eu. E me recordo de não enxergar isso de forma revoltante ou desigual, mas sim no sentido do desafio e da contestação, pois sempre soube me fazer ouvir e me destacar, nunca enxergando essas situações como uma ameaça ou um motivo para me sentir insegura.

Não tive a presença das minhas duas grandes inspirações na festa de formatura. Isso me causou uma melancolia, era como se eu estivesse começando a cumprir o legado que elas tinham me destinado. Logo em seguida, passei por um processo de divórcio complicado, que me fez perder todas as seguranças financeiras que eu havia trabalhado para adquirir. Fui morar com meu irmão mais novo e, somente depois de dois anos, consegui me reerguer financeiramente para voltar a ter minha própria casa.

Nos anos seguintes, oportunidades surgiram no trabalho e comecei a minha ascensão profissional. Com 23 anos fui promovida ao meu primeiro cargo de liderança, em uma área para a qual não tinha nenhum conhecimento técnico, em virtude da entrega e aptidão para gestão que havia desenvolvido. Estudei com afinco para vencer esse e tantos outros desafios que surgiriam pela frente.

Especializei-me em diversas áreas, assumindo todos os desafios que me foram destinados, sempre me dedicando a entregar resultados e fazer a diferença. Assim, fui subindo degraus na carreira, até conseguir alcançar o objetivo que havia traçado e para o qual direcionei todos os meus esforços: me tornei diretora e sócia de uma das maiores empresas empregadoras do Brasil.

Hoje, quando entro em minha casa e me deparo com a estrutura que consegui construir, posso olhar para trás com orgulho, para aquela menina para a qual a vida parecia tão dura e tão cheia de perdas, e ter a certeza de que eu não escolhi usar a dor de minha história como desculpa para me vitimizar; em vez disso, me vejo como alguém que escolheu reagir, superar, aprender com as adversidades, sentir a dor, mas aprender a passar por ela com resiliência, como a minha mãe me ensinou, e me tornar mais forte a cada aflição ou obstáculo.

As dificuldades financeiras me mostraram uma realidade que eu não queria viver e me motivaram a seguir os meus objetivos profissionais. Os ensinamentos da minha mãe me lembraram de que o único caminho para traçar uma história diferente era a busca pela independência e o esforço contínuo. A confiança em mim mesma e o poder de superação que a convivência com minha avó imprimiu em mim me fizeram não temer as ameaças e reforçar uma postura igualitária no ambiente de trabalho.

Para mim, no final, a lição que fica é que não são as estatísticas que nos definem (seu sexo, origem, condição financeira, quantos países você já visitou ou em qual escola você se formou), mas estou certa de que sua história pessoal e a força e os aprendizados que você tira dela são a trilha do seu caminho e o alicerce para chegar aonde deseja, e, para isso, precisamos converter as adversidades em aprendizado e força motriz. Não podemos ser reféns dessas estatísticas; nós podemos e devemos mudar o nosso destino, e foi isso que me deu forças para não desistir.

Como diz o escritor Augusto Cury, "seja autor e não vítima da sua história".

Há uma paz no novo,
de começar algo,
às vezes do meio.

Foto: Greg Lecoeur

2

BALEIAS

Por Barbara Azevedo

Um dia é preciso parar de sonhar e, de algum modo, partir.
AMYR KLINK

Meu pai costuma dizer que, dos três filhos, quem o deixa com dor de cabeça, querendo desbravar o mundo, é a única filha mulher que ele tem. A ironia está em eu não ter dado um pingo de trabalho para os meus pais! Acontece que eu preciso ir, nem sei explicar para onde e o porquê, mas preciso ir. É quase como se o vento soprasse partes de um segredo que eu só conseguisse desvendar ao me manter em movimento.

Quando eu tinha por volta de 20 anos, contando para minha família sobre uma festa em que fui, comentei que mal tinha bebido duas cervejas e, mesmo assim, me vi um tanto alcoolizada e não entendia como! Meu pai me olhou sério e, sabiamente, me falou que eu estava embriagada pelo momento. Mal sabia eu que realmente entenderia essa frase anos depois.

Na primeira vez que eu viajei sozinha, escutei um clique de encaixe dentro da minha cabeça. Foi quase como se algo que eu nem sabia que estava fora do lugar finalmente se ajeitasse. Mais de dez anos depois dessa primeira viagem, ainda sinto que pedaços meus são ajustados a cada novo movimento. Morei em diversas casas desde que deixei a dos meus pais e, a cada mudança, fui levando menos coisas comigo. É como se as conexões e vivências novas tomassem todo o espaço. E por constantemente me mover e construir pontes, me encontro neste momento, escrevendo estas palavras, escutando o som das folhas de bananeiras batendo nas telhas e os grilos fazendo festa na serra do estado que para muitos é a praia dos mineiros ou faz parte do Rio de Janeiro: o Espírito Santo.

Com o advento do trabalho remoto, finalmente pude tirar do papel a ideia de estar diariamente mais próxima da natureza, iniciando minha jornada com três objetivos: 1) ver as falésias de Marataízes; 2) subir o Pico da Bandeira; e 3) nadar com as baleias na Bahia. Entre um destino e outro? Quem sabe?!

Meu vermelhinho 1.0 e eu saímos de São Paulo na madrugada de uma quarta-feira no sentido da primeira parada: Barra Mansa, no Rio de Janeiro; de copiloto, minha avó. Chegamos lá logo depois do nascer do sol e, enquanto eu me preparava para começar meu dia de trabalho tirando o notebook da mochila e tomando um café passado pela minha vozinha, me peguei pensando em como somos um pouco das pessoas que nos antecedem. Dona Cida, minha avó, tem rodinhas nos pés; ela não gosta de entrar na água, mas adora ver as ondas do mar e as crianças brincando na beira da praia ou mesmo o barulho e as belezas das cachoeiras.

Alguns dias depois, saio da cidade onde passei inúmeras férias, com a cabeça cheia de memórias dos verões quentes, das idas ao Sesc para brincar na piscina, das oficinas de teatro, dos jogos de baralho e, mesmo sem querer, me recordo também de não me sentir uma parte pertencente, de estar deslocada mesmo com os meus. Enquanto dirijo centenas de quilômetros até meu próximo destino, coloco uma música dos meus tempos de adolescência e deixo esse sentimento passar por mim.

Eu acho que cada um de nós é como uma colcha de retalhos, feita de pedaços que adicionamos para formar essa beleza de ser quem somos. Alguns pedaços são maiores, alguns se encaixam perfeitamente, outros se sobrepõem. Há aqueles que são tão pequenos que normalmente esquecemos que estão lá e há os que têm lugar de destaque.

É no desconhecido que posso realmente usufruir da pluralidade que sou. Ao conhecer pessoas novas, que não sabem nada sobre mim, tenho a possibilidade de me perguntar quais pedaços meus aflorarão. Há a chance de partes pequeninas e até esquecidas surgirem e há liberdade em poder ser todas as minhas facetas. As diversas possibilidades trazem um tipo de agitação, como se no novo estivessem as respostas para perguntas que eu nem me fiz. Há uma paz no novo, de começar algo, às vezes do meio.

O destino número 2 veio com brisa do mar e rede para se deitar, e foi tanto que, quando me vi, estava lá havia quase um mês. Foi em Búzios, dia após dia, sentindo o vento do mar nos meus cabelos e areia nos pés, que me senti esvaziar. Nos banhos de mar fui me sentindo ir sem nem me mover, e, em um rompante, Sana apareceu. Saí do mar para o rio e lá estava eu, novamente, onde minha alma me chama: as montanhas.

Foi subindo montanhas que, pela primeira vez, eu me percebi embriagada pelo momento, que consegui aproveitar o caminho verdadeiramente. Há aqueles que dizem que "só conquistando o cume da montanha, a jornada vale!". Eu discordo! É no caminho que eu entendo minhas limitações, percebo meu tempo, meu corpo e respeito meu ritmo. Foi subindo montanhas que, finalmente, entendi que comparar jornadas é a maior furada. Cada caminho é distinto, posso ter feito montanhas "mais desafiadoras" com facilidade infinitamente maior do que montanhas "menos desafiadoras". O que aprendi foi que cheguei aonde devia chegar, sofrendo bem mais, mas cheguei na mesma montanha de quem andou mais rápido, com menos dor, sofrendo menos.

Foi vendo beleza na trajetória que eu me percebi chegando a lugares que nunca havia imaginado, conhecendo pessoas que impactaram belamente minha vida. O objetivo é superimportante, mas encontrar pequenas belezas pelo caminho e até fazer um pequeno desvio de rota, se necessário, faz tudo ser uma grande aventura.

Cheguei em Marataízes em um sábado ensolarado em busca das belas falésias. É uma coisa fora da realidade: em um momento você está na estrada, logo depois, caminhando poucos minutos, é possível ver e tocar esses paredões formados a partir de processos de erosão marinha. Ao tocá-las, percebi como são frágeis e instáveis, é quase como uma argila nas mãos, e percebi também que completei um de três! Comecei a rir sozinha olhando pra cima e vendo essas belezuras. Aproveitei que estava perto e me acheguei a Guarapari, retomando a rotina e fazendo de mais um Airbnb um lar. Encontrei meu bar preferido, fiz amizades e recebi as melhores dicas de lugares para visitar. Quando parti para o próximo destino, semanas depois, prometi para mim mesma que voltaria para a região em algum momento.

Fiz uma parada estratégica em Vila Velha, que tem um gostinho de bairro boêmio. Lá o descanso do almoço eram conversas com um senhor argentino que sabia tudo de música e, detalhadamente, me explicava como se produz uma música, a melhor forma de aprender um instrumento e contos sobre sua trajetória como musicista. É bem intrigante isso de genuinamente perguntar para as pessoas sobre elas; elas realmente surpreendem. Todo mundo tem uma história pra contar.

Em Alto Caparaó (MG), senti minhas raízes querendo fincar, era como se minha alma se conectasse com o lugar. Não saberia dizer se foi o ar, a água, as montanhas ou as pessoas, mas algo me pegou! O

Pico da Bandeira pode vir com um combo de outros picos. É possível fazer Calçado e Cristal na mesma viagem, ambos nas listas dos maiores do Brasil, e, como não conhecia o Parque Nacional do Caparaó, o superguia Cícero foi meu companheiro nessa aventura. Fomos subindo em um ritmo que permitiu um avanço bom e um bate-papo bacana. Enquanto ganhávamos altitude, Cícero me contava sobre seu amor pela montanha e pela vida de guia, sobre a importância do parque, me mostrava como as trilhas foram mudando com o tempo para preservar o local e manter o acesso aos trilheiros. E, como as ações falam bem mais alto que palavras, é no trajeto que vejo ele, solícito, dando indicações sobre qual caminho seguir, atento aos visitantes que parecem necessitar de ajuda.

Nos últimos metros, o sol que nos acompanhava tomou chá de sumiço e o céu fechou. E foi assim que cheguei ao meu objetivo 2, acompanhada das nuvens de chuva e ofegante. Assinei o livro do cume e seguimos para o Pico do Calçado, que nos recebeu com garoa e ventos fortes. Ainda tínhamos mais um pico a fazer, o Cristal. O tempo ficava mais e mais fechado, mas eu queria subi-lo —, já estava no meio do caminho, poxa! Olhei para Cícero e perguntei o que ele achava de seguir para o Cristal, e ele diligentemente me falou que seria melhor abortar essa subida e retornarem outro dia. Todas as trilhas que fiz na chuva me vieram à mente, mas ao mesmo tempo refletia qual o sentido de ter um profissional experiente naquela trilha e naquele clima e não escutá-lo. Quando tomo a decisão de viver profundamente as experiências, aceito as consequências do que virá! Decisão tomada é consequência aceita. O que busco realizar e viver traz consigo todos os possíveis desdobramentos, sejam eles quais forem: o Pico do Cristal ficará para outro dia!

Você sabia que no Espírito Santo existe muita produção de cerveja artesanal? Cada município, tenha ele 250 mil ou 10 mil habitantes, tem pelo menos uma marca da região para tomar aquele chopp direto da torneira. Para descansar no feriado prolongado, fui parar em Brejetuba, na pousada que tinha como referência "uma cama gloriosa" e, em um sábado pós-feriado, como minha programação era Netflix e sono, ao passar por uma placa escrito "CERVEJARIA PIWO", pensei: "Por que não?". Chegando lá, logo na entrada, vi uma placa dizendo que aos sábados só abrem às 17 horas! Comecei a fazer o retorno dentro do estacionamento, quando saiu o atendente e, para minha surpresa, me falou para subir que ele podia me atender. Enquanto ele abria a cervejaria, fui experimentando as cervejas da casa, em um bate-papo com Gabriel, meu conterrâneo paulista, falando de tudo um pouco: como era viver no interior do Espírito Santo, o motivo de ele se mudar de São Paulo, a história da cervejaria, quais outras deveria visitar antes de seguir viagem, a diferença no sabor pelos ingredientes escolhidos e as nuances de cada estilo.

De repente percebi que o lugar encheu de gente. Um grupo de pagode começou a tocar, o sol se pôs e, por um momento, foi como se eu estivesse no quintal da minha avó em um final de tarde de domingo! Escuto a risada do meu afilhado, meus irmãos conversando, barulho de churrasco e um misto de sentimentos me toma: quero dividir isso com alguém, quero poder trazer minha família, meus amigos, para esse lugar que me recebe como se fosse meu quintal de casa. Ao me despedir, sabia que essa não seria a última vez que viria a esse lugar.

Cheguei no meu próximo destino com a alma clamando por conexão, e Divino de São Lourenço me recebeu de braços abertos. Aprendi a fazer fogueira, e os cães da vizinhança foram minha companhia durante o café da manhã antes do trabalho. Os dias passavam e parece que eu sempre fui daquele lugar, nem os sapinhos que apareciam na casa me assustavam mais. Numa terça-feira, enquanto estava trabalhando, um menino apareceu na porta e me perguntou se podia jogar bola no quintal; eu acenei que sim, mas me questionei como ele havia entrado, pois a porteira estava fechada. Assim que consigo parar por uns minutos, fui verificar e, para minha surpresa, lá estava ele com alguns amiguinhos jogando bola no quintal, e a porteira seguia fechada. Me aproximei deles para entender como foi que entraram e, para meu espanto, eles me contaram como pularam a cerca, me mostrando até o lugar certinho que usaram para entrar. A gente foi se acostumando uns com os outros e eles não pediam mais para jogar, só entravam e jogavam, às vezes eles me pediam um copo d'água, eu oferecia um suco, eles me perguntavam se eu queria dividir o salgadinho, e, entre um oi e tchau, entendi que o simples é essencial

Queria escalar a Pedra Azul em Domingos Martins, e foi assim que parei em Vargem Alta. Mal cheguei e meu anfitrião já me convidou para uma festa no distrito perto do centro. Aqui no Espírito Santo, todo rolê ou festa é chamada de rock, e que rock foi esse! Passei a semana conhecendo o que havia de melhor na região e meu coração foi arrematado. Ir embora nunca foi tão difícil, mas precisei ir, ainda tinha chão.

Dirigi e dirigi, cruzando cidades, e parei em Regência. Lá conheci a praia onde as tartarugas gigantes desovam e passei bons momentos com o time do projeto Tamar escutando os causos vividos por eles e aprendendo como identificar pelas linhas do céu quando está para chegar uma frente fria. Quando segui viagem, passei por lá e vi os acenos de boa viagem que me davam — nunca deixo de me surpreender com as pessoas. Ao cruzar a fronteira com a Bahia, precisava voltar, senti que não vivi o que deveria. Meu coração apertou, eu tinha chegado à Bahia, dirigido mais de 5 mil quilômetros! Senti-me transbordar, mas tive de regressar.

Enquanto dirigia de volta para o Espírito Santo pensei nos 31 municípios que conheci, em que vivi e nos quais aproveitei de tudo: as falésias de Marataízes, as belas praias de Anchieta e Guarapari, a bucólica e boêmia Vila Velha, dancei no Samba sem Lei em Vitória, subi o Pico da Bandeira, conheci as lindas cachoeiras de Iúna, as trilhas e cachoeiras de Ibitirama e Patrimônio da Penha, uma casa isolada com fogueiras noturnas no meio de Divino de São Lourenço, acampei em Regência, dancei forró ao som de chuva em Itaúnas, fiz paraglider em Castelo, subi o Pico do Forno Grande e me apaixonei em Vargem Alta.

E as baleias? Ah, elas virão, ainda sairei religiosamente a nadar até encontrar uma baleia no mar baiano, mas, neste momento, vou viver outra história, outra aventura. Faça da sua vida uma aventura. Para mim tem dado certo.

Eu não precisarei mais mover montanhas
pesadas, apenas observá-las e compreender
que elas podem ser leves, assim como
a metamorfose da borboleta, com sua leveza
e seguindo seu caminho com voos
que elevam sua beleza.

3

EMPURREI MONTANHAS PARA ENSINAR A CONTORNÁ-LAS

Por Carol Arêas

Consagre ao Senhor tudo o que você faz,
e os seus planos serão bem-sucedidos.
Provérbios 16:3

Uma pessoa improvável

"A gente move montanhas; onde tiver montanhas e enquanto tiver forças para chegar aonde eu quero, vou empurrá-las."

Essa frase sempre esteve muito presente na minha vida. Eu sempre tive como referências essas questões que envolvem muito trabalho. Achava que isso era normal, mas não é.

Eu era e sempre fui uma pessoa assim, meio improvável. Quando os meus irmãos eram jovens e se formaram na faculdade e na pós-graduação, eu trabalhava como vendedora. Aliás, eu sempre amei vender e queria ser reconhecida por isso.

Comecei, com 13 ou 14 anos, vendendo de tudo. Com a habilidade, veio a instabilidade emocional. Eu não conseguia me transformar; não conseguia ser ninguém. As pessoas muitas vezes me julgavam, cobravam para eu ser alguém como os meus irmãos. Isso tudo me deixou depressiva, embora eu não seja uma pessoa triste.

Apesar de ser uma pessoa de muita garra, uma vez escutei dos meus irmãos que "sair comigo era muito depressivo". Era a pancada que faltava para eu me transformar em uma pessoa que não era muito sociável, devido às frustrações de não conseguir ser como eles.

De boa vendedora a rainha do batom

Comecei a trabalhar em uma clínica. Eu precisava de estabilidade, salário fixo. O meu marido sempre me apoiou em tudo, um superparceiro, sempre com muita paciência e moderação, concordando em cada decisão. Só tínhamos o primeiro filho, Pedro Henrique, que hoje já tem 14 anos.

Como boa vendedora, sempre vi oportunidades em tudo. Havia 160 mulheres dentro dessa clínica em Sorocaba. Eu era uma digitadora de laudos e pensava: "Meu Deus, é muita mulher, eu preciso ganhar dinheiro com essas mulheres!".

Aprendi com a atividade de vendas a sempre observar mais do que falar. Captei que elas eram muito vaidosas. Foi quando veio o insight de comprar batom no atacado e começar a vender para essa mulherada toda.

Fui buscar na internet. Na rua 25 de Março, descobri um fornecedor de batom da marca Ruby Rose. Hoje é uma marca reconhecida, mas, alguns anos atrás, não tinha nenhum prestígio. Meu marido, Alessandro, se ofereceu para buscar os produtos, para que eu começasse a revender.

Eu tinha 400 reais guardados numa caixinha, que parecia um baú de tesouro bem pequenininho. Com a verba, comprei 96 batons. Eu fiquei superanimada, extasiada, e vendi todos no mesmo dia.

Lucrei 800 reais e investi pela segunda vez em mais batons. Lembro-me até hoje que naquele momento falei com Deus as seguintes palavras: "Achei a minha maneira de fazer dinheiro e montar um negócio!". Continuei na clínica e também levava os batons para revender para toda a minha rede de contatos. Foi quando decidi virar a Rainha do Batom.

O sucesso começou a gerar ansiedade. Havia o medo da queda, aquele sentimento de que, quanto maior o crescimento, maior o tombo. Foi quando parei no hospital pela primeira vez. Tive uma crise de pânico, achava que ia morrer. Meu corpo estremecia, a queda parecia fatal e eu me sentia incapaz de tomar qualquer decisão.

Fui obrigada, mais uma vez, a sair do emprego fixo para me cuidar. Mais uma vez a frustração me pegou, porém tomei a melhor decisão da minha vida: me tornar definitivamente a Rainha do Batom, e, mesmo com medo, fiz como sempre na minha vida: comecei novamente!

Colocava os batons no porta-malas do carro, que ficava comigo quando meu marido, Alessandro, que é piloto de avião, estava em escala de voo. Quando ele precisava do carro, eu ia de ônibus. Nessa época já tínhamos a nossa segunda filha, Cecília.

Preocupada, porém empenhada, com uma bebê recém-nascida, saí de um emprego fixo para empreender mais uma vez e ser reconhecida. Não podia parar, as pessoas não acreditavam mais em mim, na minha competência. Cheguei a escutar que "não iria dar certo!" ou "daqui a pouco ela para e arranja um emprego fixo"; não podia decepcionar as pessoas, eu pensava. Fui parar no hospital de novo: o corpo começou a amortecer. Foi dentro de casa. Tudo pareceu muito esquisito: a língua amortecida, os dedos começaram a endurecer, trazendo uma sensação de morte súbita. Lembro do meu marido muito nervoso, quando cheguei ao hospital e desmaiei.

Era outra crise de pânico. Não conseguia entender o que estava acontecendo; havia a demanda dos filhos, da casa e agora de "fazer dar certo" um sonho de ter um negócio de sucesso. Só que dessa vez, além do pânico, também fui julgada. Ouvia de vários lados: "Você tem uma família boa, saudável, um homem que a ama, filhos saudáveis e lindos! Pare com essa história de ser a Rainha do Batom".

Apesar da doença emocional, percebi que estava no caminho certo ao ser julgada. Formei uma sociedade com minha irmã Bianca. O transporte já não era mais o ônibus, agora os batons eram colocados no porta-malas dela. A gente parava na frente de hospitais e de empresas. Em certos dias a gente não vendia nada, e esses eram a maioria, ao invés de dias com vendas. Como ela nunca foi vendedora, eu a via angustiada, com lágrimas nos olhos, mas, mesmo assim, eu falava que a gente ia conseguir, que éramos extremamente fortes juntas.

Vendo a frustração e o arrependimento dela, de ter abandonado sua profissão estabelecida para andar ao meu lado, resolvi fazer uma proposta: ela ficaria com a Cecília para me ajudar com a pequena e cuidaria do nosso financeiro, enquanto eu iria nas empresas bater de porta em porta. Afinal de contas, eu já estava acostumada com o mundo das vendas, pois durante a minha vida toda fui sacoleira.

Voltando um pouco no tempo, antes deste acordo com a minha irmã, foram muitas as vezes em que eu fui de ônibus com a Cecília para fazer as compras, e na época ela tinha apenas 3 meses. Era a maletinha de batom em um braço e a Cecília no outro. Descia com ela no colo no centro de Sorocaba e oferecia meus batons nas empresas e nas lojas. Houve situações em que as pessoas queriam me dar comida e até mesmo doações.

Eu recusava prontamente, sempre agradecendo. Estava trabalhando. Porém, mesmo dizendo que eu estava muito feliz por estar ali e que não queria doações, ainda assim, precisava lidar com olhares de piedade alheia, que não percebiam que ali estava uma mulher feliz, em sua luta por atingir um objetivo.

As rainhas da maquiagem no Shopping Iguatemi

Alguns meses se passaram e decidimos aumentar nosso estoque. Até então, eu só havia comprado os batons à vista do fornecedor. Mas, naquele momento, estávamos sem dinheiro e pensávamos que eles aceitariam cartão de crédito. Levamos o cartão da minha irmã. Pegamos todos os produtos e, no caixa, fomos surpreendidas: não aceitavam cartão! Somente pagamento à vista.

Para nossa sorte, o Sr. Armed, libanês e dono da distribuidora, nos observava. Até hoje não sei o que despertou nele naquele momento, enquanto via sua vendedora nos atendendo, porém acredito no propósito que Deus tinha e que fez com que o libanês acreditasse e confiasse em nós. Assim, ele permitiu a compra e, nos pedidos seguintes, passamos a pagar com cheque.

O acordo com a minha irmã deu tão certo que chegou o momento em que eu já não dava mais conta sozinha. Precisei de revendedoras. Quando pisquei o olho para entender o que estava acontecendo, já eram dezoito mulheres revendendo nossos produtos. Minha irmã, sempre audaciosa, proferiu que não seríamos mais as Rainhas do Batom, mas sim as Rainhas da Maquiagem, então propôs que vendêssemos toda a linha de maquiagem da Ruby Rose, e não apenas batons.

Foi quando começamos a ver as projeções e ter perspectiva. Sempre com muita luta e confiando uma na outra. Um dia, estávamos em um supermercado, passando no caixa, quando observamos um box em uma galeria, com os dizeres: "Monte a sua loja aqui". Isso ficou na nossa cabeça, e começamos a pensar: será que dá?

Veio o medo e, mais uma vez, EMPURREI A MONTANHA com a minha irmã. Dessa vez, com toda força que tínhamos, abrimos a nossa primeira loja de maquiagem dentro do shopping Iguatemi, e colocamos o nome de MISS MAKES.

Foi insano! Eram sábados, domingos e feriados vendo pouco os meus filhos. Eles ficavam sempre com a minha avó, babá ou parentes Não vi meus filhos crescerem.

Bianca entrava na loja de manhã e eu à tarde, trabalhando até às 22 horas. Foi quando expandimos para sermos multimarca, ou seja, vendíamos não só a marca com a qual começamos, mas também todas as outras marcas conhecidas no mercado. A Ruby Rose cresceu e éramos a primeira loja de shopping com essa marca; pessoas de outras cidades próximas viajavam só para comprar na nossa loja. Começamos a virar referência, e, assim, com muito trabalho e dedicação, decidimos inaugurar mais uma unidade, e abrimos um quiosque de maquiagens em outro shopping. Agora não éramos mais só nos duas, precisávamos de mais braços, então contratamos nossas primeiras colaboradoras.

Nesse meio-tempo tive outra crise de pânico. Lutei, escondi, sofri calada. Tudo para que o meu marido não perdesse a paciência e para ninguém me julgar mais uma vez.

De lojista a distribuidora

Ficava sozinha com meus dois filhos, enquanto o meu marido voava muito, e minha irmã ainda engravidou. Eram duas lojas, com cinco funcionárias e eu dando conta de tudo sozinha! Eu amava o que fazia, eram dias de muito trabalho, constância, e pensava: "acredito que podemos ir mais longe", e assim aconteceu. Dois anos depois do início na 25 de Março, a Ruby Rose cresceu muito, começou a se posicionar de uma forma muito rápida no mercado como marca e nos reconheceu: devido ao trabalho muito bem-feito, nos convidou para ser distribuidora exclusiva e oficial no interior de São Paulo. Foi quando convidamos nosso pai, que era uma referência para nós, com sua competência comercial, para nosso time.

Foi uma luta muito grande que durou cerca de três anos. Eu chegava entre 4 e 5 horas da manhã na distribuição com os meus filhos no carro; às 8 horas levava um deles para minha avó e outro para a cuidadora. Pegava-os na escola às 18 horas e de lá voltava para a empresa, de onde saíamos às 23 horas. Enquanto isso, minha irmã cuidava das lojas.

A equipe na distribuição era pequena. Como sempre pensei grande, quando precisava mandar e-mails importantes ou fazer ligações, mudava meu nome, como se tivéssemos realmente um colaborador para cada setor, o que gerava um esforço maior.

Certo dia, estava sozinha às 7h30 e a primeira funcionária ainda não chegara.

Comecei a passar muito mal. O meu corpo tremia, o meu ouvido zumbia, fui para o banheiro e acabei vomitando.

Como a empresa era muito próxima do hospital, decidi ir dirigindo. No caminho só orava. Meu corpo começou a amortecer, meus batimentos cardíacos aceleravam. Parecia que o meu coração ia sair pela boca. Os meus dedos começaram a formigar e, dessa vez, tive a certeza de que eu teria um mal súbito ou morreria ali, sozinha.

Quando cheguei no hospital, meus batimentos estavam a mais de 160 e o alívio de estar no hospital foi tamanho que desmaiei, acordando com o meu marido ao lado da maca, preocupado comigo.

Enfim, com tanta dedicação e trabalho, cheguei ao limite da estafa. Alguns dias depois comecei a sentir dores na barriga, passei por tomografias, exames de ultrassom, que não acusavam nada, mesmo com vômitos e dor de cabeça muito forte. Até que eu cheguei na mão de uma hepatologista referência em Sorocaba e descobri que desenvolvi uma doença chamada "hepatite crônica", que não é transmissível, porém virou minha "companheira" para sempre; meu fígado, sobrecarregado pelo estresse, desencadeou essa doença.

Era muito cansaço! Eu não descansava, não tirava férias e não sonhava em ter uma vida social. Vivia para trabalhar. E meu maior remorso: não via os meus filhos crescerem. Foi nesse período de estafa que nos transformamos em uma distribuidora milionária. Batemos o nosso primeiro milhão no mês. Um ciclo fechado.

Com o fechamento das lojas na pandemia, estas já não faziam mais sentido, pois tínhamos uma distribuidora com vendas na casa de sete dígitos que requeria toda nossa energia.

A minha estafa fez com que percebêssemos que não dávamos mais conta das lojas. Com a alta demanda da distribuição, elas ficavam nas mãos dos funcionários e não conseguíamos estar presentes.

Com esse cenário, mesmo com as lojas sendo rentáveis, decidimos fechar e expandir a distribuição com novas contratações. Chegamos a ser a segunda maior distribuidora da Ruby Rose no país, com mais de 5 mil clientes físicos, como perfumarias e drogarias.

A empresa já era autogerenciável, não dependia mais de nós e podíamos parar.

Só que eu não me permitia parar de trabalhar; não me permitia ficar perto dos meus filhos, pois pensava sempre em mover montanhas e trabalhar o quanto pudesse aguentar.

Quando pensava em parar, lembrava que todo o esforço era pela minha família: vendia batons para dar um convênio médico ao meu filho alguns anos atrás (ele tem o melhor hoje); colocá-los nas melhores escolas privadas; sair do aluguel e comprar uma casa; deixar de usar o ônibus e ter um carro importado para andar tranquila com meus pequenos.

Tudo isso à custa de muito esforço e muito tempo. São treze anos sem ir à praia. Cecilia completa 7 anos em 2022 e ainda não viu o mar.

De improvável a imparável: o reconhecimento

Mesmo nesse período intenso de trabalho, comecei a ser reconhecida e a buscar meu desenvolvimento pessoal. Comecei a estudar sobre autoconhecimento para ser uma pessoa melhor. Também passei a buscar a palavra de Deus, sempre com gratidão a Ele. Continuei trabalhando muito, com os meus filhos longe e meu marido, Alessandro, sendo um superparceiro. Um homem maravilhoso, o amor da minha vida, que vivia cobrando minha presença.

Meu marido foi a base de tudo. Acho que o maior crescimento que tive foi em mostrar o quanto a mulher dele era boa. Sempre quis ser reconhecida por todo mundo, e com ele não foi diferente. Eu queria que ele me reconhecesse como uma empresária de sucesso e uma mulher forte, não mais como aquela menina frágil que parava no hospital com medo de tudo, mas a mulher que, apesar das frustrações, seria sempre a melhor esposa, empresária, mãe e amiga que ele teria e tem.

Eu consegui mostrar isso para as pessoas à nossa volta, e depois fui reconhecida pelas demais pessoas como uma empresária de sucesso.

Ganhei vários prêmios, me especializei em neurovendas, atendimentos e comportamento do consumo feminino.

A virada: parar de empurrar montanhas

Sou reconhecida por ter saído de uma sacoleira improvável para uma empresária de sucesso imparável. Eu me tornei imparável e me considerava assim! Só que agora estou precisando parar...

Então, nós decidimos parar de empurrar montanhas e de lutar.

Chegamos no topo da montanha, onde queríamos Hoje sou reconhecida, tenho uma empresa de sucesso. Sou uma pessoa realizada em todas as áreas da minha vida. Agora, eu e minha irmã definimos um novo desafio: seguir propósitos.

Eu encerro um ciclo tomando a decisão de vender a operação da empresa. Agora sigo com o propósito de ajudar pessoas a não passarem pelo que passei e não ter um caminho com sofrimento e sacrifícios como tive.

Ao começar a me desenvolver como pessoa, eu sabia que tinha uma missão e um outro propósito.

Uma nova caminhada: ensinar a contornar montanhas, sem empurrá-las.

Eu sou muito grata à minha irmã Bianca por ser a mulher que me completa, por ter caminhado comigo, acreditado em mim; junto com seu marido Felipe, que também fez parte de tudo isso; ao meu pai, que esteve com a gente o tempo todo para fazer a empresa crescer; à minha vó-mãe Nilde, que segurou nossa mão, nos ajudou em tudo que podia com muito amor e dedicação. E ao meu marido, que é um dos homens mais incríveis, o que mais me traz paz. Ele é racional e tem um poder de resiliência. Tenho muito orgulho do homem e do pai que ele é.

E foi assim, com tanta gratidão, que comecei a estudar Deus e suas palavras profundamente. E percebi que não era sobre Ele, mas sim sobre o que eu podia fazer por Ele; o que eu podia fazer também pelas pessoas para ajudá-las nos seus caminhos; ou seja, ser o farol que ilumina o caminho delas. Trazer para elas a luz que eu nunca tive e que desencadeou doenças em mim. Nenhuma pessoa veio me dar a mão e falar: "Vem cá, que eu vou ensinar vocês a terem sucesso nas lojas e na distribuição".

Hoje, com vinte anos de bagagem, uma empresa milionária que eu criei com apenas 400 reais, finalizo este relato dizendo que é mais um ciclo que eu encerro, com muito amor e gratidão. Agora, vou cuidar de mim, da minha família e ajudar pessoas a chegarem aonde eu cheguei. Eu não precisarei mais mover montanhas, apenas observá-las e compreender que elas podem ser leves, assim como a metamorfose da borboleta, com sua beleza e seguindo seu caminho com voos que elevam sua leveza.

"Tem gente que escolhe te perder em vez de melhorar. Você não pode mudar alguém, mas pode mudar de lugar e seguir."

AUTOR DESCONHECIDO

4

CLAUDIA MARTINELLI SÓ

Por Claudia Martinelli

Quando uma mulher coloca uma ideia na cabeça,
é mais fácil tirar a cabeça do que a ideia.

AUTOR DESCONHECIDO

Só é uma palavra muito pequena, porém com uma ressignificação muito grande. Desde pequena, quando me perguntam o meu nome, falo, com orgulho: Claudia Martinelli! E a resposta, até hoje, é: "Só?". E eu digo: "Só!". Sem me atentar ao Só!

Entretanto, por um breve período de nove anos, coloquei um sobrenome a mais no meu. Lembro que, quando me separei, a primeira coisa que exigi foi o meu maior bem: voltar a ser só Claudia Martinelli!

Na primeira audiência com o juiz, ele lança: "Então a senhora é Claudia Martinelli só?". Por dentro eu ria, no entanto, com o estresse de estar no banco dos réus, e por ter respeito à autoridade, fiquei calada; mas poderia ter falado: "Com muito orgulho!".

SÓ filha única; SÓ única irmã; SÓ mãe; SÓ um casamento no civil; SÓ um divórcio; SÓ amiga para poucos; SÓ Dra. Claudia; SÓ Claudinha para muitos e SÓ Claudia Martinelli para todos.

Talvez isso me tenha feito achar que eu fosse "SÓ", no pior sentido da palavra, para me esconder, não ser incomodada, não ser notada, não ser mais machucada. Para isso, sempre me diminuí para poder caber em lugares pequenos, com pessoas pequenas. Quando criança, lembro-me vagamente, achava que ser grande (de altura mesmo) deveria ter um custo alto, ocupava muito espaço. Estou aprendendo que sou uma pequena e enorme mulher que carrega uma carga muito grande para não colocar para fora todos os meus sentimentos, todas as palavras que deveriam sair aqui neste texto; tenho ainda medo de machucar principalmente meus filhos, que já sofreram muito por causa das minhas escolhas.

Sei que fiz o que eu podia naquele momento. Não vou me culpar mais. Eles estão crescendo e aprendendo. É como se, no céu, aqueles aviões dos filmes estivessem esfumaçando: BEM-VINDOS À VIDA! Serão fortes, mas não com a "carga" de precisarem ser fortes.

Começo do sonho

Sabem como aconteceu de eu escrever este capítulo do livro?

Tudo começou com uma menina que sonhava ser médica para cuidar das pessoas. Eu não podia saber de um acidente perto de casa que já saía correndo para ver.

Tal sonho começou a ser real quando entrei na Universidade (Alfenas - MG). Sabe aquela história de cuspir para cima e cair bem na cabeça? Pois é, meu irmão já fazia faculdade lá e, quando fui fazer a prova, ele já arrumou para eu ficar numa república feminina.

Meu Deus! Pensem numa noite em que eu não preguei o olho um minuto. Era um entra e sai, uma bagunça geral. Pensei: "Aqui nesta cidade, onde tem apenas uma praça, não quero ficar!".

Não preciso gastar meus preciosos caracteres para dizer para você: só entrei lá! Pensar em cursinho? Nem morta! Aliás, eu já estava fazendo um curso de moldes de roupa, pois minha mãe tinha uma confecção. Mas essa é outra história.

Deixei a república feminina e fui morar com meu irmão e três amigos. Pensem numa casa em que na primeira semana do mês tem tudo e depois até a luz cortam de uma só vez. Minha mãe mandava comida, que acabava já no segundo dia. Copo limpo? Nem pensar! Fiquei dois anos lá. Confesso, nem tudo foi ruim. Conheci três amigas, e uma delas é minha irmã "siamesca" (palavra modificada por nós) até hoje.

Graças a Deus consegui a transferência para a PUC-Campinas. Acham que foi fácil?

Perdi um ano no processo de transferência. Assim, cheguei no segundo ano, com todas as panelas formadas. Sim, estava só, mas dei sorte outra vez, pois uma panela de quatro meninas me acolheu! E aí, sim! Completei o primeiro sonho de vida: ser MÉDICA!

Fiz a residência em oftalmologia. Gostava muito de cirurgia, mas não me via enfurnada no centro cirúrgico todos os dias do ano.

A psiquiatria sempre me intrigou, mas na época a ala ficava literalmente trancada, com pacientes andando no corredor e te abordando. Talvez eu achasse que aqueles eu não conseguiria "mudar", não tendo muita utilidade naquela função.

Só ser mãe

Um outro sonho era ser mãe. Por isso resolvi ir pelo caminho do meu avô, pai, tio, e também do meu irmão, que já estava na residência, e ser oftalmologista, o que me possibilitaria maior flexibilidade para ser mãe também.

Acabei a residência quase dentro da maternidade! Meu filho nasceu um mês após o término da residência.

Segundo sonho realizado! Fácil? Não! Era mãe solteira, em início de carreira, com o convênio mais forte da cidade fechado para a entrada de novos médicos. Então eu trabalhava captando córneas para três clínicas da cidade. E quando as córneas mais aparecem? A maioria na madrugada. Muitas vezes eu levava meu filho no bebê-conforto para a casa de uma tia, ia captar e preparar a córnea e voltava para buscá-lo.

Dedo podre ou olhos de lince?

Tive alguns namorados... e uma amiga de Alfenas perguntava: "E o dedo podre?". Pois minhas escolhas de homens nunca foram as melhores. Sim, eu conheci alguns homens bons, mas não estava preparada. Eu não sabia receber, ou achava que não precisava, ou não me achava "merecedora".

Não sei a resposta. Ainda estava na fase de querer cuidar, achava que só com meu amor eu poderia mudar as pessoas. Para que deixassem seus vícios, suas mentiras, seus medos de relacionamento, suas culpas, seus traumas.

Como salvadora da pátria, eu me deixava de lado, não permitindo que cuidassem de mim, me presenteassem, me cortejassem. Por isso o "dedo podre".

Mas, agora, percebo que eu tinha um olho de lince para ver pessoas com problemas, querendo ajudá-las. Assim, trocava seis por meia dúzia, como dizia meu irmão.

Aí entra o olho de lince. Mesmo já tendo visto várias vezes aquele perfil escancarado, não tinha notado. E escolhi o futuro marido: "Seria seis por meia dúzia de novo?". Eu me perguntava: "Uma oftalmo poderia estar tão cega?".

O casamento e o divórcio

Fomos morar juntos em um apartamento superbonitinho, reformado, com dois quartos e um banheiro no meio, que eram separados da sala por uma porta de vidro colorido, uma sala razoável, uma cozinha grande e um quarto e banheiro separados, onde dormia a babá.

Já mudei só, pois fiz tudo sozinha, e foi bem no dia em que meu filho completou 4 anos. Fiz uma comemoração para poucas pessoas e ele chegou no meio da festa! E então vieram as brigas por ele chegar muitas e muitas vezes às 3 ou 4 horas da manhã! Já percebia que seria SÓ no casamento, mas sempre tive esperança de mudança.

Depois de sete meses, nos mudamos para uma casa maior, em frente ao clube do qual éramos sócios, mas eu continuava Só, com meu filho, numa casa maior, em frente ao clube... o que eu teria para reclamar? Reclamar que eu era Só!!!!!

Até que nos separamos por ciúmes dele, e fiquei literalmente Só com meu filho, por uns meses... e voltamos.

Como ele queria muito ter um filho, retirei o DIU e na ovulação seguinte já fiquei grávida. Mas as saídas dele continuavam, e as cenas de ciúmes, mesmo com minha barriga enorme, também se repetiam.

Mesmo quando eu estava na casa de minhas amigas casadas, ele desconfiava, falava para eu voltar logo, que iria trancar a porta do corredor. Foi nessa época que começaram os "castigos".

Por exemplo: eu pedia carne no açougue e ele dizia para a funcionária que ele não iria pagar, que, se eu quisesse carne, que pagasse — pois quem mandou eu sair? Era esse o nível...

O sonho de "mudar" as pessoas me mantinha em pé e não me deixava sair daquele ciclo de brigas e reconciliações. A oftalmo não enxergava nada mesmo.

Fomos para a Europa com mais dois casais, e lá meu DIU saiu. Chegando ao Brasil, o dono da casa que alugávamos pediu para sairmos para que o filho dele pudesse morar. No meio dessa notícia, não menstruei mais, e o resultado: gravidez!

Mudamos para uma casa bem maior, perto de onde já morávamos. Minha filha nasceu e, quando ela tinha um ano e pouco, eu estava preparando um chá de bebê para uma amiga em casa. Na época, os grupos eram organizados no Facebook. Quando entrei no nosso laptop de casa, estava logado na conta dele, e vi uma conversa totalmente comprometedora com uma mulher casada: segunda separação.

Começou então a pressão por parte dele em cima das filhas (uma com um ano e a outra com sete) para ele voltar! Elas falavam: "Mãe, deixa o papai voltar! Por que você não o deixa entrar em casa?".

Acabei voltando... pelas crianças?. Não sei se somente por isso. Ou talvez eu realmente ainda gostasse dele? Queria realizar mais um sonho de mudar alguém com meu amor? Queria acreditar na mentira dele (que a traição somente tinha sido virtual e não real)? Ou então ainda não me sentia pronta para mais uma jornada de mãe SÓ?

O fato é que, depois de um ano, em uma festa, ele estava "devorando" uma mulher com os olhos e comecei a filmar, mas ele percebia e tirava a câmera da minha mão. Até que, em uma das voltas do banheiro, o vi no pescoço de outra! Não aguentei! O empurrei até um canto e disse que ia embora. Fui pegar o carro com o manobrista e ele deu um chute forte na minha bunda, que ficaria roxa por uns dois meses. Além disso, chutou o meu carro também. Fui embora e tranquei a casa. Ele pulou o muro enorme, se queimou na cerca elétrica e ficou batendo na porta até a funcionária abrir.

Mas, no dia seguinte, pedi para ele ir embora e fui firme, não cedi às pressões das nossas filhas. Vi meu sonho ir por água abaixo! Eu não consegui consertar o meu casamento, não consegui mudá-lo com meu amor.

Só alívio

Aí me senti aliviada por estar SÓ, pois eu poderia sair e não olhar nada e saber que eu não estava olhando nada, pois, quando estava com ele, já procurava os assentos onde ficaria olhando para a parede ou para onde não fosse passagem de pessoas, para tentar evitar o estresse. Ao mesmo tempo, eu estava apreensiva de estar SÓ com três crianças (o mais velho tinha 14 anos), numa casa fora de condomínio, uma situação em que eu tinha receio de entrar em casa e alguém entrar junto.

Fui orientada pela minha sogra a procurar uma casa em condomínio fechado próximo, que ela ajudaria a pagar. Comecei a procurar. Antes de me mudar, começaram as negociações preliminares de como seriam as pensões. Ele já não pagava as obrigações dele (até a água e a luz foram cortadas) e tive que mudar no último mês, antes da mudança, para a casa do meu pai.

Me senti SÓ perante uma justiça injusta e cega que deixa uma mãe ir a uma audiência representando as filhas contra um pai que queria a revisão da pensão e ouvir "a ré"! Meu Deus, eu não acreditei nessa palavra!

Não adianta ele levar na escola e não ter dinheiro para a mensalidade! Não adianta, no fim de semana dele, irem ao clube e comer em restaurantes, se em casa não tem o que comer. Graças ao meu trabalho, em três lugares no mesmo dia, eles têm uma vida de aparências, pois vivemos bem, aproveitamos, mas não temos onde cair mortos.

O autoconhecimento

Tenho certeza de que, se a pessoa quiser dar um passo por vez e entrar no caminho do autoconhecimento, ela pode mudar.

Eu mesma fui por este caminho após assistir ao filme *As mães de Chico Xavier*, que me pegou na parte dos abortos. Sim, fiz dois abortos! Sim, errei! Sim, me culpei muito por isso! Foi o que na época eu achei melhor. Eu sei que, sistemicamente, afetei até os meus filhos. Sei que muitos, lendo isso, pensarão: "Besteira isso de afetar os filhos, você pecou e Deus castiga". Não é esse o Deus em que eu acredito. Vocês me imaginam com cinco filhos?

Tudo bem que o primeiro aborto foi antes do primeiro filho e tudo poderia ter sido diferente. Ou não? Nossas vidas já não estão traçadas? E o que é para ser meu será, mesmo que outra pessoa tente atrapalhar. Eu tenho livre-arbítrio e posso mudar a história e interrompê-la a qualquer momento.

No segundo aborto, eu já estava separada pela história da traição e tinha "perdoado". O DIU estava em casa, aguardando eu ficar menstruada para ir colocá-lo, mas meu marido ainda queria um menino ou queria me "segurar" (sim, alguns homens vão engravidando as suas mulheres para elas permanecerem "ligadas" a eles!).

Mas voltemos ao autoconhecimento: comentei com meu psicólogo, que me orientou a procurar a Casa de Jesus. Foi onde tudo começou; parece um fio de meada mesmo. Fui conhecendo pessoas incríveis, métodos de autoconhecimento, como eneagrama, meditação, consciência sistêmica, conhecimento de como o corpo se comporta, tipos de personalidade, comunicação não violenta.

Foi quando eu ouvi pela primeira vez a história do mendigo que passou muitos e muitos anos sentado num baú, pedindo esmolas, até que uma pessoa perguntou o que tinha dentro do baú, e ele até então não havia tido a curiosidade de abri-lo. E não é que dentro tinha um tesouro? Isso para mostrar que dentro de cada um de nós existe um tesouro que, quando aberto, mesmo que seja um desconforto abri-lo, mudará a nossa vida para sempre.

Lembrou-me da biografia que assisti sobre a escritora J. K. Rowling. Ela passou por muitas dificuldades financeiras, várias portas fechadas com seu livro embaixo do braço. Um exemplo de tesouro, que hoje muitas pessoas devem querer morrer ao lembrar de não terem querido abri-lo.

Isso serviu de inspiração para eu sonhar em escrever um pedaço da minha história e mostrar para as mulheres que, mesmo passando por muitas tentativas de reconciliação, psicólogos, psiquiatras, não consegui que meu casamento desse certo, e o melhor e mais sensato foi me separar. Que é muito difícil, sim, ser SÓ com os filhos, mas muito pior é ser SÓ dentro de um casamento.

Tirei uma carga muito grande dos meus ombros e peguei outras, como criar três filhos sozinha (febres, birras, lição de casa, festas de madrugada, médicos, psicólogos). Não sabia que continuaria sendo "castigada" com não pagamento de pensão, como se somente eu fosse atingida.

Eu sempre achei que só poderia escrever um livro quando encontrasse um grande amor, daqueles mesmo de filme, de filme bem romântico, em que duas pessoas se esbarram na rua e nunca mais se desgrudam. Em que cada um "compra" o sonho do outro e seguem a vida lado a lado, crescendo juntos, com cada um fazendo o seu papel, sem trapaças, e sim com amor e respeito.

Quando vi o anúncio deste livro, pensei: "É agora!".

Vou escrever, vou contar a minha história, vou tentar ajudar as mulheres a saírem de cabeça erguida de muitas situações constrangedoras, ajudar os pais que se separam e são bons pais e ajudar as crianças a lidar com duas famílias e, ainda assim, saber que podem amar seus pais sem culpa de magoar o outro.

Por tudo isso, sou Claudia Martinelli, uma pequena grande mulher que somente quer aprender todos os dias a ser uma mulher melhor e, com isso, contribuir para o crescimento de quem quiser estar ao meu lado.

Agradeço a oportunidade que os idealizadores deste livro me deram, pois eu pensava: "Quem vai querer ler minha história? Quem vai querer comprar o meu sonho? Quem vai corrigir meus erros ortográficos?". E aqui encontrei tudo isso e mais um monte!

Estou extremamente grata e feliz!

A vida é sobre aproveitarmos
os momentos, criar as
oportunidades e viver de
forma plena, até porque o
amor é tão grande que não
acaba com a morte,
porque a morte é vida e o
luto não precisa ser triste.

5

A MORTE É VIDA E A VIDA É AMOR

Por Daniela Faccio

"O valor das coisas não está no tempo que elas duram, mas na intensidade com que acontecem. Por isso, existem momentos inesquecíveis, coisas inexplicáveis e pessoas incomparáveis"

FERNANDO PESSOA

Coração quentinho

Um dia desses estava tomando um café com a minha sobrinha de 7 anos. Então ela me perguntou como eu fazia quando sentia saudades do vovô, porque ela estava com muitas saudades da vovó Guigui (bisavó dela, mãe do meu pai). Eu respondi que fechava os olhos, lembrava das coisas boas que nós vivemos e mandava muito amor para ele, e que meu coração ficava tão quentinho que eu sabia que ele tinha recebido e estava mandando amor pra mim também; ela me respondeu: "Ah, é isso que eu faço quando sinto saudades. Quando penso na Guigui, eu penso que estou levando para ela muito chantilly, já que ela gostava tanto e meu coração fica assim, quentinho. Sabe, ela está recebendo mesmo, dinda, porque eu sinto isso". Alice falou isso, abriu um sorriso do tipo "ufa, é isso, ela tá comigo mesmo", e seguiu comendo seu pão de queijo. Estava feliz em saber que realmente o "longe é um lugar que não existe", pois a Guigui estava dentro do coração dela.

Isso me marcou imensamente. Eu vi o quão simplesmente atitudes nossas podem apaziguar o coração dos outros. E, pode ter certeza, minha história aqui tem a ver um pouco com isso; em como deixar nossos corações quentinhos quando perdemos pessoas amadas.

Sempre fui muito ligada ao meu pai. Minha mãe conta que, na infância, pequena, quando ele chegava do trabalho, eu não conversava com mais ninguém, somente com o papai — até então chamava ele de "Bem", pois era assim que ela o chamava e eu repetia: "olha, o Bem chegou". Depois, começaram a se tratar de mamãe e papai. Depois, na vida adulta, papai virou o "Gordinho", e era assim que eu o chamava.

Meu pai foi caminhoneiro, mas não ficava semanas e semanas fora de casa, como é o habitual. Sempre que possível levava mamãe e eu com ele. Aliás, tenho várias fotos na boleia do caminhão com eles.

Pai e filha

Meu pai sempre ajudou todo mundo que passava por ele; muitas vezes deixou de receber por não querer cobrar de alguém que tinha menos dinheiro do que ele e se prejudicou muito com pessoas de má-fé que se aproveitaram daquele coração puro.

Um pouco antes do meu irmão nascer, ele deixou de viajar e passou a trabalhar com logística, mais especificamente na administração de uma empresa que fundou com a família. Vez ou outra atuava como motorista de algum trabalho ou mudança pontual, mas não ficava mais longe de nós.

Tenho várias memórias de infância com ele. Uma vez um rapaz foi atropelado na frente dele. Lembro que ele me mandou fechar os olhos, colocou o rapaz atrás da kombi dele e foi direto para o hospital.

Teve também o dia que estávamos indo comer hambúrguer e uma menina estava pedindo dinheiro no sinal. Fomos os três na hamburgueria como uma família: loucura, né?

Éramos muito apegados. O Gordinho pintava minha unha, arrumava meu cabelo, me enchia de mimos e carinhos.

Foi ele que me ensinou a amar velocidade e o Palmeiras. Assistíamos F1 juntos, todos os domingos. Lembro de todos nós sentados na frente da TV, enquanto a mãe preparava o almoço. Choramos muito com a morte do Senna e fomos juntos ao aeroporto quando o avião voltava da Itália para o cortejo no Brasil; pulávamos de alegria juntos quando o Palmeiras ganhava e atormentávamos meu irmão corintiano.

Construímos uma relação de pai e filha saudável, com muito respeito e amor. Com o passar dos anos, esses laços foram se fortalecendo cada vez mais. Mesmo com tanto apego, nunca deixei de ser independente, desde pequena, com ele sempre me apoiando a ir atrás dos meus sonhos.

Ele não tinha dinheiro para pagar a minha faculdade, mas me buscava todas as noites para eu não andar de ônibus. Logo no início da faculdade de Farmácia eu já trabalhava em um laboratório. Eu e mais duas amigas trabalhávamos o dia inteiro, íamos a pé até minha casa, porque ninguém tinha dinheiro pra condução na época. Ele esperava a gente com um sanduíche de queijo e suco de manga, que ele dizia ser colhida do pé, mas todas sabíamos que era de pó mesmo.

É. Ele era o meu herói para tudo.

Mas tivemos também nossas "brigas". Lembro que uma delas, que marcou bastante, foi quando tive o meu primeiro namoradinho. Ele ficou quase um mês sem falar comigo por puros ciúmes. Não ficou bravo, mas ficou triste. Isso porque o rapaz era filho de amigos. Ele sentiu que a filhinha dele tinha outro herói, era difícil de aceitar.

Não durou muito. Logo ele percebeu que os nossos elos jamais seriam interrompidos por quem quer que fosse e ele já voltou a "brigar" comigo pelo tamanho dos shorts com os quais eu saía na rua.

Recordo de pegar muito no pé dele na empresa. Ele não se importava com as pessoas que não pagavam. E eu, já adulta, tentava mostrar que algumas daquelas pessoas agiam de má-fé. Sua resposta clássica é que aquilo era um problema da pessoa, não dele.

E, sim, apesar dessa ideia heroica que temos dos nossos pais, logo que comecei a trabalhar, entendi que o mundo cor-de-rosa em que os idealizamos nem sempre é tão bonito assim.

Papai Gordinho tinha seus defeitos como qualquer pessoa. Com seu jeito despretensioso, rolavam brigas entre ele e mamãe por conta das finanças da casa.

Ele amava viver, amava uma bagunça. Não estou falando de sair sozinho. A "balada" era com a família mesmo. Lembro que o Natal era sempre em casa, com todo mundo reunido, muita alegria e as discussões habituais sobre colocar ou não uva-passa no arroz e o tiozinho do pavê com a piada pronta — que no caso era o papai mesmo.

Sempre ouvimos muita música. Quando adolescentes, sentávamo-nos os quatro (pai, mãe, eu e meu irmão) na sala e fazíamos a sessão de músicas. Cada um podia escolher uma, colocar na vitrola — com o tempo veio o CD — e escutar sua música favorita.

Por falar em música, não posso deixar de citar a minha música com ele. Quando pequena, como ele a cantava para mim, eu jurava que era ele quem tinha composto. É "A Piquitita", de uma dupla sertaneja chamada Duduca e Dalvan, mas na época eu achava que era de autoria do Dario Faccio mesmo.

A música fala de um caminhoneiro que viajava pelas estradas e morria de saudades da família, e ele sempre cantava a parte do refrão pra mim quando saía, mesmo adulta, mesmo quando ele se foi. Essa música sempre toca minha alma quando a ouço; impossível ouvir sem sentir o quentinho no coração.

Primeiros sinais

O Gordinho esteve comigo durante cada conquista. Ele me levava e buscava nos lugares, e, quando comecei a dirigir, era meu GPS, e toda vez que eu me perdia, era pra ele que pedia socorro.

E foi assim, quando voltava de uma viagem, que ele me ligou, dizendo que não conseguiria me buscar, por estar com muitas dores nas costas. Achei estranho, pois, mesmo reclamando de dores há meses, ele continuava trabalhando firme e forte. Ele havia ido ao médico, que detectou algumas hérnias, as quais, mesmo com tratamento, continuavam presentes.

Busquei todo o meu conhecimento dos quase dez anos que trabalhei em hospitais e ambulatórios, mas nada vinha à minha mente, tirando as hérnias e a vida de trabalho.

Nessa época eu atuava como gestora de saúde dentro de uma instituição privada. Cuidava de alguns procedimentos, mas não com foco em ortopedia, e sim em oncologia.

Aliás, foi nesse trabalho que veio a minha paixão pela oncologia. Encontrei pessoas especiais que acreditaram em mim, investiram na minha carreira e contribuíram para o meu desenvolvimento profissional nesse campo de atuação.

Meu pai ou meu paciente?

Voltando ao Gordinho, eu não me conformava com essas dores. Voltamos ao médico e perguntei se era possível realizar um exame mais detalhado, já pensando que ele teria um problema de coluna absurdo, e eu mal sabia como pagar uma cirurgia desse nível, pois ele não tinha convênio.

Em 8 de novembro de 2016, enquanto eu analisava os laudos de alguns pacientes que iriam passar por quimioterapia nos próximos dias, resolvi entrar no site do laboratório e ver se o laudo de papai já estava pronto.

Abri como de costume — até porque, quando você trabalha na área da saúde, todo mundo pede "pra você dar uma olhadinha nos exames" —, e fui direto na parte que poderia sugerir uma cirurgia da coluna.

"Ufa", ele não tinha nenhum problema.

Com o coração aliviado, fui olhar o exame e o laudo na íntegra. Para minha surpresa, ele tinha lesões secundárias graves em praticamente toda a coluna, sugerindo uma metástase óssea decorrente de uma neoplasia bem avançada.

Por um instante, parei; olhei; respirei; saí da tela do computador, do site, recoloquei a senha de acesso, e lá estava: aquele laudo era do meu pai; do meu Gordinho. Por uns instantes achei que tivesse aberto o laudo de um dos pacientes que estava estudando, mas não: era do meu pai! Ali eu tive a certeza de que ele não teria nem mais dois meses de vida.

Chamei minha gerente médica na hora, e disse: "Olha esse laudo! Ela respondeu: "Nossa Dani, de quem é? Caramba, qual é o paciente?". Só consegui dizer: "Meu pai".

Um silêncio ensurdecedor tomou conta da mesa. Levantei-me imediatamente e fui atrás de alguns amigos que trabalhavam em hospitais para ver se conseguia colocar meu pai em alguma instituição pública.

Por alguns minutos essa foi a minha meta. Poderia traçar a história da rainha que não cedeu aqui, mas a verdade é que mal consegui ir de um andar ao outro. Todo o pranto veio, e minha amiga me tirou do ambiente de trabalho. Desabei tal qual uma criança de 5 anos quando perde seu ursinho protetor.

Eu já sabia que meu pai ia morrer. Chorei muito, acho que nunca chorei tanto na minha vida. Lembro do calor do colo dessa minha amiga, que me abraçou e disse: "Aqui você é a filha dele, não a Dani da onco".

Agora eu precisava decidir como encararia todo mundo, sem contar o que vi no exame. Eu não podia contar! Papai ia ao médico no dia seguinte e o ortopedista iria ver o laudo e falar tudo.

Lembro que saí do trabalho e liguei para minha segunda mãe, que conheci aos 18 anos e mora comigo (mas isso fica para um próximo livro). Desabei novamente. Ela sabia o que estava passando no meu coração e conhecia minha relação com papai.

Cheguei em casa e decidimos ligar para o meu irmão. Eu precisava falar com alguém que iria para a consulta comigo no dia seguinte.

Foi bem difícil a conversa. Ele chorou muito e disse que estava sentindo que era algo grave. Falei que poderia ser um possível câncer, cujos efeitos tinham levado meu avô embora pouco tempo antes, então esse assunto do câncer era ainda muito forte para a família.

Nesse meio-tempo, minha cunhada ligou dizendo que a mãe dela havia sofrido um acidente doméstico. Foi uma situação inesperada, triste e ao mesmo tempo assustadora na minha cabeça, pois eu estava sofrendo com o luto futuro do meu pai e minha cunhada estava lidando agora com a morte inesperada da mãe dela.

Fomos então sem meu irmão na consulta no dia seguinte. Iniciei a consulta com a frase: "Boa tarde, doutor, trouxemos o resultado do exame. Tá aberto porque eu sou xereta mesmo, mas não trabalho com ortopedia, e sim na oncologia, mas já abri porque sabe como é, né? A gente da área sempre acha que entende de tudo um pouco" — dei um sorriso de leve, evidenciando pra ele que eu sabia o que tinha ali, mas que não havia comentado com eles.

Ao abrir o exame, percebi que ele tinha entendido o recado. Levantou-se, como se fosse olhar as imagens com mais clareza, tomou um pouco de água alegando estar com tosse, voltou à cadeira e disse que realmente ele não precisaria operar, mas que havia imagens suspeitas na coluna dele. E que ele tinha que procurar um oncologista com urgência.

Meus pais me olharam assustados, mas fui carinhosa: "Tá tudo certo, vamos procurar um oncologista e tudo vai se ajeitar".

A consulta havia terminado. Ao sair, o médico pediu para eu esperar, pois ele iria fazer os papéis de encaminhamento, assim meu pai poderia ficar mais confortável indo para o carro, já que ele sentia muita dor e mal conseguia ficar de pé.

Quando eles saíram, o médico fechou a porta e disse: "Você sabe que seu pai tem no máximo dois meses de vida, né?". Respondi de pronto: "Se chegar em dois meses, né, doutor?".

Mas eu não podia chorar ali. Eu tinha que ser forte e dar conta. Tinha que seguir em frente. Hoje eu vejo que poderia ter sido forte sem precisar carregar tudo sozinha, mas na época foi essa a escolha que eu fiz.

Eu não tirei a esperança de ninguém, mas também nunca fui muito fantasiosa dizendo que haveria cura e que papai iria ficar bem como antes. Mas não achei justo tirar a esperança, mesmo que pequena, do meu irmão, da minha mãe e de todos os nossos amigos que nunca viram o Gordinho sequer doente.

Claro que tive minha rede de apoio — minha segunda mãe e alguns amigos, com os quais eu pude colocar tudo pra fora, que desde o primeiro dia sabiam que dois ou três meses eram muito pra ele —, mas ainda assim era muito pesado.

Na época, meus pais estavam ficando na casa da minha avó (a mãe dele, a Guigui do início do capítulo), pois, com a morte do vovô, ela estava mais debilitada, então nos dividíamos para ficar com ela, mas a maior parte do tempo eram meus pais que ficavam lá.

Deixei-os na casa de vovó Guigui e comecei a pensar em toda a logística, que seria: UBS, centros de oncologia, médicos, adaptações etc.

A frieza foi embora ao chegar em casa, quando o que fiz foi pedir a Deus e ao Universo um caminho, pois eu realmente não sabia o que fazer.

Deixar fluir

Poucos dias depois meu pai teve uma febre que não cessava. Durou dois dias. Foi quando veio à minha mente, como se fosse uma intuição ou uma mensagem dos anjos: "Leve-o ao pronto-socorro". Não pensei duas vezes. Levamos ao hospital e lá ele ficou, por quase 32 dias, até virar uma estrelinha gordinha.

Na ida ao hospital ele já sabia que não ia voltar. Minha mãe ficou com a vovó. Fomos eu, meu irmão e uma amiga nossa, praticamente da família, que carinhosamente chamo de tia, pois nesse dia estávamos todos juntos na casa da vovó em um momento de oração familiar, que em datas normais terminaria com um lanchinho da tarde.

No hospital, ele foi atendido com algumas dificuldades inerentes aos processos burocráticos, mas, logo que perceberam a gravidade, já iniciaram ali seu convívio com sua primeira grande amiga nessa trajetória de dor: a morfina.

De lá foi para o quarto, porém, como o câncer em si ainda não tinha sido diagnosticado, o processo de internação foi complicado. Os primeiros dias também. Nem mesmo a equipe médica do hospital conseguia acreditar em tamanha extensão da metástase, sem nenhum outro sintoma prévio.

Durante os dias seguintes vários exames foram realizados. Como meu pai era fumante, logo desconfiaram do pulmão. Sem evidências, as dores só aumentavam diariamente, assim como as doses de morfina.

Num certo dia pedi aos médicos que não mais o "invadissem". Papai não merecia. Entramos com um time de cuidados paliativos, oferecendo medicamentos para dor, para aliviar o desconforto, e o deixamos no tempo dele: tempo dele com Deus, tempo dele consigo mesmo, por quanto tempo ele precisasse estaríamos lá, oferecendo uma qualidade de morte.

Ali foi o meu primeiro contato com a área de cuidados paliativos, que ainda hoje no Brasil é tema de discórdia por desconhecimento do assunto. Não é sobre apressar a morte; o paliativismo, entre todas as definições, é um conjunto de práticas de assistência *ao paciente incurável que visa oferecer dignidade e diminuição de sofrimento.*

Uma médica paliativista, Ana Claudia Quintana Arantes, em seu livro *A morte é um dia que vale a pena viver*, diz: "Desejar ver a vida de outra forma, seguir outro caminho, pois a vida é breve e precisa de valor, sentido e significado. E a morte é um excelente motivo para buscar um novo olhar para a vida".

E é sobre isso! Não é encarar a morte como o fim de tudo. Não estou falando de religião, mas sim de continuidade da vida em forma de amor.

Amor por aquele que está morrendo; amor por quem fica; amor por aqueles que nos rodeiam.

Papai nos ensinou tanto sobre o amor; ensinou inclusive que a família são laços de amor que unem as pessoas, e não somente laços genéticos.

Durante sua internação ele sempre foi muito carinhoso, mesmo com muita dor, sempre com um sorriso no rosto. Quando contamos para ele sobre sua situação, lembro que ele estava sereno. Estávamos eu e a médica que iria assumir os cuidados dele.

Foi uma conversa linda, que me emociona até hoje. Lembro que ele me disse: "Por que tenho que ir tão novo? Gosto tanto de viver".

Não sei como, respondi: "Porque você cumpriu sua missão aqui nesse mundo. Agora você tem que viver uma nova vida, alegre, sem dores, com outras pessoas, que também te amam e que você ama e um dia a gente vai se ver novamente, de alguma forma, e sempre estaremos juntos, pois realmente longe é um lugar que não existe quando nossos corações estão unidos".

Ele pegou na minha mão e disse: "Então eu vou indo na frente pra ver se é um lugar bom pra vocês: cuida da mamãe". Eu respondi: "Vou cuidar, sim".

Claro que, no final, estávamos os três chorando, incluindo a médica. Ao sair, deixamos ele consigo mesmo, e ela me perguntou no corredor: "Se você tivesse que fazer alguma coisa com seu pai que não fez antes, o que você faria?". Eu pensei, e respondi: "Nada, nós fizemos tudo que queríamos juntos".

Ali eu estava em paz, independentemente do tempo dele.

Transpassando a dor

Alguns dias depois, era um final de domingo, bem no horário que ele costumava acordar da soneca, estávamos eu e meu irmão ao lado dele. Eu ajeitei a máscara respiratória que o desconfortava, agradeci a vida, por tudo, meu irmão também, e logo em seguida ele suspirou, esboçou um leve sorriso que quase não dava para ver na máscara de oxigênio e descansou. E foi acordar da sua soneca da tarde em um plano sem dor, carregando com ele todo o amor do mundo onde quer que ele estivesse.

Eu sempre achei que o dia em que meu pai morresse eu morreria junto. Não morri: eu vivi. A morte é vida, sim; é um renascimento; é você transpassar a sua dor e apego em prol de um amor livre da matéria e da dor. É saber que o amor não precisa ter uma forma definida ou estar fisicamente ao seu lado. Eu não ia querer meu pai ao meu lado preso a uma cama.

E sabe o que mais me faz feliz? Saber que conseguimos passar para ele essa leveza, ao oferecer pra ele, no momento de sua morte, todo nosso amor, desprendido de qualquer sentimento de apego. Simplesmente amor, para ele levar com ele para onde for.

Não vou dizer que foram dias fáceis. Chorei, senti e sinto saudades todos os dias. Aprendemos pouco e mal sobre essa figura do luto. O luto não precisa ser triste. Não podemos deixar de viver porque uma pessoa que amamos morreu. O amor não morre. Ao contrário, é ele que deixa essa pessoa viva dentro de você.

Nosso Gordinho morreu dia 18 de dezembro de 2016. A missa de sétimo dia foi próxima ao Natal. Mesmo assim, fizemos um Natal por ele, com muito amor, e, mesmo em meio às tristezas, nos permitimos ser felizes. Papai gostava de festa; fizemos por nós e por ele.

O velório do meu pai foi uma das cenas mais lindas que já vi na minha vida. A minha dor não era só minha, era de todas aquelas pessoas que estavam ali. Pessoas que amavam ele.

A cerimônia de cremação teve o som de "Imagine" (que embalou seu casamento), "A Piquitita" (confesso que coloquei por ele, pois achei que eu não ia conseguir mais ouvir a música) e "We are the champions", do Queen, porque a morte é isso, nós somos os campeões, e continuaremos até o fim, e com certeza a morte não é o fim.

Uns meses depois, minha avó paterna viria também a fazer a passagem dela. Foi outro momento em que pude vivenciar todos esses sentimentos, e eles estavam lá, firmes, na certeza de que o luto não precisa ser triste.

Eu brincava com meus amigos dizendo que foram três mortes em três anos, então eu poderia pedir música no Fantástico, mas o fato é que eles permanecem comigo no meu dia a dia.

Permita-se viver

Fui viajar por alguns meses para a Austrália. Lembro que estava trabalhando em uma farmácia, mal sabia falar inglês, e pedi meio que sem jeito para minha chefe me deixar sair mais cedo no dia da missa de um ano do falecimento do papai, pois eu queria "estar" com minha família. E eu me fiz presente, mesmo longe.

Quando voltei, algumas pessoas não entendiam como eu conseguia continuar a vida depois de tantas perdas de pessoas próximas. Eu cheguei a ouvir: "Nossa, Dani, não sei como você é feliz sem o seu pai".

Ali percebi quanto sofrimento existe vinculado ao luto e à perda de pessoas amadas. Não precisa ser assim. Eu sei que não sou uma pessoa fria nem sem sentimentos. Apenas entendo que o luto não precisa ser um sofrimento para a vida toda; não precisamos colocar nossos entes em uma caixinha e não pensar mais neles. Não! Temos que viver com eles vivos em nossos corações.

Essa minha percepção sobre a morte fez com que alguns locais me chamassem para falar sobre a perda de pessoas amadas. Já ouvi: "Dani, você tem que compartilhar isso com as pessoas. Faz bem para o coração".

Então, criei coragem e fiz uma palestra sobre a perda de pessoas amadas para um grupo de pessoas. Uma jovem, creio que com uns 26 anos, ao término da palestra, me chamou e disse: "Obrigada pelo que você disse hoje, eu precisava ouvir isso. Estou sem sair de casa há cinco meses, meu pai infartou e eu não tinha forças para mais nada. Sua experiência me fez viver de novo".

Nem preciso dizer que choramos juntas, mas com o coração em paz e leveza na alma.

Não espere para viver

Por vezes, vivemos uma vida em meio ao caos, esperando o dia certo para mudar algo que nos incomoda ou que nos impede de ser felizes, e não nos damos conta que estamos morrendo um pouquinho todos os dias.

Morremos nas atitudes que nos agridem diariamente; morremos quando deixamos para lá nossos objetivos a fim de agradar outras pessoas; morremos quando não nos cuidamos com a desculpa de que não temos tempo ou porque somos fortes o suficiente e não precisamos parar. Morremos quando somos egoístas e terceirizamos nossa felicidade para outras pessoas ou situações que nem sempre dependem de nós.

Precisamos aprender a viver com a morte. O medo de não estarmos mais fisicamente ao lado de alguém não pode ser maior que a alegria que é estar vivo e continuar a espalhar o amor e todas as coisas boas que temos no nosso caminho

Sempre penso nas pessoas que moram longe ou que não vemos todos os dias. Deixamos muitas vezes de visitar por falta de tempo; as demandas do dia a dia nos consomem e falamos: deixa melhorar tudo que eu vou. Mas, se a pessoa morre, arrumamos tempo para ir ao velório. Não importa o horário que seja, nem que seja para dar uma "passadinha", mas nós vamos. E por que não arrumamos tempo em vida para estarmos juntos daqueles que amamos?

Desde que minha primeira afilhada cresceu, nunca mais passamos um aniversário juntas. A correria do trabalho, cada uma em uma cidade, e a velha desculpa da falta de tempo.

Um pouco após a morte de papai, Camila faria 20 anos. Mas, puxa vida, o dia do aniversário dela era uma terça-feira e, justamente na quarta-feira de manhã, eu teria uma reunião importante no trabalho, ou seja, não daria para viajar — e mais uma vez eu estava dando desculpas.

Me dei conta imediatamente e pensei em tudo que acabara de viver. Comprei uma passagem dividida em mil vezes no cartão, passei a reunião para o período da tarde e fiz um bate e volta para o Rio de Janeiro. Jantamos juntas, foi surpresa, ela nem imaginava, e foi um dos momentos mais especiais que tive com ela depois de tantos anos longe uma da outra.

A vida é sobre isso, sobre aproveitar os momentos, criar as oportunidades e viver de forma plena, até porque o amor é tão grande que não acaba com a morte, porque a morte é vida e o luto não precisa ser triste.

O que quer fazer do tempo
que resta da sua vida?

6

DESCOMPLICANDO A VIDA SEM NEURA

Por Edilson de Moraes

Todos os dias quando acordo
Não tenho mais
O tempo que passou
Mas tenho muito tempo
Temos todo o tempo do mundo
RENATO RUSSO

Todo dia, para a maior parte das pessoas, é a "mesma coisa": acordamos, tomamos banho (algumas pessoas não!), tomamos café, levamos os filhos para escola e vamos trabalhar. Ou seja, a vida, normalmente, é aquela que a sociedade impõe. Nascemos, estudamos, entramos em um bom emprego, casamo-nos, temos filhos, compramos nossa casa e nosso carro. Está bom!

Porém, no ano de 2020, mais precisamente no mês de março, tudo mudou para mim. Com o avanço mundial da covid-19, o mundo parou e fechou. Parecia que estávamos dentro de um daqueles filmes de Hollywood, uma verdadeira distopia ou antiutopia, ou seja, algo anormal, um filme de ficção de científica que retrata um futuro negativo, se preferirem!

Sempre que possível eu almoçava na casa da minha mãe. Mas lembro-me como se fosse hoje que, naquele domingo, 15 de março, não iria, tinha outro compromisso. Contudo, na última hora, mudei de ideia e resolvi ir. Hoje entendo como um presságio.

Minha mãe, no auge dos seus 85 anos, adorava viajar, passear e, principalmente, ir ao supermercado. Sim! Era um prazer para ela! Naquele dia não foi diferente. Ao chegar em sua casa para almoçar e saber que ela tinha acabado de voltar do supermercado, briguei, em tom de brincadeira, argumentando que ela não poderia sair de casa, pois falavam que o vírus era mais letal para os idosos. Estávamos em um momento em que tudo era uma grande incógnita sobre a tal covid-19. No alto do seu um metro e meio, ela me olhou com um sorriso no rosto, como se falasse: "Está bem!". Foi a última vez que a vi pessoalmente. No dia 18 tive a notícia que ela havia sido internada. No dia 22, minha mãe partiu deste plano.

Todos sabemos que no ciclo da vida, apesar de algumas vezes não ser nesta ordem, é normal a pessoa com mais idade morrer antes dos mais novos. Meus avós morreram antes da minha mãe, que morreu antes de mim, que vou morrer antes dos meus filhos — e torço por isso!

Mesmo tendo ciência disso, no caso da minha mãe, vê-la definhar muito rápido por conta de um vírus completamente estranho foi chocante. Ainda por cima, sem ser possível fazer um velório à altura da mulher que ela foi. Para fechar a tampa do caixão, um enterro para apenas dez pessoas.

Nele, o corpo sai do necrotério do hospital direto para a sepultura. No mínimo, isso deixou uma sequela, não tem como....

Minha mãe era uma pessoa acolhedora. Nove filhos, treze netos e sete bisnetos, além de uma casa rodeada de pessoas. No Natal, éramos mais de sessenta pessoas reunidas para comemorar a data.

E então comecei e pensar: como será daqui em diante? Vamos nos distanciar? Como serão os próximos natais e os momentos acolhedores nos quais nos reuníamos para nos divertir, trocar ideias e celebrar a vida? Dúvidas, dúvidas e mais dúvidas

Admito que nunca pensei tanto na morte como nesse período. Sentia-me impotente e fragilizado. Um pensamento passou a povoar a minha mente com frequência: "Será que estou criando bem os meus filhos?". Junto dele, vinham outros, partindo da mesma preocupação: "E se eu vier a faltar, o que será da minha família? Dos meus filhos? Hoje eles dependem de mim!".

Não vou mentir! Todos estes questionamentos geram uma pressão nas costas que não é fácil para ninguém.

Filhos, uma dádiva

Meus filhos! Minha vida melhorou 1000% após a chegada deles. Minha filha Letícia Gabrielli, cujo nome significa "alegria enviada por Deus", minha "xerox" aperfeiçoada. A maior expressão do nosso sentimento é nossa música, que foi escrita e interpretada pelo Nando Reis, "Espatódea":

Minha flor
Minha cor
Minha cara

Não sei se o mundo é bom
Mas ele ficou melhor
Quando você chegou

Aponte a câmera do seu celular e vivencie a mensagem do vídeo:

Já meu filho Caio Henrique, que significa "príncipe poderoso", tem uma história curiosa. Sempre falo que demoramos para engravidar dele por ele chegar à Terra todo especial, com seu cabelo vermelho que chama a atenção por onde passa. A música que representa este amor que tenho por ele é "Pôr do sol", de Maurício Manieri:

Aponte a câmera do seu celular e vivencie a mensagem do vídeo:

Você não sabe quanto tempo te esperei
Meu pequeno talismã
O presente mais precioso que ganhei
de Deus
Minha estrela da manhã

Não, não, não há alguém
Que te queira mais que eu

Eu não vejo a hora de poder te ver
Pra ficar bem de pertinho
E te dizer como eu te amo

Quero agradecer às mães dos meus filhos, que foram importantes na minha vida e me deram a oportunidade de ser Pai desses "serzinhos" maravilhosos.

Precisamos seguir mesmo com dor

Em relação ao lado profissional, em nosso escritório, do qual sou sócio majoritário, apesar de possuir um capital de giro, estava temeroso, pois não sabia o que iria acontecer depois daquele momento tenso e tenebroso pelo qual toda a sociedade passava. Eu não achava justo dispensar alguns colaboradores do nosso time para reduzir despesas. Assim, não pensei duas vezes: fiz dois empréstimos com juros mais altos do que o habitual para garantir pelo menos que todos estivéssemos juntos até o final de 2020, sem ter que dispensar ninguém.

Neste período, nosso escritório começou a trabalhar em regime de home office, o que fazemos três vezes por semana até o momento no qual escrevo estas linhas. Confesso que dificilmente voltaremos a trabalhar todos os dias no escritório, pois esta situação melhorou muito a minha qualidade de vida e de todos da nossa equipe.

Não se pode perder de vista que, segundo o IBGE — Instituto Brasileiro de Geografia e Estatística —, a expectativa de vida do brasileiro é de 76,8 anos. Comecei a pensar: "Já percorri 2/3 aproximadamente desta jornada, ou seja, cada dia que passa reduz um dia na minha estadia neste mundo!".

E agora, o que vou fazer? Era outro pensamento que entrava no meu inconsciente, fazendo companhia aos problemas cotidianos e tudo que veio com a morte de minha mãe.

Aos poucos, fui acalmando meu coração e aplicando o que sempre preguei: não podemos nos preocupar com o que não está sob o nosso controle, que, no caso, era a morte. Entretanto, podemos melhorar nossa qualidade de vida e do tempo que resta nessa maravilha chamada Terra.

Com esse pensamento muito claro, resolvi equilibrar a equação da vida: trabalho, família, espiritualidade, lazer, finanças, vida social, namoro, saúde e emocional, entre outros. Sobre o item namoro, preciso fazer uma homenagem especial para uma pessoa que conheci nesse período e que estava ao meu lado em um momento no qual andava um pouco fragilizado diante de tudo o que acontecia. Tive a sorte de conhecer uma pessoa, que, com seu jeito peculiar, acelerado e um pouco "doido" até, me trouxe muita alegria.

Fizemos juntos coisas que nunca havia imaginado fazer: pular de paraquedas, voar de paraglider, descer um rio fazendo rafting, saltar de tirolesa a 110 metros de altura, andar muito em trilhas e em ambientes normais (quando digo andar muito, é muito mesmo, querido amigo, querida amiga). Participar de um cruzeiro temático de samba que me fez sentir como um adolescente em uma rave, dormindo às 3 horas da madrugada e acordando às 7 horas da manhã com pique total.

Tudo isso que estava vivenciando me fazia pensar: qual será a próxima aventura? Ninguém entra na sua vida ou passa por ela por acaso. Ela e sua família são uma comprovação dessa tese e tenho sempre em mente a frase de Antoine de Saint-Exupéry: "Aqueles que passam por nós não vão sós. Deixam um pouco de si, levam um pouco de nós". Vou confessar algo, mas ela não pode saber: ela fez com que eu me sentisse mais jovem, e com certeza vou viver mais do que a média de um brasileiro.

Em casa, elegemos as quartas-feiras como o dia de fazermos o almoço com menus variados. Com a ajuda de um anjo que cuida da minha família, fizemos mais de quarenta pratos diferentes, dignos de competirem no *MasterChef*. Já, já estarei aí, Ana Paula Padrão!

Não posso deixar de relatar quando, no começo da pandemia, quando contraí o vírus da covid-19, antes de a população começar a ser vacinada, falei para ela não vir trabalhar e ela disse: "Agora que vocês precisam de mim? Nunca vou abandonar vocês!". Com essa frase deixo minha homenagem para uma pessoa que mora em meu coração e sabe o significado da palavra empatia.

Como escolhi, entre todas as áreas da vida, o equilíbrio como lema, o meu propósito é mostrar para todos uma coisa: quanto antes fizermos isso, mais rápido seremos mais felizes. Não se pode confundir alegria com felicidade, pois, enquanto a primeira é um sentimento momentâneo de contentamento, a segunda é um estado de espírito construído por atitudes.

Adoro a música "Epitáfio", dos Titãs, que foi escrita com o verbo conjugado no pretérito, porém, se pudesse fazer uma pequena sugestão para Sérgio Brito — que pretensão a minha —, faria uma nova versão no verbo presente:

Devo amar mais
Chorar mais
Ver o sol nascer
Arriscar mais
E até errar mais
Fazer o que quero fazer

Pois ainda dá tempo...

Shawn Achor – um dos mais conceituados palestrantes do TED (evento que tem a missão de espalhar ideias poderosas: inspirando, instruindo e gerando valor), ex-aluno e professor de Harvard – ensina que não precisamos ter sucesso para ser feliz, mas, sim, ser felizes para ter sucesso.

Hoje tenho uma rotina de fazer ginástica quatro vezes por semana, jogar tênis, buscar o meu filho na escola, levá-lo para a escolinha de futebol, cuidar da minha saúde, namorar, cuidar de casa, com a ajuda do anjo. Ou seja, estou trabalhando menos horas por dia, mas, adivinha? Nosso escritório cresceu e está faturando mais, com mais colaboradores na equipe agora do que no começo da pandemia!

Lembra dos empréstimos que fiz com medo do futuro incerto? Quitei os dois no final de 2020 sem precisar usar um centavo deles. E por que será que tudo aconteceu dessa forma? Não tenho a menor dúvida ao afirmar que o equilíbrio da vida proporcionou tudo isso.

Estou relatando o equilíbrio que encontrei para minha vida, e cada pessoa tem que refletir qual é o seu, pois não é minha pretensão ser o "senhor da verdade". Contudo, na minha modesta opinião, se negligenciar uma destas partes – trabalho, família, espiritualidade, lazer, finanças, vida social, namoro, saúde e emocional –, uma coisa ruim vai interferir nas outras. Sei que em alguns momentos nos dedicamos mais a algumas em detrimento das outras, mas isso deve ser por um período, e não virar regra.

Pare por alguns minutos e reflita sobre estas perguntas: você já brigou no trabalho porque estava brigado com filhos ou esposa/ marido ou vice-versa? Você já perdeu o sono por falta de dinheiro e, consequentemente, trabalhou cansado e produziu menos? Posso dar vários exemplos de uma situação que interfere na outra, mas deixo para cada um refletir nas suas.

Aliás, quando estamos bem, tudo ao nosso redor muda. Nós contagiamos as pessoas e, pode acreditar, isso é muito legal. Quando fiz a primeira palestra do Direito sem Neura, em 2019[1], junto com meu irmão que não é de sangue (mas o considero dessa forma, pois Deus colocou-o no meu caminho), uma mulher da plateia, posteriormente, relatou para nós que estava desanimada com o ramo jurídico, mas, após sair da palestra, chegou em casa e disse para a mãe: "Vou ser uma pessoa de sucesso na carreira jurídica".

Você já pensou que o nosso equilíbrio na vida e, consequentemente, nossa felicidade pode impactar de forma estrondosa outras pessoas positivamente? Muitas vezes não percebemos que somos inspiração para o outro, em especial para os mais próximos, como nossos filhos. Tal inspiração gera um efeito cascata, pois, se meu filho está bem, seus colegas de escola ficam mais felizes, deixando seus pais mais felizes, que deixam os seus colegas no trabalho melhores e, consequentemente, os filhos destes se tornam crianças mais alegres. Isso é inevitável! A felicidade contagia!

1. Projeto que visa levar mais esperança para os operadores do direito e ensinar de uma forma mais leve e equilibrada.

Aponte a câmera do seu celular e vivencie a mensagem do vídeo:

Ah! Estava esquecendo! Durante a pandemia, fizemos um almoço por videoconferência em homenagem a minha mãe, pois, como disse, nossa família ficou muito tempo sem se ver. Porém, aquele medo que tinha de nos distanciarmos não aconteceu! O Natal de 2021 passamos com praticamente todos, e tenho certeza de que minha mãe, lá de cima, ficou muito feliz! A família é a base para tudo! Te amo, família! Todos! Só não vou citar os nomes, pois são muitos... kkkkk.

Quando comecei a escrever este capítulo, tive a triste notícia de que o baterista do Foo Fighters, Taylor Hawkins, morreu aos 50 anos, minha idade. Não podemos esquecer que a vida passa rápido e que daqui a pouco tudo acaba.

Já parou para pensar como você tem passado os seus dias? Tem aproveitado? Vivido? Ou tem somente passado por eles? Então, eu termino com uma provocação: "O que você quer fazer do tempo que resta da sua vida?".

"De chuva em chuva, aprendi a ser sol."

PEQUENO MESTRE

7

MELHOR É SER ALGUÉM

Por Elias Villas Boas

A persistência é o caminho do êxito.

Charles Chaplin

O céu ainda tinha cor da noite e, bem pouco tempo depois, surgia um outro corpo a deitar, agora masculino. Pouco depois, com o dia já clareando, alguns movimentos mais agitados surgiam, somados a mãos pelo corpo adulto que transmitia calor e alguns contatos físicos, norteados por mãos e um pedido inusitado de abaixar a roupa. Uma criança, que nem sabia direito o que aquilo significava — ainda mais quando solicitado por alguém que deveria lhe inspirar cuidado.

Rapidamente, se percebia uma dor intensa e incômoda na região do esfíncter anal, forçando a capacidade física e limitante daquela região imposta pela fisiologia, seguida de uma afirmação do adulto: "Isso não vai doer!".

O que considerar como um ato de abuso completo?

Um tempo depois, de forma brusca, se ouviram ruídos da chegada dela, a primeira cuidadora, somados ao imediato pedido de não contar a ninguém o que havia acontecido ali, e a promessa que foi cumprida.

Algum tempo se passou naquele ambiente confuso, até que, dois anos depois, a fase escolar se iniciou e o trouxe de volta à realidade da família biológica, na estrutura que envolve as figuras clássicas desse ambiente. A justificativa para aquela temporada sempre foi a de querer o melhor para mim. Naquela fase da vida, por estar cercado da atenção concentrada de uma ou duas pessoas, num recente casamento e com uma estrutura total mais bem resolvida... como se estivesse preparando o cenário familiar para uma volta e, sem dúvida nenhuma, sem calcular o risco do abuso, que haveria de acontecer.

O início da fase socioescolar fora marcado por evidentes episódios de ruptura cognitiva e limitações de aprendizagem. Porém, estava sempre presente a consciência de que aquilo que se vivia até ali não era algo a ser escolhido para perdurar em sua trajetória.

Também havia o lar com as restrições estruturais de uma família tradicional, sem grandes perspectivas de dar certo. Tentava incansavelmente, imbuído do amor de um bom padrasto e de dois, depois três irmãos, fazer dar certo!

Dentro da dedicação máxima dos pais, ali existia ela, que tentava trabalhar para dar o melhor à sua família, o máximo que podia, e também dois irmãos mais velhos. Um destacado, absolutamente diferente dos demais, trabalhador desde cedo, mas também suscetível aos males que a adolescência pode oferecer. A droga fez do seu irmão alguém que não servia de referência, pois o que ele sabia era que precisava dar certo, estudar, ser alguém melhor, que sairia dali para uma vida diferente daquela que levava até ali.

Sua irmã, sempre cuidadosa, ajudava nos afazeres do lar, estudava e, também muito cedo, começou a trabalhar. Com muito esforço, fazia o que podia para ajudar a suprir o que era escasso naquela dinâmica familiar.

Era bonita, atraente e gostava muito de namorar, talvez como forma de deixar aquele ambiente por um casamento que a elevasse a outro tipo de vida, repetindo a história de sua mãe de modo inconsciente.

Anos depois, chegou a terceira irmã, inicialmente odiada, pois ocuparia o lugar de caçula, o que então lhe conferiria supostos privilégios. Estimulada por brincadeiras de adultos, a antipatia se solidificava entre irmãos que poderiam ter construído sua união desde então.

Essa chegada causou-lhe na fase de pré-puberdade um estresse hormonal que, somado à má alimentação, tendência genética e outras investidas vitamínicas adormecidas da infância, iniciou um processo de engorda e obesidade.

O padrasto era uma pessoa que inspirava cuidado, dedicação e se esforçava muito por meio do trabalho para amar a todos e dar o sustento, como se pai biológico daquela família fosse. Depois de alguns dias, ela sumida, todos sem saber ao certo o que havia acontecido, após um período conflituoso, marcado por eventos altamente incompreendidos para tão pouca idade, ela dobrou o corredor, chegando em casa extremamente tensa, e entrou no quarto.

Iniciou uma busca frenética por alguns objetos pessoais, como se fosse viajar, até que algum tempo depois disse que iria embora e viveria sua própria vida e que não poderia levar ninguém consigo, mas que, de alguma maneira, sabia que tudo ficaria bem. Um choro intenso tomou o cômodo, gerado por um denso sentimento de abandono, preterição e medo de tudo que poderia acontecer sem ela. Um grunhido de pedido surgia em meio ao caos emocional, implorando ser levado, mas ainda assim o apelo não foi suficiente e a porta foi atravessada, deixando no rastro um imenso vale de incertezas, inseguranças e sonhos.

Passaram alguns dias e elas apareceram na porta, dizendo a um deles que o levaria, sem saber, ao mesmo ambiente que lhe causou a primeira dor e conflito. Foram juntados alguns pertences, documentos pessoais e escolares. Novamente a porta foi superada para um novo existir. Escola, vida social, rotina diária, dinâmica familiar e pessoas, tudo novo.

Por algum tempo, a adaptação inevitável gerou conflitos, pois o ambiente era frequentado pelas mesmas pessoas do lugar em que o abuso foi consumado. Isso somado à fase adolescente e questionadora, pessoas de diferentes origens familiares, também sendo ajudadas pela proporcionalidade da existência daquele "lar", com uma crise na relação dessas pessoas, também impulsionada por desemprego e drogas — a combinação perfeita para que o dia a dia desse ambiente desse errado.

Nas séries ginasiais, se continuava o esforço na tentativa de dar certo, estudando e dando o melhor de si, mesmo com a timidez e o recebimento de muitos nãos, que, de verdade, talvez fossem o que realmente se queria, ou quem sabe negar o que se desconhecia ou causava medo: novas rejeições e abandono.

Momentos clássicos dessa fase se seguiram: forças armadas, formatura, primeiro beijo, transa, um amor, formação de base educacional.

Meses, quase anos sem notícias, sem perspectiva, sem saber o que esperar. Tudo novo, mas de novo? Um movimento contraditório, mas intuitivamente fortalecedor nos remetia a uma nova chance de estar com ela por perto. Algum tempo depois, inesperadamente, se via ela vagarosamente, retornando, resgatando e repetindo alguns erros, apesar da demonstração de grande arrependimento e vontade de acertar.

Se casou, constituiu nova família, baseada em muitos conflitos e histórias pela metade, o que causava ainda mais dor e conflito para todos os que ali estavam envolvidos.

Uma nova casa, um novo padrasto, agora distante, frio e jovem demais para suportar toda aquela estrutura. Sim, ela se reaproximou dos seus, foi mãe ao seu modo, cuidou, lutou e fez tudo o que estava ao seu alcance.

Nessa fase, ele alimentava o sonho da moda, baseado na possibilidade de ser alguém, de um modo que ninguém até então havia pensado naquele núcleo. Paralelamente a trabalho e escola regulares, foram dois anos de muita dedicação, inventividade, esperança e também frustração com o mercado e com a busca por um trabalho que consolidasse todo aquele sonho.

Novos traumas, alguns calotes e a paixão pelo que era oferecido em detrimento da expectativa construída durante os estudos cada vez o afastavam mais e mais de seguir criando sonhos por meio da vestimenta para consumo e de sonhar com essa possibilidade de fazer a todos felizes. Mas o que restava além de buscar novos rumos?

Foram longos três anos de desemprego, quando, um belo dia, a oportunidade de trabalhar, se divertir e estar perto de casa ressurgia das cinzas como uma fênix, e a vida jovem, social e cheia de possibilidades se reconstruiu.

Ao se formar no segundo grau, disposto e fisicamente contente consigo mesmo, depois da perda de sessenta quilos, resultantes de uma dieta caseira e exercício físico, iniciou uma vida talvez tardia, mas muito interessante e satisfatória, como um jovem nesta idade deve ter: namoros, amizades e algumas festas.

Nesses tempos, ela se separou e, sem piscar, casou-se novamente com quem jurou ser o amor de sua vida. Um perfil também jovial, altamente sociável, mas ainda incapaz de compor a dinâmica familiar com alguém que teria pelo menos o dobro de sua idade. Ele pirou e foi embora, de uma maneira tão triste, mas, acima de tudo, tão tempestiva quanto chegou. Brevemente, a relação com o padrasto da infância foi retomada, mas, assim como a primeira vez, em tempo bem menor, chegou ao fim.

Havia outra mulher nesta trilha. Apoiávamos um ao outro. Ela, sempre muito amigável, cúmplice e agora próxima. Ao mesmo tempo que era próxima no coração, parecia distante. No primeiro encontro a descoberta de que ela seria a mulher de toda uma vida!

Voltando para casa, a encontrou de costas, e, ao virar, se via alguém ali que o faria feliz e nunca mais sairia de sua vida. Um grande amor, seguido de um gelo e a grande chance para defini-lo como um encontro realmente mágico, de vidas, de almas, suficiente para decidir passar a vida toda juntos.

Naquela tarde, ela, contradizendo sua perspectiva de impossibilidade pela suposta diferença de meios que os separava, respondeu a mensagem e, dali por diante, os beijos intensos os levaram à paixão avassaladora e à decisão, rodeada de controvérsias, entre apoio e rechaço, de seguir em frente, juntos. E assim seguiram o sonho de se unir, a vontade de lutar por aquela história e viver tudo que a experiência de amor pudesse lhes oferecer. Apoiaram-se na alegria, na tristeza, na saúde, na doença, no que se chama de pobreza e em toda a riqueza que o afeto, a ressignificação de família poderiam lhes proporcionar. Um casal admirado como modelo, e também visto com especulações, mas sua união, sua espiritualidade e sua vontade de estarem ali, juntos, os faziam cada dia mais amantes, mais amigos.

Muitas possibilidades surgidas, resultantes da construção promissora e habilidades complementares, trouxeram novas possibilidades, infinitas celebrações, reconstrução da autoestima e muitos novos e velhos sonhos. A faculdade, a pós-graduação, as boas possibilidades de trabalho, de evoluir, de ter filhos.

A reciprocidade ensinava a cuidar do outro, mas também a recuperar a necessidade de autocuidado, com a tomada de consciência de um ser saudável para uma vida inteira. E, ainda que invasiva, a cirurgia restritiva eliminaria uma de suas metades, de forma desafiadora.

Numa tarde, no retorno do médico dela, acompanhando-a, se despertou a possibilidade de mudar de vida, literalmente, eliminando o ganho de peso decorrente dos maus hábitos posteriores ao casamento. Foram oito meses de pesquisa, exames, dúvidas, medos, solidão para decidir que caminho seguir, quando, do modo mais inesperado, chegava a autorização para dar adeus a um pedaço indesejado de seu corpo.

Os primeiros meses, o primeiro ano, a recuperação em si se mostrou possível, mas amplamente difícil, inspirando cuidados globais, até então não tidos ali.

Ainda assim, se percebia que seus efeitos podem distorcer a imagem e geram certo exacerbamento de confiança, entre outros excessos, trazendo à tona o despertar de curiosidades até então adormecidas. A intolerância constante a coisas que até então pareciam corriqueiras e até uma dificuldade de concentração no que se chamava de para sempre.

Por outro lado, sua companheira demonstrava uma instabilidade nunca vista, risco à saúde física, financeira e aos sonhos tidos até ali, e, depois de longo período, se descobria o que ameaçava aquele amor: a bipolaridade. Tratamento, medicamento, terapia e uma constante tentativa de fazer-se superar, pareciam intermináveis, mas, igualmente muito desgastante. Até a distância, que se julgava ajudar, em alguns momentos reforçava que seguir caminhos diferentes, impensados, talvez fosse o melhor. Mas que deveriam ocorrer quando o ambiente fosse favorecido por uma relativa independência social, familiar, econômica, psíquica e emocional. Ela se formou com tudo o que tinha direito e, apoiada, se fortaleceu.

Mas uma dúvida ainda pairava: como passar por tudo isso sem um processo de separação? Mais um episódio de muita dor, que os deixava sem chão. Talvez resgatar a certeza de que o sentimento se transformaria e que o objetivo de se tornar melhor seria privilegiado com experiência, aprendizagem e boas lembranças depois de algum tempo.

Quase um ano depois e a sensação de que a independência se consolidava aumentava a cada dia. Apesar do início de um esgotamento agudo, novamente se via rodeado de tanto, mas, ao mesmo tempo, de tão pouco. Em um momento de alta excitação, se resolvia uma imediata vontade de experimentação, de matar a curiosidade ressurgida de um tempo pra cá.

Alguém do mesmo sexo? Isso era mais uma modinha? Uns beijos ali, talvez uma transa, construíram algumas relações certas em hora errada, ou erradas em hora certa, superficiais e volumosas, mas por quê? O que havia de lhe faltar ainda? Por que a sensação de incompletude insistia em existir?

O maior sentimento que lhe tomava era o medo! Rejeição: a nova possibilidade, da parte da família, de amigos e de quem se amava? Isso lhe taxaria como um mentiroso de uma vida inteira? Quantas dúvidas, quanta bobeira.

Logo, logo, impressionado, percebia que se abria diante de si uma grande possibilidade de alinhar e preencher algo adormecido, inconsciente, diante de inesperados e repentinos movimentos de apoio, uma das grandes bases para continuar o seu caminho e para virar um "ser melhor" e feliz.

Não demorou para ele aparecer, cheio de sonhos, vontade de viver junto, aparentemente perfeito para uma relação de toda vida. Uma estrutura familiar foi montada, unida, de bom nível de vida e alguns planos comuns, muita vida social e também traições, até que um dia, o feitiço virou contra o feiticeiro. Sem dar chance de argumentar, ele atravessou a porta pra sempre.

Pouco tempo depois, apareceu ele, que era totalmente introspectivo e aparentemente tão cheio de necessidades de superação quanto o seu objeto de amor, cansou-se da mesmice e, ao contrário do primeiro, da possibilidade de se relacionar por longo tempo.

Mas, inconformado, ele o perseguiu e causou danos pessoais por muito tempo, até entender que amor não se força, não se implora, ou existe ou é melhor refletir em como reestabelecer um outro tipo de amor, tão importante quanto o primeiro: o próprio.

A família e muitos amigos, ao contrário da expectativa que se construiu, lhe ofereceram suporte emocional e muita aceitação, e, a cada experiência que tinha, ao contar, se surpreendia positivamente.

Um outro mundo lhe proporcionou apoio, notoriedade, respeito e afeição por aquilo que ele realmente se tornava. Era o Carnaval, a X9 Paulistana, onde e quando se sentia acolhido pelo que era e conseguia trocar energia a cada batucada e palmas que ouvia. Se animava, se incluía, se mostrava e vivia a alegria de poder festejar e se fantasiar do que a vida, em algum momento, lhe privou.

E, por mais contraditório que possa parecer, a espiritualidade também o complementava, de forma independente, fortalecendo assim o início da construção do seu propósito. A religião de matriz africana, mesmo sem a feitura, o conduzia ao contato com o divino politeísta que o fazia arrepiar dos pés à cabeça, acreditando que sua proteção, caminhos abertos, arquétipo e sua vida estavam na sua e nas demais boas mãos.

As perdas significativas foram se acumulando e gerando cicatrizes irreparáveis, falta de referência e muita saudade, mas também muito exemplo, valor e alguns ditados legados.

Lá se foram seus tios, seus avós, pessoas que lhe proporcionaram grandes momentos e as melhores lembranças de sua vida. Mas também foram sendo agregadas pessoas que o amavam como se sangue do próprio sangue fosse, que se escolhiam mutuamente por afinidade e amor puro, o qual chamamos de amizade.

Mudou de trabalho, de bairro, de casa, de vida. Fase na qual curtia a vida sem limites e a falta destes lhe propunha riscos desnecessários, até que um dia, depois de longo período doente, através de um exame se descobria uma deficiência imunológica causada pelo descuido, pelo exagero, que colocou a vida em risco e fez tudo parecer perdido. A doença era cercada da crença de morte, com a imagem de pessoas públicas que não sobreviveram a ela, mas que, com um pouco de informação, o fez entender a chance de viver uma vida nova e que cuidados irreversíveis batiam à sua porta. Apenas mais preconceitos para serem enfrentados.

De novo a insegurança de estar só, não ser amado, somada à recente doença, à latente necessidade de se afiliar, o fez amar, casar e sonhar de novo ser pai. Acontecia de forma tão intensa e ágil quanto a cegueira relacionada ao quanto a diferença poderia ser desastrosa.

Realizavam-se mais alguns sonhos de casamento, viagem, casa e uma estrutura familiar que compensasse as mútuas e comuns faltas que ambos demonstravam ter. Porém, a incansável tentativa de fazer dar certo, somada ao repertório emocional limitado de cada um deles, fez esgotar toda possibilidade de seguir e, assim, mais uma história de amor terminava.

O amor persiste, e se dar o direito de amar não é finito. Ser presenteado pela vida a cada instante com a possibilidade de ressurgir e de viver é um direito que devemos nos dar, tentar e fazer que seja infinito, enquanto tiver que ser.

Sim, se abrir, receber, se sentir amado, acompanhado, presenteado, convidado e parte importante da vida do outro é possível, é pleno e o privilégio de tornar o contato com o outro e impactá-lo positivamente, uma ou muitas vidas, nos sentencia, amavelmente, a proporcionar muito amor, contribuição, apoio, cuidado e um certo privilégio ao resgatar e prover aquilo que, por vezes, sentiu ter faltado e ainda reverbera o alcance do propósito de ser cada vez melhor e ajudar pelo menos um ser humano por dia a ser alguém melhor também.

Decidida a sair da plateia e brilhar no **palco da vida**, compartilhar alegrias e realizações, independente da montanha que vier no meio do caminho...

8

A MONTANHA

Por Fátima Caldas

Mesmo quando tudo parece desabar, cabe a mim decidir entre rir ou chorar, ir ou ficar, desistir ou lutar; porque descobri, no caminho incerto da vida, que o mais importante é o decidir.

Cora Coralina

Foi um ano de transformações e investimento profissional. Ano de estudos, realizações, no qual tudo de melhor estava acontecendo na minha vida, que parecia um rio fluido, sem pedras no caminho.

Depois de um divórcio conturbado, via-me como uma mulher realizada, com três filhos, que foram criados à base de muita luta, dedicação e amor. Uma das minhas crianças se formou em Psicologia naquele ano, outra cursava Relações Públicas, enquanto o caçula seguia sua jornada no ensino médio.

Realizada com minhas crianças, resolvi dar continuidade à minha formação na área de Psicologia. Voltei a estudar e, atualmente, sou life coach reikiana, sendo mestre de formação, passando para outras pessoas a energia do Universo, que transmite a cura a partir da palma de nossas mãos, passando os benefícios necessários para uma harmonia mental, corporal e espiritual.

Nem preciso ressaltar que tudo corria como o desejado. Ministrei palestras, assumi a função de síndica do meu prédio, além de administrar os imóveis de minha mãe. Parece loucura, mas era uma correria que eu adorava. Enfim, muitos acontecimentos, que fecharam aquele 2019 com um momento de muita emoção e gratidão, com o lançamento do volume 1 deste livro, em uma noite mágica e inspiradora.

De repente, veio uma pedra no meio do rio fluido pelo qual eu nadava e ia tocando a minha trajetória. Não uma pedra qualquer. Diria até que havia ali uma montanha que se projetou do nada, vinda de lugar nenhum.

Vou explicar melhor...

Passei por um médico, que indicou outro profissional, que me encaminhou para um oncologista (só por essa trajetória já vemos o monte se formando enquanto eu nadava despreocupada).

Meu mundo desabou, mesmo antes de saber o diagnóstico. Com dores no abdômen e exames em mãos, fui para o embate final ou inicial, dependendo do ponto de vista. Na mente, meus filhos e o medo de deixá-los já era maior do que qualquer outra dor. O medo realmente tomou conta de mim.

No começo de 2020, após uma biópsia muito complicada e dolorosa, veio o veredito: mais um câncer. Para ser mais precisa, linfoma não Hodgkin, que é um tipo de câncer que tem origem nas células do sistema linfático e que se espalha de maneira não ordenada. O sistema linfático faz parte do sistema imunológico, que ajuda o corpo a combater doenças.

Ao consultar um hematologista, ele suplicou para que eu fosse às consultas acompanhada. Obviamente, eu não queria que meus filhos soubessem de nada, estava armando toda uma história para deixar a coisa o mais leve possível.

Ele foi irredutível, dizendo que, por se tratar de um câncer, o prudente seria sempre ir acompanhada. Saí do consultório aos prantos, pois não sabia como contar a história para quem seria agora obrigado a ouvi-la.

Decidi que aquele não seria o médico. Encontrei uma médica indicada por uma amiga, com a qual me consulto até hoje. Ela explicou do que se tratava, trazendo dados. Relatou que, segundo pesquisas, as chances de cura ficavam em torno de 89% a 95%. Sua orientação era que eu começasse o tratamento o mais brevemente possível para estar junto do grupo que passou pela montanha e seguiu o seu fluxo de vida.

Foram seis sessões de quimioterapia. Preparei-me para os efeitos colaterais (se é que existe preparo para isso!). O que importa é que saí do consultório confiante e com tudo agendado: colocação de um cateter subcutâneo; no dia seguinte, a primeira sessão de químio. Fiz tudo sozinha, dando desculpas em casa para tantos exames e procedimentos, mas, como mãe leoa e atenta que sou, percebi que a suspeita e as conversas de canto entre irmãos já estavam rolando e o segredo não iria perdurar por muito mais tempo.

Havia chegado o momento. Eu tinha que contar sobre a doença para os meus filhos e familiares. Dizer: "Mamãe está com câncer no abdômen e será preciso iniciar o tratamento e, como sempre, conto com vocês!".

Como bons filhos, eles já sabiam de tudo. Não de tudo, mas sentiam pelos cantos aquele cheiro invisível de que algo estava fora do padrão. Ficaram até um pouco bravos por eu não ter me aberto com eles, choraram, mas, como uma boa família, estávamos juntos naquela batalha

O tratamento começou precisamente em março de 2020, com a colocação, em uma pequena cirurgia, do cateter subcutâneo. No dia seguinte, foi feita a primeira sessão de quimioterapia, que foi acompanhada pela minha filha Victoria. Nessa primeira sessão, que aconteceria em seis horas, ocorreu o imprevisto de uma crise alérgica na aplicação do último medicamento. Tive falta de ar e taquicardia; me lembro do rosto da minha filha assustada e com os olhos marejados. A médica veio em meu socorro e me medicou com um sedativo, e adormeci. Quando acordei, a primeira visão foi o sorriso de alívio no rosto da minha filha, comprovando que seria uma luta em família.

A aplicação era feita a cada três semanas e meus filhos se revezavam para me acompanhar. Meus olhos transbordavam em um misto de lágrimas e orgulho ao vê-los estudando e trabalhando no quarto da clínica.

Os cabelos começaram a cair após a terceira aplicação e, de pronto, decidi raspar a cabeça. O caçula raspou para apoiar a mamãe. Eram longos fios louros e cacheados, que se perderam de uma hora para outra. Mas tudo bem! Meu pensamento foi que cresceriam mais fortes e bonitos depois que eu atravessasse a montanha e voltasse ao fluxo da vida.

Durante o primeiro ano de tratamento, amigos de longa data se afastaram, outros se aproximaram e permaneceram firmes ao meu lado. Confesso que a solidão bateu forte em muitos momentos, acompanhada de doses cavalares de incertezas. Perguntei-me várias vezes: "Será que vai ter cura? Meu organismo vai reagir e aceitar os medicamentos?". Isso porque, algumas vezes, tive crises de alergia ao medicamento. Com isso, uma sessão que deveria durar cinco horas, comigo transcorria em oito longas horas.

Digo que, em vários momentos, me angustiei, mesmo com todo carinho que vinha de filhos, familiares e amigos. Eu tinha que ser forte... Será mesmo que temos que ser fortes nessas horas? Por que não fraquejar, sentir os sentimentos misturados?

Decidi que era assim que iria encarar a doença. Aceitando dias bons e ativos e outros em que não saía da cama, dias nos quais o corpo não atendia às minhas demandas mais básicas. Justo eu, que sempre fiz várias coisas durante o dia, com minha agenda corrida. Porém, lutei e experimentei os sentimentos visando sempre o meu fortalecimento.

A doença me deixou vulnerável. Era difícil para mim aceitar que não tinha as rédeas de minha própria vida, que havia uma montanha que demoraria para ser ultrapassada e me privaria de algumas coisas fundamentais.

Adoeci bem no começo da pandemia. Com um noticiário sangrento, tristeza e pesar, eu enfrentava a luta contra a vida de maneira diferente, mas, entendendo a dor daquelas pessoas. Já doente, redobrei os cuidados. Afinal de contas, se um vírus aparecesse em um corpo já debilitado, com imunidade baixa, o que poderia acontecer?

Acha que acabou?

Não! Além da doença e da pandemia, veio o luto de uma pessoa muito importante na minha vida. Tio José faleceu pouco antes de completar noventa primaveras. Era uma pessoa linda e de luz. Foi diagnosticado com leucemia e, em decorrência dos meus problemas de saúde e da "doença global do mundo", não pude ir ao seu enterro. Mesmo assim, me despedi sem saber. Dois dias antes, fui visitá-lo no hospital. Dei um beijo caloroso em seu rosto. Sorridente e com alegria, ele disse: "Depois você vai em casa, logo estarei lá!".

Muitas emoções tomaram conta de mim ao enfrentar tantos desafios: pandemia, doença, tratamento, o luto de uma pessoa que amava, meus filhos. Um mix de sentimentos. Confesso que fraquejei muitas e muitas vezes, me fortalecendo com a minha fé, através de orações e do Reiki, que me confortava e trazia muita paz interior. O amor dos meus filhos também era uma dádiva que me ajudava a viver.

Agora vou confessar mais uma coisa: tive medo quando fiquei careca. Aquele medo de ficar feia, mas agradeci a Deus por ser generoso e, depois de tudo, assumi com orgulho meus cabelos grisalhos e meu novo visual.

Entendi que a beleza das coisas está em como enxergamos e aceitamos os desafios de nossa vida. Quando paramos um pouco e olhamos para o nosso interior, encontramos uma saída para todos os problemas. Enxerguei que as perdas e os obstáculos daquela montanha só me fortaleciam. Foi uma escalada brusca. Ao chegar no topo e descer para o outro lado, avistei o renascimento. Uma nova fase estava aparecendo na minha trajetória!

Hoje, estou em acompanhamento médico para controle. Sou grata por tudo que realizei, com a certeza de que ainda há muito o que trilhar, muitas montanhas ainda aparecerão. Agradeço por, durante a escalada, ter enfrentado meus medos, anseios e luto. Agradeço pelos momentos alegres e tristes; pelo amor recebido e doado; pelo aprendizado da resiliência.

Enfim, gratidão por cada novo dia, pelo sol, pela chuva e por tudo que tenho e terei.

Sou uma mulher melhor e mais forte?

Não sei…

Mas, com certeza, ao atravessar essa montanha, sou uma mulher que vive o hoje, aquele famoso aqui e agora, de maneira intensa, decidida a sair da plateia e brilhar no PALCO DA VIDA, compartilhar alegrias e realizações, independentemente da montanha que vier no meio do caminho...

Decidi sonhar... decidi viver para realizar tudo o que desejo... Ser feliz é o meu legado e o meu propósito...

Descobri isso quando fui jogada na vida e tive que me virar — a prática foi uma (se não a melhor) professora!

9

SEMEANDO (E ACOLHENDO) MUDANÇAS, O APRENDIZADO ACONTECE

Por Gabriela Nemirovsky

Donde haya un árbol que plantar, plántalo tú.
Donde haya un error que enmendar, enmiéndalo tú.
Donde haya un esfuerzo que todos esquivan, hazlo tú.
Sé tú el que aparta la piedra del camino.

GABRIELA MISTRAL

Uma história pessoal repleta de mudanças só podia resultar numa vida profissional semelhante. As mudanças de país, cidade, residências e escolas na infância, a vida no exterior no início da vida adulta e as inúmeras viagens moldaram minha vida, habilidades e características.

Da ideia inicial à graduação em Arquitetura e Urbanismo, profissão que nunca exerci, sabia que esse não era o meu caminho. Aliás, não acredito em carreiras (nem vidas) "fechadas" — por que deveríamos nos contentar com uma única profissão ao longo da vida se esta, de um modo ou de outro, nos transforma diariamente?

Sempre abracei as oportunidades, como morar fora do país por três anos. Isso me abriu a cabeça para novas realidades e possibilidades, que incorporei quando voltei. Não que tudo tenha sido lindo e fácil. Há muitos "baixos" num percurso, mas é importante pegar fôlego quando estamos nos "altos" e lembrar que tudo passa — tanto o que é ruim como o que é bom. Foram muitas dificuldades, a começar pelo idioma, passando por coisas simples como comprar bilhete para o metrô ou entender a lógica e os produtos nos supermercados, até fazer algum círculo de amizades que atenuasse um pouco as saudades. Mas pessoas maravilhosas, dispostas a ajudar, tornaram o processo bem menos solitário.

Na volta, dei aulas de idiomas para executivos antes de entrar no mundo corporativo, de onde não saí mais. Foram anos em diversas posições e empresas numa carreira vivida em recursos humanos.

Iniciar em treinamento, dando suporte à coordenação de educação continuada de uma grande instituição de ensino de São Paulo, foi uma experiência enriquecedora, que me abriu muitas portas. Lembro-me de que a seleção teve uma dinâmica de grupo e precisávamos contar a história das nossas vidas: a minha ficou bem diferente de todas as demais — e isso me marcou, porque senti, sem compreender, minhas diferenças.

Aprendi demais nessa posição, desde o cuidado aos detalhes até perceber o quanto eu não sabia do mundo da educação. Era angustiante dialogar com os professores e ver seus materiais (como quando a internet apareceu): era tanto conhecimento ao alcance da mão, mas não temos como absorver tudo! Hoje sinto que o tempo ensina a domar essa angústia e aprendemos a filtrar o que mais importa.

Desse trabalho, migrei para a seleção de executivos e me apaixonei pelas possibilidades. Percebi o quanto gostava de investigar, conhecer novas pessoas e fazer conexões entre elas. Tive muita ajuda de pessoas que me ensinaram o que sabiam e me deram o empurrão que eu precisava para me desenvolver.

E, assim, consegui um emprego na Nestlé, onde trabalhei por quase quatro anos, uma nova "escola" — um salto e um aprendizado gigantescos. Uma marca reconhecida, inúmeras possibilidades. Desenvolvi muitas competências, que nem sabia que tinha, e trabalhei para adquirir outras. De lá, levei amigos para a vida!

Lá aprendi que tenho facilidade para conhecer pessoas e me adaptar a novas situações. *Descobri isso quando fui jogada na vida e tive que me virar — a prática foi uma (se não a melhor) professora!*

Nessa empresa fiquei mais exposta, conheci outros lugares e culturas, ampliei meus conhecimentos sobre cultura corporativa e obtive outras formações.

Saí num movimento mal calculado, pelas motivações erradas. Demorou um ano para me encontrar novamente. Isso nos derruba às vezes, mas também nos ensina. Uma coisa valiosa que aprendi foi o tipo de empresa que eu não queria: ambientes tradicionais, em geral, com estruturas machistas, com pouca oportunidade de crescimento e de propor coisas novas.

"Quando você não sabe para onde vai, qualquer caminho serve", como dizia o coelho de *Alice no país das maravilhas*. Mas se sabemos pelo menos aonde não queremos ir, já eliminamos vários desvios.

Retomada uma rota com sentido, fui buscando oportunidades que me trouxessem aprendizado e crescimento, como a gestão de equipes e liderança regional. E aí os desafios são outros: pessoas!

Gerir equipes não é fácil. Cada um tem seu próprio estilo. Isso não me faz aceitar gestores que desrespeitam funcionários, que oferecem vantagens aos protegidos ou que demitem pessoas porque "o santo não bate". Sempre procurei ser idônea e separar o pessoal do profissional. Isso me fez sofrer alguns "puxões de tapete", mas também me deu a chance de ter pessoas muito capazes e com valores sólidos ao meu lado.

Por isso, procuro não viver de arrependimentos: arrepender-se é viver no passado. Às vezes, a gente pode se arrepender e voltar atrás. Mas, geralmente, o arrependimento vem quando a resposta à ação que tomamos não nos satisfaz como gostaríamos. Então, nestes casos, por que não fazer um esforço e olhar para frente?

Em 2011 aconteceu o grande marco em minha vida: a maternidade. Antes eu trabalhava até altas horas, depois o equilíbrio se fez necessário e desejado. Não queria mais levar trabalho para casa todos os dias, queria ter finais de semana de lazer.

Claro que eu queria continuar trabalhando. Parar nunca foi cogitado! Sempre gostei de trabalhar, mesmo que em alguns momentos tenha tido uma certa vontade de me dedicar um pouco mais a meu filho, principalmente quando era bebê. Sofri por deixá-lo no berçário, mesmo que fosse muito bem cuidado e evoluísse muito bem. Além disso, pelo fato de ser filho único, eu acredito que a socialização melhora quando a criança é exposta a outros grupos — ele se desenvolveu bem inteligente e de forma autônoma, independente em muitos aspectos.

Isso é importante contar, porque, de certo modo, determinou onde estou hoje. Lá pelos 2 anos e meio, acontece o desfralde e a vida fica mais simples. E, a partir daí, a criança começa a crescer mais independente ainda. Foi quando começaram os problemas.

A escola, por volta dos seus 3 anos, começou a dizer que ele não gostava de seguir regras. Procura daqui, procura dali, começou a terapia, e aguentamos até os 4 anos, quando mudou de escola.

Do anterior "caixote de cimento" acabamos optando por uma escola socioconstrutivista, onde o papel da linguagem é fundamental e o aprendizado se dá através da interação com grupos sociais, outros alunos e professores. Como era de natureza alemã, com bastante espaço e incentivo aos esportes, acreditamos ser um modelo que atenderia nossas expectativas.

Muitas pessoas tendem a idealizar tudo na vida e acabam vivendo num futuro e numa realidade que não existem... Acho que nessa questão escolar foi assim que aconteceu conosco.

Se o começo foi um sonho, logo vieram os problemas. Eles nos acompanham quando não são resolvidos. Aprendi que a vida traz de volta nossos desafios, cada vez mais intensos, e ao quadrado, para que possamos continuar nos desenvolvendo.

Os responsáveis pela educação infantil anterior, com o término do ano letivo, nos mandaram uma carta mencionando a capacidade intelectual acima da média, a aptidão e o potencial que meu filho tinha, mas, mesmo assim, recomendavam acompanhamento para entender que tipo de "problema" ele tinha, que não seguia ordens nem gostava de fazer algumas atividades.

Como disse, os problemas continuaram e continuam até hoje. Mudam as pessoas e as situações, mas a base de não obedecer às regras cegamente continua lá. Eu sempre fui questionadora (parece meio óbvio de onde vem essa característica!).

Desde que a escola começou a reclamar, comecei a me envolver mais com a questão da educação. Desde o início participo como posso da vida escolar. Esse colégio é uma associação, então os pais podem envolver-se nas questões mais administrativas, além de participar como intermediários, representando a sala de aula.

Assim, tive a oportunidade de falar com muitas pessoas, mães principalmente — outro ponto de atenção plena: estamos no século XXI, mas a educação continua majoritariamente sob a tutela das mães!

Essas pessoas me contaram os mesmos problemas com seus filhos: que mudavam às vezes de escola buscando respostas ou um lugar onde eles fossem acolhidos como são. Cada vez mais converso com pais cujos filhos não gostam da escola. Gostam dos amigos, das brincadeiras, do social. Gostam dos professores, mas não do que eles representam.

Mas também conversei com pais que, instigados pela escola, foram atrás de diagnósticos e optaram por medicar as crianças. E cada vez mais converso com pais que, intimados pela escola, acabam optando pela medicação para que os filhos que não cabem "caibam" nessa caixa que foi criada há séculos e que não atende mais às necessidades de educação.

Hoje temos uma grande parcela de crianças medicadas na escola. Eu sempre me questiono se temos mesmo tantos casos de transtorno do déficit de atenção com hiperatividade, o conhecido TDAH, ou se apenas tornamos exponencial nossa necessidade humana de colocar o diferente em caixinhas para poder "aceitar melhor" essa condição.

E, então, comecei a pensar e a questionar nosso modelo educacional. Meu filho aprende hoje quase os mesmos conteúdos que eu aprendi há 35 anos! Isso não é possível! O mundo mudou, as profissões mudaram e a educação atual, que foi desenvolvida na época da Revolução Industrial, certamente não atende às demandas atuais. E muito menos às futuras!

Continuo pensando em mudá-lo de escola, mas sinto que não há nenhuma que vá atender às demandas – dele e nossas – de uma educação mais atual e aberta.

Independente de qual seja a pedagogia adotada, é fato que estamos numa fase de transição social e a educação não deveria ficar aquém deste movimento, que ainda é muito tímido.

Por isso imagino que tantas crianças tenham problemas na escola. E isso não vai mudar com uma simples mudança de colégio. Há tantos jovens infelizes e perdidos por aí. Basta ler reportagens e ver as estatísticas.

E, no meio de tudo isso, tivemos quase dois anos da pandemia de covid-19, com as escolas fechadas e, onde era possível, as aulas on-line. Nunca houve tanta evasão escolar, tanto dos pequenos como dos jovens. As perdas de aprendizagem, segundo os especialistas, somam entre dois e sete anos, dependendo do nível. A alfabetização foi atrasada.

Para muitas famílias, isso exaltou o aspecto tecnológico das escolas, e agora muitas propagandas alardeiam que os filhos terão aulas no computador ou tablet, como se isso por si só potencializasse o aprendizado. As pessoas esquecem que professores bem treinados e motivados (e pagos de forma justa) conseguem fazer milagres, mesmo sem os recursos que já comentei.

Para mim, a pandemia foi muito sofrida, mas foi muito boa. Abriu meus olhos. Percebi o quanto terceirizava os cuidados com meu filho à escola e como quase não me envolvia no aprendizado. E percebi o quanto muitos conteúdos que são ensinados, para mim — e para o mundo —, não fazem mais sentido.

A educação precisa mudar! É um fato. Mas poucos falam disso, porque implica mexer num vespeiro enorme, ainda mais num país onde educação não é prioridade. A maioria prefere focar nas beiradas, nas metodologias e técnicas.

Mas, pela experiência corporativa, percebi o quanto as empresas grandes e/ou tecnológicas têm se dedicado a criar formações para atender a suas demandas de mão de obra, que quase não têm mais nada a ver com a formação escolar ou universitária (que demora demais e não capacita para o que é necessário).

Há alguns anos, surgiu também um movimento entre os jovens de ter carreiras paralelas, porque buscam satisfação e propósitos pessoais, além de recompensas financeiras. E abrir uma empresa nunca foi tão fácil. Pensando assim, para as empresas, o futuro com profissionais engajados e motivados vai ser cada vez mais desafiador.

Mais um ponto para que elas se mobilizem e ajudem a mudar a educação do país para algo que faça mais sentido, tanto para os jovens como para a própria comunidade onde as escolas estão inseridas.

Se o futuro do trabalho está em constante mudança e tivemos muitas rupturas na pandemia, a educação não deveria pensar minimamente em acompanhar esse movimento?

Então, mais uma vez, com todas essas reflexões na cabeça, resolvi partir para outro caminho: fiz mais algumas especializações, conheci outras pessoas e estou caminhando para esse desafio — ajudar a transformar a educação no país e, por que não, no mundo!

Não seria eu se ficasse em minha trajetória fazendo mais do mesmo. Eu tenho sonhos e ambições e gostaria de poder ver um mundo no qual a escola fosse de fato o lugar onde todos podem desenvolver as competências socioemocionais, cada vez mais fundamentais para a vida corporativa e em sociedade, e as competências técnicas básicas que alavancarão as carreiras do futuro que ainda desconhecemos.

Esses sonhos me mantêm ativa, motivada e viva! É um mundo com inúmeras possibilidades. Então, se tivesse que resumir meu aprendizado de vida em uma frase, seria: por que nos limitar se o céu pode ser o limite? Agarrar as oportunidades vale muito a pena, leva a aprendizados enormes e a experiências duradouras. E, para isso, devemos manter a mente, o coração e a vontade abertos.

Um homem que não chora tem
mil motivos para chorar.

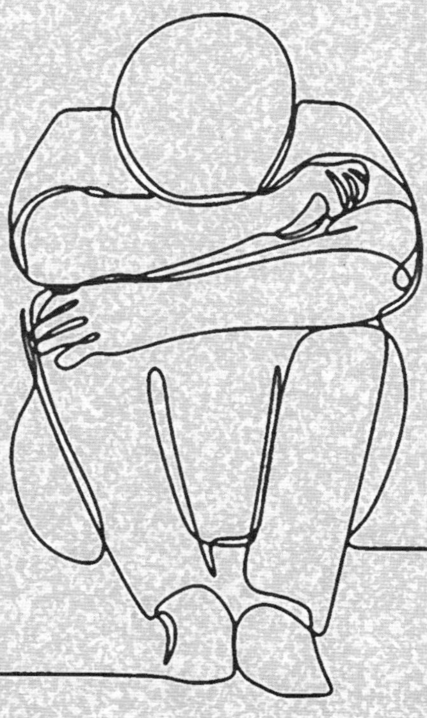

10

HOMEM NÃO CHORA

Por Léo Alves

Dizem que homem não chora, mas, para chorar, não é preciso lágrimas, é preciso ter sentimentos... O choro do homem é quando se fica em silêncio, o coração aperta quando a dor é forte e profunda; a lágrima até escorre, mas o choro em silêncio é o mais dolorido.

Yohan Nambar

O pior choro é aquele quando você está deitado na cama, no escuro, retraído, com a mão entre a boca e o nariz, não desejando fazer barulho; a barriga se contorcendo, a cabeça doendo e, ao mesmo tempo, lágrimas escorrendo pelo seu rosto com soluços doloridos!

Mas... Espera um pouquinho! Homem não chora! Aprendi desde pequeno que chorar é para os fracos!

Lancei meu livro em 2017. Nele, conto um pouquinho sobre a minha trajetória de vida, lado pessoal e profissional juntos, até os meus 40 anos de idade, que foram um marco para mim. Falo sobre minha vida da forma mais despida possível, sobre o meu papel de filho, pai, amigo, profissional e, no meio disso tudo, sobre como lidei com o luto após o falecimento do meu irmão e a consequente descoberta da depressão, crises de ansiedade e do tratamento com um psiquiatra. Tudo isso num liquidificador da psique humana.

Ah, o livro chama-se *Abismo: quando o fim se torna recomeço*. Acontece que, depois do chamado "abismo", parece que a visão daquele buraco aumentou, como se o abismo tivesse ampliado para um buraco maior ainda. Eu achava que estava no meu porto seguro naquele momento da escrita, mas a vida se mostrou ainda mais intensa comigo, onde tudo mudou, não sei se pela idade, pelo passar dos anos ou se de fato é assim mesmo. O fato é que alguns anos atrás e alguns anos depois do lançamento, eu vivi "novos abismos", por assim dizer: um divórcio, o falecimento do meu pai, a pandemia e crises mais frequentes por conta da minha depressão e crises de ansiedade.

O vazio, o nada

Antes de contar um pouco mais sobre minhas experiências nesses últimos anos, tenho uma pergunta: você já teve a sensação de que nada dá certo?

Pois é, nos últimos anos convivo diariamente com essa dúvida. Confesso que é muito estranho, um sentimento tão forte que diversas vezes pensei ser ele o vilão, o motivo de eu não conseguir dar o próximo passo ou olhar "de fora" para essa sensação angustiante, que sufoca e muitas vezes cansa. É cansativo sempre ficar pensando o pior, os pensamentos repetitivos me fazem sentir numa espiral invertida sem fim, num liquidificador de pensamentos.

O divórcio

Viver um divórcio é tudo o que a gente precisa para conhecer situações inusitadas; tudo o que derruba nosso humor, abala as estruturas e faz o castelo de uma vida na qual todos somos forçados, quase sempre, a sonhar desde pequenos, desmoronar, se esvaecer de maneira lenta, duradoura e dolorida. Sinto-me envergonhado, frustrado e fraco quando o assunto é esse.

Em minha sutil ignorância, sempre foi obrigação do *homem* conduzir, orientar, aguentar, e foi assim durante muito tempo da minha vida.

Não tem jeito, quando o assunto é separação, o sofrimento é inevitável para todas as partes envolvidas. Mulheres e crianças são sempre as que mais sofrem quando um casamento termina, certo? Certo e errado! Aqui, depois dessa vivência de vida, afirmo que nós homens também compartilhamos dessa dor, também ficamos sem saber como lidar, também sentimos falta dos filhos, da rotina, do casamento e tudo o que envolve uma vida em comum.

Engana-se quem pensa que o chamado "sexo forte" não se altera quando o divórcio se torna uma realidade. Nós apresentamos um sofrimento muito semelhante ao da mulher, porém, segundo a psicóloga Maria Lúcia Beraldo, vivemos a situação sob outro ângulo.

"Ao contrário da mulher, que dá uma conotação mais sentimental ao casamento, quando decide se casar, o homem vê a mulher como um novo projeto de vida e quando isso não dá certo, a frustração é muito grande", garante Maria Lúcia Beraldo, e eu concordo.

A psicóloga explica que o homem passa por um período de "luto". A sociedade a todo tempo cobra um casamento perfeito, coisa que eu também fazia, mesmo sabendo das minhas imperfeições.

Ao sair de casa, o homem não abre mão só da relação amorosa, mas, do convívio com os filhos, com os amigos em comum, da cumplicidade de um casal, enfim, se separa de tudo. E esse divórcio me causou muita estranheza, me fazendo sentir por um determinado período que tinha perdido minha identidade!

Ansiedade

Também gostaria de aproveitar sua companhia nesta leitura para trazer minhas reflexões sobre esse transtorno que afeta a mim e tanta gente neste mundo, e que nos últimos anos ganhou mídia e destaque. Esse sentimento que tem um sentido de existir. Para mim, a ansiedade não é uma entidade com vida própria, assim como a depressão tampouco é um vírus que entra no seu corpo e muda tudo. Tanto a ansiedade como a depressão são sintomas que denunciam algo em minha história de vida e, por essa razão, merecem a minha atenção.

O que essa ansiedade ou essa depressão estão me dizendo? O que está acontecendo na minha vida? O que na minha relação comigo e com o mundo que está provocando esse sofrimento?

A vida pode ter muito momentos bons: um belo entardecer de outono, uma bela música, um lanche saudável com amigos e familiares, uma caminhada, entre tantas outras situações, mas também traz espinhos e plantas venenosas.

O conflito interno e encontro de tantas perdas, reais e concretas, subjetivas e simbólicas, acabou sendo para mim a receita perfeita para intensificar minha depressão, que se relaciona diretamente com tristeza, sofrimento, sensação de perda que, por alguma razão, ainda não tive condições de lidar. Foi dessa forma que me recolhi, recuei, diria que "amarelei", e tudo isso com raiva, frustração e certo tom de revolta.

Então, o tempo

O tempo é um dos eixos básicos da existência humana que está em constante movimento. Nossa vida e experiência são construídas dentro desse eixo. As alegrias da infância são diferentes das alegrias da velhice. Uma hora aguardando na sala de emergência de um hospital é diferente de uma hora vendo uma peça de teatro. Quando estamos em depressão, o tempo em suas dimensões — presente, passado e futuro — sofre alterações. O tempo no momento presente é sentido como lento, pesado e muitas vezes com a sensação de que está se arrastando, carregando uma tonelada de culpa do tempo passado, de tudo que poderia ser diferente, mas não foi. Existe a sensação de que aquilo que passou não muda mais. Ela não é 100% incorreta, mas talvez imprecisa, porque, por um lado, não podemos mudar de fato aquilo que aconteceu, mas, por outro, podemos aos poucos elaborar aquela experiência e dar um novo significado ao que passou.

O tempo futuro na depressão também sofre alterações, pois ele deixa de ser percebido como um lugar de possibilidades e passa a ser visto como mais do mesmo, sem espaço para criatividade e inovação. "Nada vai mudar e se mudar vai ser para pior, tempo bom foi aquele lá atrás em que eu poderia ter feito muita coisa diferente, mas desperdicei a oportunidade." É importante lembrar que quando entramos em depressão, por mais que nos sintamos isolados, ainda assim não vivemos dentro de uma bolha, continuamos vivendo com outras pessoas e dentro de uma cultura.

Nascemos, fomos criados e continuamos existindo dentro de uma sociedade que diz o tempo todo que o tempo está em falta. "Não podemos perder tempo", "Tempo é ouro", "Precisamos aproveitar cada instante", "Não há tempo a perder", "Não há tempo para sofrer" são os jargões da nova era.

Vivemos em um mundo que nos diz que cada minuto é repleto de oportunidades e precisamos estar cada vez mais preparados para aproveitar todas elas, como em um trabalho, um curso, uma viagem, uma AirFryer ou uma dancinha do TikTok. Essa busca acelerada pela próxima oportunidade, pelo próximo momento inesquecível, pelo próximo desejo, é descrita em um conceito do sociólogo Zygmunt Bauman como *o tempo pontilhista* (pelo qual se busca também compreender as consequências de experimentar essa forma de tempo, sinalizando a depressão como principal feito).

Lembra-se daquela tarefa do jardim de infância em que a professora pedia para conectarmos os pontos, em uma folha com números de 1 a 20 e a gente ia conectando em ordem crescente até formar uma imagem de uma casa, um barco pirata, um cachorro, um dinossauro? É mais ou menos isso, só que no tempo pontilhista os pontos não são marcados por números, mas por eventos, como entrar na faculdade, casamento, filhos, viagem no fim do ano, carnaval e assim seguimos pulando de ponto em ponto, nos esquivando dos vazios que existem entre um ponto e outro. Bauman ainda diz que "exatamente por essas razões que a vida algorista tende a ser apressada, a oportunidade que cada ponto pode conter vai seguindo até o túmulo, para aquela oportunidade única não haverá segunda chance [...] a demora muitas vezes é um 'assassino em série' das oportunidades".

Em nossa cultura de tempo pontilhista, onde cada instante contém uma oportunidade, entrar em depressão não é um processo fácil, uma vez que para os outros pode parecer preguiça, acomodação, falta de garra, ausência de fé. Já para quem vive, ainda é preciso enfrentar a culpa, como no meu caso. Sim, a culpa por não conseguir dar conta de tudo e todos.

"Como assim? Eu não estou aproveitando a vida?" "Olha a quantidade de pontos que eu ainda preciso completar, mas não consigo! O que que tem de errado comigo?" "Está todo mundo atingindo os seus pontos, menos eu!"

Se analisarmos com um pouco mais de profundidade, veremos que o tempo lento e angustiado que a gente vive na depressão revela, para além do sofrimento, uma espécie de rebeldia ao dizer "Eu não quero entrar neste tempo acelerado, eu quero meu tempo, eu preciso do meu tempo". Uma coisa que me deixou muito incomodado, e acho que foi um novo gatilho amplificado, foi exatamente essa ausência de tempo que nos foi imposta com a pandemia.

Senti-me novamente muito perdido e com raiva. O que eu tinha mais vontade era de xingar (algumas) pessoas, gritar bem alto e jogar as coisas no chão, com potencial destrutivo enorme. Mas, por não saber o que fazer com tanta raiva e tanta tristeza, eu fiz o meu melhor naquele momento e guardei tudo para mim, quietinho no meu canto e, quando percebi, estava vivendo o meu ajustamento depressivo, ou seja, minha piora no quadro depressivo.

Claro que não foi um ajustamento consciente, até porque se eu soubesse o buraco (abismo) que eu estava novamente entrando, talvez eu não teria entrado e, mesmo inconscientemente, sei que fiz o meu melhor naquele momento. Evitei expressar para o mundo tudo o que eu estava sentindo aqui dentro por não saber o que fazer e como lidar com tudo aquilo que eu estava vivendo. E toda aquela energia que eu investiria para fora ficou retida aqui dentro, comigo.

A depressão existe dentro de mim. Alguns dizem que ela sempre me acompanhará, outros dizem que um dia me livrarei dela. Continuo com pensamentos sobre a morte, na verdade sobre minha própria morte, pensamentos suicidas invariavelmente me vêm à cabeça, sem hora prevista para chegar, sem sentido, e isso se mistura com a possibilidade de perder minha mãe e meus filhos, como ocorreu com meu irmão em 2014. Sinto-me péssimo. Em certos dias é mais fácil de viver, mas alguns são mais difíceis, ora vou conseguir, ora não vou conseguir.

O meu pai faleceu

Minha penúltima conversa com meu pai ocorreu em 2014 no acontecimento com o meu irmão. Um diálogo frio e rápido, que depois culminou num distanciamento maior do que o que já havia até então.

Em meados de 2017 tivemos nossa última conversa, quando eu me desculpei pela forma como havia falado com ele no contato anterior. Completei dizendo que continuávamos morando no mesmo lugar e que se ele quisesse se aproximar ou ter contato com as crianças, seria bem-vindo. Após isso encerramos a conversa.

Em 2019 recebo uma ligação de minha irmã em que ela contou que o meu pai estava bem doente, que haviam descoberto uma doença e que era grave. Ao receber a notícia, fiquei bastante atônito e por assim permaneci durante dias.

Meu pai foi pouco presente em minha vida e naquele momento o meu sentimento em relação a ele era nulo. Simplesmente não pensava nele. Não me incomodava, não me tirava o sono, não me trazia preocupação ou palpitação. Antes eu tinha um desejo muito grande de ter meu pai conosco, de que ele fizesse parte da minha família e eu da dele, não só por mim, mas pelos meus filhos também, mas esse desejo deixou de existir.

Sou muito grato ao meu pai por ter me dado a vida e por eu ter tido a oportunidade de ser pai também, mas naquele momento não consegui me movimentar para ir vê-lo ou fazer uma ligação. Eu sentia que tinha feito meu papel na vida dele e foi assim que tudo terminou. Ele faleceu poucos meses depois e, embora eu não nutrisse mais vontade de colocar energia nessa relação, achei por bem guardar as melhores memórias dele nesse momento da vida tão sensível.

Ele fez a passagem dele. Se você acredita em outras vidas, encontrou-se com meu irmão num plano superior, se você não acredita, também faz parte. Eu ainda não sei o que sinto, sei apenas que não há raiva, dor ou sofrimento, há leveza e libertação.

Os meus pontos

Os meus principais pontos de ligação dos últimos anos foram transcritos nas palavras que acabou de ler: meu desenho da infância até este momento. Pontos esses que muitas vezes foram doloridos.

Ah, mas tenho também meu lado luz, meus pontos positivos que valem um novo capítulo e até um novo livro: minha mãe está próxima a mim, tenho um pai de coração que me adotou, meus filhos estão grandes, saudáveis e tocando suas vidas da melhor maneira possível, tenho uma atividade profissional, me apaixonei por uma pessoa especial e ao final consegui finalizar mais um projeto. Sim, este livro que você está lendo. Isso mesmo, com o apoio de muita gente ele está pronto!

Homem chora sim, se quiser

O choro surge sutilmente dessas vivências. Um choro forte, intenso, por vezes reprimido e misturando-se na minha mente o quão certo é chorar! Sou homem, como posso chorar assim?! Para mim, choro sempre foi sinônimo de vulnerabilidade e não uma fortaleza, para mim, o choro era para os fracos, mas ocorre que aos poucos, depois de passar por essas experiências, sinto que o choro pode ser meu aliado. Ele alivia e transforma uma dor em respiração. Ele consola e me acalma internamente...

Chorei na primeira noite após o divórcio.

Chorei ao pensar que eu não beijaria meus filhos ao adormecer ou levantar.

Chorei ao lembrar que eu não socorreria meus filhos nas noites chuvosas.

Chorei ao lembrar que eu não acompanharia mais meus filhos no dia a dia.

Chorei ao pensar no trabalho que (ainda) dou para minha mãe.

Chorei ao receber a notícia do falecimento do meu pai.

Chorei ao me sentir culpado por não ter dado certo numa relação.

Chorei novamente pela falta que meus filhos fazem no dia a dia.

Chorei ao pensar que em breve serei avô.

Chorei até por ser gato (aqui só os fortes entenderão).

Chorei na terapia com medo de quem a vida me tornou.

Chorei ao não saber lidar com meus próprios pensamentos e sentimentos.

Chorei por não conseguir encontrar forças para levantar num dia chuvoso.

Já chorei até por não saber direito o motivo de tal choro.

Continuo chorando por diversos outros motivos, mas também sigo em frente, numa luta com meus sentimentos internos e confusos, dia a dia construindo algo que faça a diferença para o meu mundinho e, quem sabe um dia, eu possa ajudar o mundo de quem convive comigo.

Um dia seremos apenas uma história!

É um olhar para além do físico, do palpável. É um olhar para o que sentimos através da inteligência que mora em nosso coração, para o imponderável. Não o tocamos, mas é tão real como tudo que vemos ou ouvimos.

11

AMOR SEM LIMITES

Por Lucia Milito Eid

Ame o Amor por trás do amor humano.

PARAMAHANSA YOGANANDA

Lucia: a menina que aprendeu a amar ao maternar sua menina e sua mãe

Nas palavras de Paramahansa Yogananda: "Sem a qualidade do amor divino, o afeto humano é um beco sem saída, que nos limita e enreda. Foi o que percebi quando minha mãe foi levada pela morte. Que desilusão têm os milhões de pessoas que pensam que o amor humano é a única razão de viver. Elas foram enganadas e com isso cometeram uma grande injustiça consigo mesmas. Onde estão todos os seres amados e perdidos? Qual a lição a ser aprendida? A lição é: ame o Amor por trás do amor humano."

— É uma menina! — naquele momento em que fazia o ultrassom com quinze semanas de gestação, Lucia confirmou o que já sabia, estava grávida de uma menina. Não era apenas uma menina, era a tão esperada Marina. Uma explosão de emoções brotou do seu coração, uma mistura de felicidade e plenitude com medos e anseios.

Até então sabia somente como ser mãe de um menino, do Marquinhos. Não que esta história tenha sido fácil, mas estaria pisando em um terreno já conhecido. A certeza da menina Lucia em ser menos amada que o irmão fez com que, ao confirmar a sua gravidez de uma menina, não se acreditasse capaz de amá-la como amava seu filho, ou, se isso um dia pudesse acontecer, estaria traindo o amor ao seu filho.

Não sabia como lidar com essa nova situação que estava por vir, de mãe e filha. Esta relação de mãe e filha seria uma nova experiência não vivida, e esse desconhecido gerava a sensação de medo.

Marina foi sempre muito desejada, Lucia sempre falava em querer ter o Marquinhos e a Marina; isso era tão forte que o Marquinhos sempre falava dessa irmã mesmo antes de ela existir. Quando se mudou para a casa em que engravidou, já tinha um quarto a mais que o Marquinhos apresentava para todos como o quarto da Marina, e, quando perguntavam para ele quem era Marina, ele sempre dizia: "A minha irmã que vai nascer", mesmo antes de sua mãe estar grávida.

Marquinhos: um amor de menino

Com quatro meses de gestação do Marquinhos, iniciou-se um quadro de coceira. Não era uma coceira qualquer, era no corpo todo, sem cessar, dia e noite, noite e dia.

Se coçava até sangrar e sentir dor, porque a dor era melhor que a coceira, trazia um certo alívio. Só conseguia ter de uma a duas horas de sono por noite, por exaustão e com o pé em uma bacia com água e amido de milho, que aliviava um pouco.

O único lugar onde a coceira aliviava era a banheira no apartamento de sua mãe, reformado para isso. Após horas de alívio submerso, bastava se enxugar e colocar roupa e o martírio voltava. Deitava encolhida no sofá para chorar sua dor, seu desespero e sua exaustão.

O uso de doses altas de corticoide durante sua gestação contribuiu para seu ganho de peso e inchaço, e com o desenrolar da gestação só via seu corpo ir se deformando, seu rosto inchar, os sapatos não mais caberem em seus pés. Somado às medicações, o estresse levou Lucia a ganhar mais de 30 quilos; seu marido, 20 quilos; e sua mãe Ivanilde, 30 quilos. O estresse literalmente pesava 80 quilos no total.

Estresse, medo e angústia marcaram toda a gestação. Se lembrava das noites não dormidas que passava jogando baralho com o Marcos, seu marido e companheiro das horas de desespero. Só de pensar que a coceira poderia continuar mesmo após o parto, Lucia ficava angustiada. Não sabia se conseguiria aguentar essa situação por muito mais tempo.

Mais um estresse: com 34 semanas de gravidez, seus exames evidenciaram que a gestação não conseguiria ir até o final. A placenta estava completamente calcificada, o que diminuía a oxigenação para o bebê, e isso levou à cesariana com 35 semanas. Para Lucia, apesar de tudo, era a possibilidade de alívio da coceira.

Em 25 de agosto de 2001, nascia o tão esperado Marquinhos. Prematuro, hipotônico, foi levado à unidade de terapia intensiva. Como um milagre, após o parto, toda a coceira cessou e Lucia então poderia finalmente curtir o filho.

Não havia cansaço, nem exaustão. Passou dia e noite na UTI, ao lado de seu filho para amamentá-lo. Só ia para o quarto para se alimentar e receber a notícia de todos os amigos e parentes que compareceram para visitá-los.

Na terceira noite, sentiu uma forte palpitação na madrugada, mas acordou por volta das 6 horas da manhã e seu coração ainda estava disparado. Constatou-se uma arritmia (coração demasiadamente acelerado) e teve de ir para a UTI. Na cabeça dela só se passava um pensamento: "Não posso morrer agora, quero muito curtir meu filho".

Após três dias desse momento de angústia, chegou a hora tão esperada: a saída da maternidade! Marcos dirigindo, Marquinhos no bebê-conforto (que era enorme para ele, que era prematuro) e Lucia ao seu lado. Acho que foi uma das maiores emoções da sua vida!

Amor de mãe é na prática

Marquinhos passava o dia no colo de sua mãe e quando ela ia trabalhar, ficava no colo de sua avó Ivanilde, a quem batizou de Sossó (não sabia falar vovó). Ela carinhosamente adotou esse apelido para sempre, se tornando a Dona Sossó. Todo o amor que Lucia acreditava que sua mãe tinha pelo seu irmão mais velho agora ela via nesta relação; Marquinhos passou a ser o centro de toda a atenção e carinho da Sossó, que fazia tudo, absolutamente tudo, por ele.

Tudo que ele fazia era lindo, maravilhoso, seu sorriso, seu choro, seus primeiros movimentos, sua risada, seus primeiros passos, o que comia. Não ligava nem para o que estragava ou se tomava banho ou não, de repente a vida passou a ter outras regras de educação e, por amor, tudo era perfeitamente possível e maleável.

Quando Marquinhos tinha alguns meses, por conta da coceira, Lucia foi fazer seus exames e descobriu que as taxas do fígado estavam extremamente alteradas. Foi ao hepatologista, que fez várias hipóteses diagnósticas a serem confirmadas pelas biópsias; uma delas poderia culminar na necessidade de um transplante hepático. Após mais de um ano de acompanhamento, foi diagnosticada com hepatite C.

O tratamento foi bastante agressivo. Usava uma medicação de tipo quimioterápico uma vez por semana e, no dia em que tomava, tinha febre, mal-estar, enjoo e sensação de fraqueza, que ia melhorando ao longo da semana, até chegar a próxima injeção. Isso perdurou por um ano, mas enfim estava tratada.

Era então a hora de voltar ao seu sonho, ao planejado, engravidar para a vinda da esperada Marina!

Lucia enfim engravidou, o que foi muito comemorado por toda a família. Infelizmente essa gravidez não evoluiu e, com nove semanas, aconteceu o primeiro abortamento. A sensação de incapacidade de gerar, de não conseguir satisfazer a alegria da família e a dor da perda foram muito grandes. Mas Lucia não se abateu e no mesmo ano engravidou por mais duas vezes, e em ambos os casos também não foi para a frente. Foi então que descobriu haver desenvolvido um distúrbio de coagulação, provavelmente desencadeado pelo tratamento da hepatite.

Marina, o pote de ouro no fim do arco-íris

No ultrassom de quinze semanas, a confirmação de ser a Marina já era uma vitória! A vitória de três gestações prévias em que abortara precocemente. Ainda pairava em seu coração o medo de não conseguir levar a gestação até o final.

Já estava aplicando injeção diariamente para evitar a perda gestacional, mas sabia não haver garantia. Cada dia passou a ser um misto de vitória e de muita ansiedade, devido ao medo de uma nova perda.

Sabia que perder mais uma gestação aumentaria muito a sua sensação de incapacidade de gestar. No final da gravidez da Marina essa ansiedade era tão grande que não conseguia dormir, andava pela casa, contava os dias e a hora para a chegada tão esperada da Marina. E este dia enfim chegou!

Marina nasceu rodeada do amor do seu pai, e da sua avó Sossó, que lá estava para dizer: "Que linda!", assim como fizera com o Marquinhos.

Lucia e o Amor de mãe que não senti

A gravidez de Marina reconectou Lucia consigo e com emoções distantes no tempo, mas ainda presentes em seu coração. Lembrou-se da sua infância. Ela era a filha do meio, tinha um irmão um ano e meio mais velho e uma irmã três anos mais nova (costumava dizer que a ganhou de aniversário de 3 anos com dois dias de antecedência).

Foi uma infância muito gostosa. Morava em uma casa com um grande quintal onde podia brincar livremente. Era muito próxima aos seus pais e, nas raras ocasiões em que estes viajavam, sentia muita falta, não via a hora de eles voltarem. O grande consolo é que sabia que sua mãe traria um lindo papel de carta, o qual colecionava.

Recordava-se dessa relação em família, em que o irmão mais velho era o centro das atenções da sua mãe; inúmeras vezes teve a sensação de que o amor da sua mãe era maior pelo seu irmão, assim como das suas avós, por ele ser menino, por ele ser o primeiro.

Seu irmão sempre apresentou problemas de aprendizado, doenças, por isso sempre demandou mais tempo. Do ponto de vista cognitivo Lucia sabia disso, mas no coração sentia como se não sobrasse amor de mãe para ela. A irmã mais nova também apresentava infecções de repetição que geravam maior dedicação, mas nem sempre se comparava com a atenção dada ao irmão mais velho.

No coração dela só cabia uma explicação: "Não sou tão amada como meu irmão! O que devo fazer para conquistar este amor?". Acreditava que iria ganhar o amor de sua mãe sendo a filha perfeita, recebendo as melhores notas, fazendo os melhores desenhos, e sempre se esforçou para isso, nunca deu trabalho.

Mas, mesmo assim, às vezes tinha a impressão de não ter a mesma importância que seu irmão, não ter o mesmo lugar no coração da sua mãe. Sentia como se fosse adotada, não pertencente à família.

Por outro lado, tinha uma forte relação com seu pai, estavam sempre próximos, adorava ficar no seu colo, ou deixá-lo deitar no seu colo no sofá da televisão quando chegava cansado e acabava dormindo. Sempre foi uma relação harmoniosa, regada com muito amor. Nos seus pensamentos lógicos, construiu uma relação de alívio: "Minha mãe ama mais meu irmão, mas meu pai me ama mais", e isso trazia um conforto, uma segurança de que precisava.

Marina: um Amor de menina que multiplicou

Nos primeiros meses de vida da Marina ainda era muito difícil lidar com essa sensação de amor dividido. Marquinhos queria atenção da sua mãe, que tinha 90% do seu tempo gasto com a Marina. Lucia ficava angustiada de presenciar o sofrimento do mais velho, o amava muito e se sentia mal, queria recompensá-lo com ainda mais amor.

Mas como seria dividir este amor entre Marina e Marquinhos?

Como seria essa relação agora?

Já havia lido inúmeros livros sobre como criar meninos e como criar meninas para tentar ajudar nesta jornada. Os livros ajudaram, mas foram as experiências diárias que construíram as relações.

Aos poucos, Marina foi conquistando seu espaço na família com seu jeitinho, completamente oposto ao de Marquinhos. Ele era calmo, tranquilo, transmitia paz, serenidade e harmonia. Marina era agitada, decidida e logo já mostrava a que veio ao mundo.

Observar a construção do amor do Marquinhos pela Marina e da veneração dela por ele fez Lucia se sentir cada vez mais e mais preenchida de amor, de uma forma tão grande que começou a transbordar.

Foi com Marina que Lucia aprendeu que o amor não era divisível, mas multiplicável!

Amar a Marina assim como amava o Marquinhos fez Lucia compreender a força do amor. Lucia enfim compreendeu que o Amor é o maior e melhor sentimento que um ser humano pode sentir, cura todas as feridas, preenche, supera obstáculos. O amor tem o poder de gerar, somar, incluir, agregar, incendiar, levitar e se tornar a essência da vida.

Percebeu que poderia amar o mundo, e tudo que nele está, que poderia amar o igual e o diferente. Já que encontrara a essência da vida, Lucia decidiu começar a estudar tudo sobre amor, passou a ler todos os livros que encontrava que falavam sobre amor.

O Amor que transborda e transforma

E, quanto mais ela lia sobre o amor, mais compreendia sobre essa essência da vida, que o amor é perdão, gratidão, compaixão, doação. É um caminho de reencontro consigo mesmo, com a sua verdadeira essência.

Compreendeu que esse deveria ser o caminho a seguir. Começou a prática da meditação para poder se encontrar consigo mesma, com sua essência, com esse amor dentro do seu peito. Buscava diversas formas e técnicas, individuais e em grupo, e isso a transformou. Os encontros meditativos traziam mais paz, alegria, e mais compreensão ainda desse amor que transbordava em seu peito.

Em um processo de coaching sentia a forte necessidade de aprofundar e vivenciar uma espiritualidade. Espiritualidade, como a condição do ser humano em sintonia com outro ser, se permitir observar e sentir a própria essência. E, a partir dessa conexão consigo, ter uma conexão com o outro tão forte a ponto de ser capaz de transpor as barreiras do tempo e espaço.

No início de 2020, quando a pandemia ainda estava concentrada na China, Lucia se programava para ir para a Índia em fevereiro e março. Havia uma incerteza no ar: será que deveria ir mesmo com o número de casos de morte por covid aumentando? Havia aprendido a silenciar e ouvir seu coração, e este dizia para ir, apesar de tudo. Foi com uma grande amiga que decidiu viver essa experiência.

Na Índia, Lucia experienciou ainda mais o seu caminho de reencontro consigo mesma. A ampliação da consciência gerada por essa experiência de encontro com o seu Divino, com a unidade reafirmou a certeza de que o caminho da espiritualidade era também o caminho do amor. Lá foi iniciada como doadora de Deeksha, a graça divina. Agora é capaz de doar a energia do amor universal para outras pessoas.

A espiritualidade foi se tornando cada vez mais forte em sua vida. Iniciou sua formação em medicina antroposófica, a ciência espiritual da medicina. A sensação de "voltar para casa", para a sua essência, durante essa formação é a mesma sensação do encontro com o Divino que aprendeu com os processos meditativos na Índia, e também a mesma sensação que presencia ao observar verdadeiramente sua família e suas relações.

É um olhar para além do físico, do palpável. É um olhar para o que sentimos através da inteligência que mora em nosso coração, para o imponderável. Não o tocamos, mas é tão real como tudo que vemos ou ouvimos.

O Amor que cura: maternar a mãe

Lucia acredita que todo esse processo foi preparatório para gerenciar um hospital com atendimento exclusivo a pacientes de covid assim que voltou da Índia, em abril de 2020. Presenciar a angústia de familiares perdendo seus parentes com a pandemia, a dedicação de toda a equipe que deixava seus familiares em casa e diariamente cuidava dos pacientes com covid, se expondo ao risco de contaminação e até de perder a vida!

A mistura de sentimentos de medo, de angústia, de fé, de tristeza pela perda de pacientes e de alegria pela recuperação de tantos outros era diária, intensa e foi vivenciada com amor, união, harmonia, como se estivessem sendo geridos por algo muito maior do que si mesmos.

Eram tantos desafios, mas a certeza de que tudo terminaria bem era a força motriz para o trabalho diário, sem descanso, sem se abater, o que lhes dava força para seguir em frente.

Mas, em março de 2021, no auge da pandemia em número de mortes e internações por covid, quando praticamente 100% da ocupação de todos os hospitais era por covid, sua mãe, que estava havia um ano isolada em casa com sua irmã, acordou confusa e desorientada.

Uma semana antes, lhe ligou e solicitou uma receita de antibiótico para infecção urinária. Estavam todos ansiosos por vê-la. Levou Marquinhos e Marina menos de uma semana da segunda dose da vacina, a pedido da sua irmã, e percebeu que ela estava em delírio, confusa, um pouco desorientada.

Tentou dar um jeito para que ficassem em casa, já que todos os hospitais estavam com mais do que 100% de ocupação e o risco de transmissão de covid seria certeiro.

No final de abril precisaram levá-la ao hospital. Era a segunda-feira mais caótica que já havia vivido. Tinha mais de cem pacientes para serem atendidos, quase todos com covid. Não podia ficar como acompanhante, mas, por ser médica e porque a mãe estava desorientada, pôde ficar com ela.

Chegaram às 21 horas e logo foram feitos exames de urina e sangue, mas só seria atendida pela médica após a interferência de Lucia, à 1 hora da manhã, quando foram solicitados novos exames.

A mãe realmente não estava bem, estava completamente desorientada, com coração acelerado e precisando ficar no oxigênio. De vez em quando ela abria os olhos, a via e abria um enorme sorriso.

Os seus olhos esverdeados a fitavam e, quando encontravam os dela, ela se tornava novamente serena e descansava como que por alguns instantes, até vir uma nova agitação. E esse ciclo se repetiu diversas vezes, diversos encontros de olhares profundos, silenciosos e que traziam paz e serenidade para ela e para a filha. No silêncio do seu olhar não tinha agitação, somente amor.

Às 3h30 da madrugada ela foi levada para a tomografia e Lucia ficou esperando por quase uma hora. Ela chegou agitada, com o olhar perdido, mas sempre com um sorriso amável para todos os rostos que encontrava no caminho, o que sempre tinha, de gratidão pela vida, pelos encontros, por qualquer coisa que faziam por ela ou até pelo que não faziam.

Após ser acomodada pela enfermeira, ficaram somente as duas, agora em um quarto à meia-luz, seu coração e sua respiração sendo monitorados, aguardando o resultado dos exames realizados. E foi neste encontro que Lucia viveu a mais poderosa ferramenta da vida, o amor!

O Amor de Mãe que senti: conexão e reconciliação com a Menina Lucia

Em meio a sua sonolência, sua confusão, a luz da lua adentrou no quarto através da janela, seus olhos a fitaram, os olhares se encontraram, o da mãe se fixou no da filha e um momento de lucidez trouxe um discurso a sua boca que até então estava calada:

"Nossa, como eu te amo! Nossa, como é bom ter você aqui comigo!"

Essas palavras ecoaram e ecoam até hoje na minha alma, trazendo acalento a todo o meu ser. Sei que eram as palavras mais verdadeiras e profundas da alma de minha mãe, pois não tinha domínio do que estava dizendo, não estava manipulando para me agradar. E as guardo como um tesouro em meu coração.

Tivemos ainda a oportunidade de dois dias juntas, de períodos de dor com confusão entremeados com lucidez, de trocas de carinho, de abraços e beijos, vivências de memórias de infância, de conversas com alguns amigos e parentes, alguns de forma presencial, outros de forma virtual.

Foram dias intensos! Mas precisou ir para cirurgia e da cirurgia para a UTI e, durante sete dias na UTI, embora com melhora física, percebia sua luz se apagando, se esvaindo, como se restasse apenas corpo, sem espírito. No dia que recebeu a ligação confirmando o seu momento de passagem já sabia que não teriam mais nenhum encontro terreno.

E foi assim que aprendeu a amar o espírito, o imponderável, aquilo que já não vê mais, mas que sabe que estará consigo para sempre em seu coração. Quando quer se comunicar com ela e com todos aqueles que ama e que já não estão presentes fisicamente ao seu lado, silencia, e neste silêncio reencontra esse amor e ouve:

"Ah, como eu te amo!"

E respondo:

"Eu também te amo muito! Cada vez mais! E como é bom poder viver esse amor sem limites!"

Entender que há uma força maior que nos guia
e nos conduz é um porto seguro.

12

NÃO DÊ LIMITES A QUEM É O SEU PRÓPRIO DONO

Por Lucinéia Francisco

... e minha alucinação é suportar o dia a dia, meu delírio é a experiência com coisas reais, amar e mudar as coisas me interessa mais.

HUMBERTO GESSINGER

Por muito tempo ouvia as pessoas me dizerem que sou muito foda, mas eu me sentia sempre inferior, não merecedora. Foi assim na escola, na carreira e em boa parte da minha vida.

Tive uma adolescência intensa. Entre bullying e brigas, eu oscilava entre vítima e vilã. Eu era a única roqueira da turma e estava sempre com um livro na mão; por essas e outras eu era "a esquisita".

Sou uma pessoa muito musical, apesar de não ter nada a ver com o mundo artístico. Desde criança, tudo em minha vida eu vinculo a alguma música. Isso me traz uma reflexão importante. Assim como um vinil, que você precisa ouvir os dois lados para conhecer o álbum completo, também as histórias de vida têm as duas versões. Aqui vou contar o meu lado. São narrativas e reflexões particulares, sentimentos refletidos na minha bagagem de vida.

Comecei a trabalhar cedo. Minha carreira profissional sempre foi intensa, e equilibrar o sucesso profissional com a vida pessoal é algo que demanda um grande esforço.

"Memórias não são só memórias, são fantasmas que me sopram aos ouvidos coisas que eu não quero saber"[2]

Os relatos a seguir povoaram os meus relacionamentos e todos, absolutamente todos, foram tóxicos. Não quero me fazer de vítima, mesmo porque, de alguma forma, eu permiti que fossem assim. Só quero compartilhar que isso não é saudável, nem normal. Quero afastar a ideia de que fazem parte da vida. Não, não fazem. É possível, sim, ser emocionalmente saudável!

Ainda hoje ecoam em minha mente:

"Você é muito gorda, devia ter vergonha disso, porque não faz uma dieta?"

"Mulher que usa minissaia não presta!"

"Se a mulher estuda e trabalha, o marido é corno!"

"Você sabe que nenhuma mulher da nossa família trabalha!"

"Você não serve para o meu filho!"

"Ah! Como você é burra, hein!"

Acusações sem cabimento, ameaças, ciúmes, atos insanos que me fizeram perder um emprego em um momento muito delicado financeiramente. Eu não podia andar e olhar para frente que era acusada de estar olhando para outro, no carro, no shopping, em qualquer lugar.

Cheguei até a ouvir: "Será que esse filho é meu mesmo?".

"Eu não sei se quero casar com você porque acho que não é a pessoa que eu queria para ser mãe dos meus filhos!"

"Você é saidinha demais, independente demais!"

"Você não me deixa ser o homem da relação!"

2. Verso da música "Memórias", de Pitty.

"Mas que absurdo! Mulher que vai ao estádio assistir jogo é vagabunda!"

Essas são as memórias que conviveram comigo a vida toda e, apesar disso, não me considero uma mulher submissa, muito menos dependente, tive brio, força e coragem de fazer da minha história uma marca de mudança e superação, e digo isso com muito orgulho!

A decisão de trazer essa temática foi difícil porque envolve os outros lados dos meus vinis. Por esse motivo, os fatos narrados aqui são vivências dos relacionamentos que tive ao longo dos meus 47 anos, dois casamentos frustrados, três filhos e um tanto de namoros tóxicos.

"É melhor viver dez anos a mil, do que mil anos a dez"[3]

Em meados dos anos 1990, eu entrei em uma multinacional alemã de autopeças. O salário era baixo, porém a diversão era garantida! A equipe era uma molecada na faixa dos 20 e poucos anos. O trabalho era intenso, na mesma intensidade dos risos, piadas, bullying, tudo era muito.

O final dos anos 1990 marcaram muito a minha vida. Terminei a faculdade de Direito no final de 1999. Uma onda de ideias de que o mundo ia acabar nos fez acreditar que, de alguma forma, uma grande transformação estava por acontecer. Como todos sabem, não aconteceu nada, mas, em minha opinião, muitas transformações ocorreram no mundo.

Eu tinha 25 anos e estava no momento de tomar algumas decisões importantes, talvez influenciada por essa vibe de transformação e prelúdio do fim do mundo. Após um ano de namoro, resolvi ir morar com o namorado, que conheci nessa empresa, e na sequência decidi pedir demissão.

No lado pessoal, sentia já o peso de assumir um relacionamento sem antes ter construído uma base sólida, mas, na inocência da juventude, sempre pensamos que estamos prontos. Os sentimentos se fundiram

3. Verso de "Decadence avec elegance", de Lobão.

e o profissional acabou sendo prejudicado pelo lado emocional, num perfeito desequilíbrio.

Fiquei um ano desempregada, a tristeza e a frustração pesaram em mim, minha alegria foi se apagando lentamente. Naquele cenário, eu me sentia pequena, frágil, não tinha dimensão do quão forte eu já tinha sido até ali. Fui me escondendo atrás da figura desse companheiro, deixando que ele sobressaísse, enquanto "eu só queria estar ali, sempre ao lado dele, eu não tinha aonde ir", nos exatos termos da música "Ainda é cedo", da Legião Urbana.

Enfim, consegui um emprego promissor em outra multinacional, dessa vez no ramo do agronegócio. Minha oportunidade era humilde: analista de RH júnior, mas as perspectivas eram grandiosas. Vi brilhar novamente os meus olhos, a depressão estava ameaçada e a tal força que todos diziam ver em mim já tinha emergido e me tirado do fundo do poço!

Foram anos de ouro no campo profissional, cresci muito, fui promovida diversas vezes, tive meus dois primeiros filhos nesse período e meus gestores me apoiaram muito.

Porém, as cobranças eram muito pesadas. Uma mulher com filhos, viajando, trabalhando até tarde, precisa de uma energia muito grande para manter o equilíbrio com o parceiro, ainda mais quando a estrutura familiar não é de apoio e incentivo, mas de competição, cobrança e ciúme.

Alguns fatos marcam a nossa vida para sempre. Ouvir frases degradantes, estar vinculada a ordens, ser subjugada e diminuída em suas conquistas não alimenta um relacionamento, mas é altamente eficaz para destruí-lo.

Resolvi que era hora de seguir minha vida com meus filhos e pedi a separação. Como não éramos casados formalmente, foi prático e rápido, mas não foi nada fácil.

Decidi então que não teria mais ninguém, ia só curtir a vida, sair, me divertir e nada mais. O problema é que não era comum para mim e, pouco mais de um ano após a separação, já me envolvi em um novo namoro.

"Essa noite não"[4]

Nesse meio-tempo, meu ex-companheiro, pai dos meus dois filhos, faleceu aos 35 anos de idade de uma maneira muito banal: foi para um mergulho em Ilha Bela e não voltou mais.

Dar a notícia aos meus filhos foi o pior momento da minha vida. Eu havia me separado dele há pouco tempo, depois de dez anos juntos. O falecimento precoce trouxe à tona muitos sentimentos confusos e profundos.

Eu não tinha condições de trabalhar, não naquele ritmo, não naquele nível de entrega. Pedi demissão depois de dez anos de trabalho e encerrei meu sonho encantado com o emprego dos sonhos.

Mudei de cidade, comecei a me sentir culpada pelo falecimento dele. Uma pesada onda de depressão me abatia dia a dia, tudo se tornou pesado, difícil, não tinha mais alegria em nada, não queria estar na presença de outras pessoas, fui me fechando para o convívio social.

Embora hoje eu consiga entender que não estava em condições racionais normais, e sim totalmente desequilibrada e vulnerável, nesse período faltei com meus filhos. Fui omissa e desatenta. Provoquei um sofrimento desnecessário no momento em que eles mais precisavam de mim: estavam com 9 e 5 anos, precisavam de acolhimento e atenção, e a mãe estava sem condições emocionais de enxergar isso.

Essa foi, e ainda é, a minha maior autotortura. Ainda me culpo muito por isso, entendo que não foi intencional ou por mera negligência, eu me esforçava para cuidar deles, mas eu não estava bem, estava com um estágio de depressão tão forte que só conseguia pensar em dormir para não ter contato com a realidade.

O relacionamento novo estava fluindo, tinha apoio e presença, mas eram situações distintas. Isso não me tirou do luto nem me alegrou, mas estava lá. A vida seguiu seu rumo, nos casamos e dois anos depois tive meu terceiro filho.

Voltei ao mercado de trabalho, mas longe, bem longe de ser a brilhante advogada que fui: eu estava apagada, sem cor, sem vida,

4. Verso de "Essa noite não (marcha à ré em Paquetá)", de Lobão.

sem entusiasmo, tarefas simples eram pesadas, difíceis, demandavam uma energia absurda, mas não parei, me arrastando, segui em frente.

Foram dois empregos malsucedidos sequencialmente.

Precisei reunir forças para buscar oportunidades de trabalho, mas não me sentia bem, não era eu aquela pessoa refletida no espelho; estava fraca, sem brilho, sem alegria, sem amor à vida, sem amor-próprio.

"Busquei dentro de mim os meus lares"[5]

Em 2016 recebi uma ligação que mudaria minha vida. Um headhunter me ligou e despretensiosamente conversamos sobre uma oportunidade em RH, para a qual eu havia sido recomendada. Ali senti uma energia diferente em mim; fui para a entrevista com a esperança de quem acredita em uma força maior, ainda muito fragilizada, mas já confiante.

Deu certo! Demorou quase quatro meses, mas o tão esperado "sim" veio numa tarde fria. Eu estava deitada, eram 17h45.

Eu me escondia da vida embaixo dos edredons, inclusive em relação aos meus filhos, que perderam o pai de forma precoce, abrupta, e precisavam muito da mãe. Eu não tinha forças, não tinha consciência disso, mas algo maior estava acontecendo e viria a me ajudar.

A carreira foi se restabelecendo. Tive suporte e apoio de profissionais incríveis, que me ajudaram muito e são meus amigos até hoje, mas a vida pessoal se desintegrou.

"E eis que de repente ela resolve então mudar"[6]

Ainda sobre as frases que marcam a nossa vida, ouvi de uma amiga: "Mulher, você não se enxerga não, é? Olha a mulher que você é, olha o seu tamanho!".

5. Verso de "Teto de vidro", de Pitty.
6. Verso de "Descontruindo Amélia", de Pitty.

O medo de cuidar sozinha de três filhos me impulsionou a olhar para mim como minha amiga sugeriu, e o que vi me surpreendeu e muito. Novamente, pedi o divórcio, já que dessa vez estava casada formalmente.

Foram tempos difíceis, pesados, mas passaram. É claro que ambos os casamentos tiveram muitas coisas positivas, boas, viagens, projetos, conquistas, filhos, mas o preço foi muito alto e desequilibrou a balança. Por isso, não há e não deve haver aquela velha crença de que "é ruim, mas é bom". Sim, merecemos o bom, sempre!

Somos seres únicos criados para evoluir, cada um a seu modo, dentro de suas limitações, com suas qualidades e defeitos. A religião foi um grande alicerce. Entender que há uma força maior que nos guia e nos conduz é um porto seguro.

A terapia também teve um papel importante em esclarecer o que é de quem, as dores de cada um, como usar as ferramentas certas para cada momento. Uma frase me marcou muito, vinda de uma querida terapeuta. Eu estava apavorada com o fato de estar sozinha e ela me disse: "Ok, você está sozinha, mas tudo está funcionando bem, sua vida está fluindo, seus filhos estão bem e muito mais tranquilos com você. Fique bem, sinta-se bem e eles estarão bem também!".

Parece estranho uma pessoa com três filhos se sentir só, mas eu me sentia solitária — "Such a lonely day, and it's mine. It's a day that I'm glad I survived".[7]

Curiosamente, novos amigos surgiram, a pandemia trouxe as lives, e, em uma delas, conheci um grupo de pessoas de todas as partes do país. Essa amizade migrou para grupos de mensagens, e um deles foi batizado de "turma do pavão", inseparáveis! Hoje somos parceiros uns dos outros, companhia e rock and roll não faltam mais!

O caratê, que eu praticava desde 2001 e estava na geladeira, voltou à tona com força máxima e resgatou a guerreira, trouxe toda a

7. Versos de "Lonely day", do System of a Down.

força reprimida aos tatames. Muito mais que uma atividade física, é uma família, e nosso mestre cuida de todos com muito amor e carinho.

"Ela é puro êxtase"[8]

Em todas as adversidades que se apresentaram no meu caminho, fui entendendo que a força estava dentro de mim e em mais ninguém. Tudo o que passei e senti ninguém poderá entender, porque são sentimentos únicos. Cada pessoa reage e sente de uma forma, não há receita nem parâmetro quando se trata de sentimento, temos uma bagagem única e cada um carrega a sua. Não foi fácil me enxergar, somos humanos, sofremos, nos oprimimos; reagimos, temos nosso senso de justiça, subjetivo pelos valores de cada indivíduo.

Como o propósito é compartilhar, o que posso fazer de melhor nesse projeto é passar à frente que o empoderamento não está nas roupas que eu visto, muito menos na cor do meu batom, mas na capacidade de reagir e protagonizar minha própria história. Sem enxergar a minha luz interna, as roupas e o batom, apesar de importantes, ficam ofuscados.

O empoderamento que eu vivo hoje está na luz que brilha em mim. Assim como ela brilha em cada mulher, em cada ser. Não permita que ela seja ofuscada ou apagada, brilhe, brilhe com força e potência! Você verá como iluminar o mundo a sua volta é sua maior recompensa!

Hoje eu enxergo minha luz, brilho, com esmalte vermelho, tinta no cabelo, os pés num salto alto, cheios de desejo, vontade de dançar até o amanhecer! Minha vida hoje é puro êxtase.[9]

"I am not your rolling wheels / I am the highway / I am not your carpet ride / I am the sky / I am not your blowing wind / I am the lightning / I am not your autumn moon / I am the night / The night."[10]

---

8. Verso de "Puro êxtase", do Barão Vermelho.
9. Trecho inspirado em "Puro êxtase", do Barão Vermelho.
10. Versos de "I am the highway", do Audioslave.

Quem é você que não entende
que a vida é um constante recomeço?

13

CRESCENTE RECOMEÇO

Por Marta Marcatto

Se tiverdes fé como um grão de mostarda, nada vos será impossível!

MATEUS 17:20

Há algum tempo prometi compartilhar estas memórias pelo princípio e pelo fim, colocando em primeiro lugar o meu renascimento e, cinco anos depois, o resultado.

Sou a Marta, mulher de muita fé, empresária, mãe, esposa, tenho 53 anos e venci o câncer de mama. Sou um crescente recomeço, tentando a cada dia superar todos os obstáculos, problemas e mudanças pós-diagnóstico. Sempre cuidei de todos, hoje tento me priorizar, conhecer e principalmente me amar.

Sou a mãe mais feliz do mundo. Tenho duas joias em forma de filhas, com quem aprendo diariamente. A saudade da minha mãe permanece em mim e, em muitos dias, sinto que ela envolve o meu corpo em um abraço, como a brisa do mar. Vivo em constante construção e evolução. Hoje o Sol brilhou mais intenso e, assim como ele aquece o meu dia, espero aquecer a sua alma nestas linhas.

Hoje eu acordei! Eu sou um crescente recomeço! Quem é você que não entende que a vida é um constante recomeço?

O câncer, apesar de toda a dor que trouxe com ele, também foi um grande ensinamento. Meu mastologista, Anjo da Guarda, não estava errado na consulta em que disse: "Marta, após esse diagnóstico você verá que algumas pessoas sairão da sua vida e outras entrarão. Você terá uma nova árvore da vida, com novas pessoas e com um novo jeito de ver e entender a vida!".

E é essa a história que venho contar hoje: a de uma mulher com uma vida em curso, trabalho, casamento, filhos, que, literalmente, de um dia para o outro, viu a vida mudar. Estava no cume (ponto alto) da montanha, mas, de repente, caí num vale.

Com todo o peso que a notícia de ter um câncer carrega, porém, com a minha força e a minha família, entendi que era eu que o tinha, portanto, o poder sobre ele era meu, e decidi não me deixar abater. Minha força iria me ajudar a sair do vale e encontrar um novo cume.

A minha primeira batalha foi receber o diagnóstico; a segunda, encontrar um bom médico, o que só consegui depois de uma tentativa frustrada.

No cume da vida

Eu era a Marta de 32 anos em 2001. Sempre fui totalmente apaixonada pela vida, filha orgulhosa e apaixonada pela minha mãe, Maria da Glória, uma mulher de muita fibra, maravilhosa, muito inteligente, evoluída espiritualmente, inspiração que me fez ser quem sou hoje. Onde quer que ela esteja, tenho certeza de que está recebendo todo meu amor e gratidão. Ela deixou um legado maravilhoso. Com sua garra, ela ensinou que o mais importante é que, independentemente do problema que estamos passando, temos que acreditar, ter muita Fé em Deus, lutar, insistir e jamais desistir.

Ela costumava me chamar de "menina metidinha". Deve ser porque eu já tinha o lado comercial desde pequena na veia. Tudo que envolvia festas, inscrições em concurso de miss da escola, disputas de jogos internos, campeonatos interestaduais, concursos de prendas nas festas juninas e tudo que era agitado e muito desafiador já me chamavam a atenção!

Para você ver como isso estava dentro de mim, em 1981, em algum momento, senti a necessidade de trabalhar e ganhar meu próprio dinheiro. Aos 12 anos de idade, consegui o meu primeiro emprego como balconista em uma loja da Levi's. Éramos de uma família simples, pais que lutavam diariamente para criar os filhos com valores e princípios. Eram cinco crianças, e eu me encaixava como a caçula.

Aos 17 anos, conheci Eduardo. Eu nem imaginava que casaríamos e construiríamos uma família. Mas, aos 23 anos, nos casamos e com ele construí minha família e nosso lar. Sou mãe de duas lindas meninas. A doce, filha meiga, se chama Danielle, 28 anos, minha veterinária patologista, inteligentíssima e sabe tudo sobre as células de animais. Já Larissa, 22 anos, minha caçulinha, é uma menina valente, ama um desafio. Ao fazer seu intercâmbio, se apaixonou por Vancouver, então escolheu viver e fazer faculdade no Canadá.

Elas me ensinam diariamente como ser uma pessoa melhor. Meu maior e melhor presente nessa vida: minhas FILHAS!

A queda no vale

Lembro como se estivesse acontecendo enquanto escrevo. No final de janeiro de 2017, trabalhava em uma tarde tranquila no escritório, até sentir uma forte dor no braço, que muito me chamou a atenção. Algo dizia dentro de mim para procurar meu médico clínico geral e ginecologista Dr. Roberto Carlos Assunção (costumava chamá-lo de rei Roberto Carlos)... faltavam ainda três meses para o meu próximo check-up.

De pronto, ele solicitou vários exames, inclusive uma mamografia. Agendei e fui imediatamente fazer os exames. Entrei em uma sala impessoal, fria, onde faria a mamografia, quando percebi que a profissional estava com um olhar apreensivo e muito assustado, como se algo diferente estivesse acontecendo. Ela olhava fixa e continuamente para aquela imagem do seio direito, e, no olhar, o espanto com o que via ficava cada vez mais latente, deixando-me cada vez mais apreensiva.

Percebi claramente a falta de preparo emocional da profissional, que não sabia lidar comigo naquela situação delicada. Afinal, pela imagem, a experiência já deveria lhe dizer ser algo preocupante.

Não a culpo! Certamente há fatores externos envolvidos na formação. Inclusive, fatores que não são apenas técnicas, mas, sem dúvida, aquela condução tornou a situação ainda pior.

Foi terrível! Naquele momento, alguma coisa mudava dentro de mim. Senti medo, ansiedade, tristeza. Tudo sem saber o resultado do que havia no meu seio direito.

No dia 24 de fevereiro acordei para um dia comum, véspera de feriado de carnaval. Estava animada para viver aquele feriadão prolongado, porém, preocupada com os resultados do check-up que havia feito.

Em meio a tantos exames, um deles me chamava atenção: era o da mamografia. Foi quando abri o envelope antes de viajar.

O resultado deu positivo, sim, positivo para CARCINOMA DUCTAL INVASIVO, o apavorante CÂNCER DE MAMA. Meu mundo desabou naquele momento. Senti medo de morrer, medo de deixar minhas filhas, que, na minha visão materna, não estariam preparadas para "matar seus leões por dia" e tudo aquilo que, após aquele diagnóstico temido, poderia acontecer.

Em meio a um mix de sentimentos, muito choro, alguns questionamentos vieram à minha mente: "Será que vou morrer?". E a tristeza sem fim...

Naquele momento, a minha primogênita, Danielle, tentou ser firme, dizendo para não sofrer por antecedência. Estávamos somente nós duas em casa. Meu marido estava viajando a trabalho e a minha caçulinha estava fazendo o intercâmbio. Ela literalmente segurou na minha mão, e houve uma inversão clara de papéis: em alguns momentos passei a ser filha e ela minha mãe, me dando colo e muita atenção.

Ah... Lembranças da minha amada mãe! Naquele momento me bateu um frio na barriga, um medo do desconhecido e um desejo imenso de, novamente, deitar-me em seu colo e procurar abrigo em seu abraço. Que saudade! De alguma forma ela estava ao meu lado, eu sentia sua força, seu cheiro e tudo aquilo que a minha mãe representava para mim, o quadrado formado por: Fé, amor, força e coragem.

Aquele feriado de carnaval se transformou no carnaval de Luís Melodia: "Carnaval, carnaval, carnaval, eu fico triste, quando chega o carnaval". Meu marido tentava, do seu jeito engenheiro de ser, se manter calmo e me acalmar, deixando claro que estava ao meu lado. Minha primogênita, com toda sua ternura, me acalmava e falava que tudo daria certo. A caçula, como dito, estava no Canadá, fazendo intercâmbio nesse momento delicado das nossas vidas.

Passou o feriado, voltei ao meu médico, amigo da família e clínico geral. Ele confirmou o diagnóstico, conversando muito comigo e tentando me acalmar. Encaminhou-me para o especialista em mastologia, seu amigo.

Tentei agendar uma consulta, mas o mastologista estava em um congresso; sendo assim, necessitava encontrar outro especialista.

Encontrando ajuda para sair do vale

Começava um pesadelo! Após marcar a consulta, fomos a outro mastologista, médico do convênio, que aterrorizou a mim e aos acompanhantes que ali estavam (marido e filha) com um comportamento profissional frio, antiético e desumano, após olhar todos meus exames. A mesma falta de habilidade emocional da profissional que fez a mamografia! Não é difícil deduzir o quanto a formação em saúde nem sempre abrange o ser de forma integral, afinal, não somos apenas células!

Ele repetiu que o meu diagnóstico era de muita gravidade, falou por várias vezes as palavras carcinoma, quimioterapia, radioterapia, cirurgia, sendo que nem ainda tinha entendido de fato como suportar toda aquela dor e administrar todo o medo do desconhecido.

Parecia que meu prognóstico era a morte, e com certeza essa foi a pior consulta da minha vida!!

Saímos dessa consulta horrível e decidimos procurar outro profissional que nos ajudasse a entender tudo que estávamos passando.

Eu só queria ser cuidada por um profissional carinhoso e ético, que fosse além das imagens frias e laudos técnicos, enxergasse uma mulher com uma história de vida na frente dele, confusa, com medo de morrer, desesperançada e, ao mesmo tempo, querendo muito viver por amar a vida.

E assim o encontrei o meu Anjo da Guarda

Quando conheci o meu Anjo da Guarda, meu mastologista, Dr. Adalgir D'Alessandro, eu mal sabia que ele seria o meu apoio, meu amigo, meu guru, e tudo aquilo de que um paciente com câncer e sua família precisam para encarar aquela luta.

Sim, ele foi tudo isso na minha vida! Com sua sabedoria, logo na primeira consulta, me recebeu com um abraço, olhando para os meus olhos e afirmando: "Você vai ficar bem!".

Eu me lembro como se fosse hoje. No nosso primeiro contato, ele conversou comigo de uma forma clara, objetiva e carinhosa. Palavras de conforto batiam no meu peito direito deixando-o mais calmo e dando a certeza de que tudo ali daria certo.

Passei por todo processo do tratamento, que, por que não dizer, eram também sessões de terapia que mudariam minha visão do que de fato é a jornada da minha vida, a trilha que todos nós trilhamos rumo ao topo do nosso Everest.

Rumo ao cume

Eu aprendi no corpo e na alma a importância de um maior relacionamento com Deus. Infelizmente, muitas pessoas, como eu, procuram Deus nos momentos de aflição e dor... Mas Ele, misericordioso com todos, me perdoou e pude, então, rezar fervorosamente todos os dias, procurando pela sua bênção e minha cura!

Pessoas saíram da minha vida, outras entraram, aprendi que a vida é o hoje, o aqui e agora, e que tudo passa independente dos problemas que acontecem.

Nas minhas idas diárias ao consultório do meu Anjo da Guarda, conheci outros pacientes. Pude sentir que o meu caso, apesar de muito grave para mim, não era o mais grave para esta doença que estava acometendo vários deles. Alguns já desenganados e sem esperança de cura, com a sentença de partida já determinada.

Isso não me consolava, mas me dava uma visão mais ampla do meu tratamento e uma esperança maior em seu sucesso... Em minhas orações, passei a incluir todos os que conheci no consultório do meu Anjo da Guarda, em especial as crianças!

Eu sei que é clichê, mas diagnóstico não é destino. O câncer me ensinou viver cada dia, a buscar o entendimento sobre as dificuldades que passamos e que elas só terão poder se nós aceitarmos e dermos o poder a elas.

Me fortaleci! ganhei a batalha e vejo ainda mais a importância de poder abrir os olhos pela manhã, ver Eduardo, meu esposo que tanto amo, e agradecer a cada dia por estar viva perto da minha família, dos amigos que ficaram e dos que entraram em minha vida.

Do cume ao vale para ajudar outras mulheres

Hoje sou um crescente recomeço a cada dia; vivo intensamente, acreditando que a vida é única e maravilhosa. Aprendi que não devemos nos envolver com energias negativas.

Meu propósito de vida é levar minhas experiências no mundo para outras mulheres, através de redes sociais, palestras, trabalhos voluntários, com informação e acolhimento para que elas também acreditem que podem vencer as batalhas da vida.

Assim, dedico uma parte do meu tempo para contar minha experiência de vida no Facebook, no Instagram, no Twitter, postando mensagens e, principalmente, respondendo a perguntas e orientando várias mulheres interessadas e em busca de apoio e conforto espiritual.

Faço palestras junto a grupos de apoio a pacientes com essa terrível doença, sempre procurando levar palavras de esperança e fé... principalmente.

Coloco para que eles ouçam o canto católico "Se tu queres, senhor, cura-me": *Se quiseres, Senhor, cura-me! Se quiseres, Senhor, cura-me! Sim eu quero, estás curado! Diz o senhor Jesus. Esta é a nova lei do amor.* Quando tenho disponibilidade, visito hospitais e casas de pacientes, oferecendo minha ajuda e minhas orientações de esperança e fé em Deus. Essa foi a melhor forma que encontrei de agradecer a Deus por esse milagre em minha vida e por me apresentar o meu Anjo da Guarda!

Acredite em você e nas fases necessárias para atingir a transformação que deseja! Em resumo, transformação e pensamento positivo!

Desenho por: Victória

14

TRANSFORMAÇÃO E PENSAMENTO POSITIVO

Por Michelle Kâmela

Minha mente está plena de pensamentos positivos
que nutrem e curam a minha vida.

FRASE DO LIVRO *MEDITANDO COM OS ANJOS*

Acredite em você

Desde muito menina, sempre sonhei em construir uma família. Creio que muito por influência do meu meio e dos filmes de princesas da Disney. Falava que aos 24 anos iria me casar com meu verdadeiro amor.

Como tudo que jogamos para o Universo com intenção tem potencial para acontecer, casei-me aos 22 anos. Thiago, meu melhor amigo, que conheci na faculdade de Direito durante o segundo período.

Parece contraditório, mas, por mais que tenha me casado nova, costumo falar que não tive pressa. Conheci Thiago meses antes de fazer 18 anos, por uma amiga que me levava para a faculdade. Ele era da sala dela, uns quatro períodos à frente do meu. Despretensiosamente ela nos apresentou em uma das manhãs universitárias.

Naquele dia, iniciamos conversas esporádicas presencialmente e nas redes sociais, pelo Facebook. O que era uma vez a cada semana passou a ser diário e muito divertido. Não desgrudamos mais.

O casamento

Foram quatro anos de namoro até o casamento.

O casamento aconteceu logo após a minha formatura na faculdade. Foi uma alegria muito grande, principalmente a parte de morar juntos. Alugamos um apartamento e fomos morar eu, ele e a nossa filha de quatro patas, a Panda. Vivemos dois anos intensos nesse apartamento. Aprendemos tudo sobre casa, cuidado, trabalho duro, organização e até mesmo a ser uma equipe, uma família.

Era novembro de 2020, auge da pandemia global da covid-19; nosso faturamento em casa estava baixo, e, para piorar, o contrato de aluguel do apartamento em que morávamos não foi renovado e os proprietários nos deram trinta dias para sair.

Tão rápido como a notícia, encontramos uma casa. Linda, delicada, que atendia ainda mais nossas necessidades. Alugamos, nos mudamos e em menos de vinte dias iniciamos uma jornada, que seria de muito aprendizado.

No terceiro dia morando na nova casa dos sonhos, abri a janela do meu quarto, apreciei a paisagem de uma bela árvore bem em frente ao meu quarto e, em instantes, a janela, que era uma guilhotina, caiu sobre minha mão, prendendo e esmagando meus dedos.

Durante aproximadamente trinta segundos fiquei completamente imobilizada, com a janela pressionando meus dedos, gritando por socorro. Eu gritei: “Thiago, socorro, corre aqui!”.

Na ocasião, ele estava na garagem, um andar abaixo do meu quarto, quando ouviu meu grito e correu o mais rápido que pôde para entender o que estava acontecendo. Ele disse: "Amor, está tudo bem? O que aconteceu?".

A cena já dizia tudo... Em um instante, ele retirou a janela de cima da minha mão e olhamos juntos os danos causados. Estava claro, não era nada bom. O meu dedo anelar estava com a ponta caída de lado e o restante dos dedos estavam ensanguentados, inchados e, claro, eu sentia muita dor.

Em 3 de dezembro de 2020, às 8 horas da manhã, quando a janela caiu sobre minha mão, senti um medo paralisante. Pensava que pouco menos de um ano antes, havia feito lindos trabalhos para a Joalheria Davos, como modelo de mão, com foco exatamente naquela que agora estava esmagada.

Vaidosa como sempre fui, eu me perguntava: "Por que eu?", "Por que agora?", "Será que vou perder o dedo?", "Meu Deus! Acho que perdi o dedo!". Quanta dúvida transitou em minha mente.

Nessas horas não dá para simplesmente se teletransportar para uma solução, o processo é lento e doloroso. Meu primeiro passo foi ir ao banheiro deixar a água da pia caindo sobre os dedos, enquanto meu marido reunia todos os itens necessários para irmos ao hospital.

Doía como nunca havia doído em minha vida. Dor no sentido mais amplo. Ele me colocou no carro, perguntou se eu estava com o cartão do meu plano de saúde e em qual hospital eu poderia ir.

Eu estava completamente consciente, citei um hospital e em menos de dez minutos do ocorrido já estávamos em alta velocidade nos direcionando para lá.

Passamos dois sinais de trânsito sem esperar ficar verde, e eu gritava e esvaziava meus pulmões.

Chegamos ao hospital, já direto para triagem e análise de risco. O risco era claro, perder a ponta do dedo, mas no primeiro momento o mais importante era interromper a dor, por isso iniciaram um protocolo de remédios, enquanto eram feitos todos os procedimentos até ir para sala de cirurgia.

Neste momento já haviam me explicado que eu tinha três fraturas expostas, dois dedos quebrados e que iria passar por uma cirurgia delicada. Eu estava em pânico, nunca havia feito cirurgia, tremia como se estivesse com uma febre de 40 graus, o medo me dominava. Nunca me senti tão pequena e impotente. Senti minhas forças se esvaírem pelo ar como se estivesse vivendo um pesadelo paralisante.

Finalmente, tudo apagou, acordei na maca, horas depois, perguntando ao enfermeiro onde eu estava. Ele me explicou que eu havia feito uma cirurgia complexa, com anestesia geral e que eu havia dado sorte, porque naquele dia havia um especialista em mãos que estava de plantão e assumiu meu caso.

Resultado: dois pinos no dedo anelar, um no dedo médio e mais cinco dias internada para acompanhamento com medicação e ter certeza de que não iria inflamar ou necrosar. Eu nunca havia ficado internada ou feito cirurgia e fiquei justamente quando nenhum enfermo poderia ter companhia no quarto. Só eu, meus medos e meus pensamentos.

Sempre fui muito ansiosa, precipitava as coisas, tinha medos excessivos até com coisas simples, e, de repente, estava com o dedo decepado, sedada, tendo acabado de passar por uma cirurgia na qual não vi nada, sem a garantia que teria o dedo completo e o movimento da mão. Minha mente estava fritando...

Lembro-me de abominar cada parte daquele dia, me sentia quase injustiçada por ter tanta má sorte de uma janela cair na minha mão, mas não tinha mais o que fazer, agora tinha que ficar internada para ver no que ia dar.

Senti um misto de emoções, chorei de medo naquela noite, até que decidi colocar um louvor para tentar acalmar, que dizia: "Mesmo sem entender, eu confio. O Senhor sabe exatamente o que é melhor para mim. A dor é grande, mas a confiança é maior que a dor, confiamos em Ti, Senhor!". Aquilo ecoou em minha mente, e o medo começou a dar espaço para a esperança.

Escolhi enxergar, na dor, gratidão. Afinal, pensando positivo, eu tinha saúde, estava bem, consegui a cirurgia, tinha uma família que me ama, enfermeiros cuidando de mim, médicos e Deus, que se mostrou presente em cada gesto.

Fui tão querida, amparada por todos, que senti uma energia positiva ao meu redor, tudo concorria para que eu saísse daquela situação muito melhor do que quando entrei nela.

Aprendi que acreditar no processo, confiar em pessoas e pensar positivo pode transformar nossas vidas. Mas eu não posso concluir que tudo isso aconteceu apenas porque eu pensei positivo.

Houve também técnica, de um médico especialista em mãos, uma equipe altamente preparada, em um hospital referência, duas fisioterapeutas que me acompanharam por três meses, minha família que me apoiou em todo processo e eu que enfrentei a situação com o máximo de positividade que eu poderia ter. Ao todo foram mais de seis meses até a recuperação total.

Veja a singularidade da vida.

Olhar para o céu, acariciar um animal, se conectar com uma pessoa, fazer uma caminhada, comer algo que te lembre um momento especial, cada detalhe importa.

Não desperdice tempo com preocupações e reclamações. Olhe a vida com sutileza e respeito. Você é importante e especial.

(Frases autorais escritas enquanto eu estava internada.)

Um ano e quatro meses após esse incidente, escrevo este capítulo, compartilhando o que a vida me ensinou. Usando cada um dos meus dedos, recuperados e renovados, para continuar minha história e impactar vidas.

Eu sou Michelle, menina, mulher, sonhadora

Tive uma vida simples. Venho de uma família tradicional mineira, que ama cozinhar, conversar e tomar um bom café. Natural de Belo Horizonte, uma cidade linda, que encanta com suas riquezas naturais conectadas com a estrutura criada por moradores apaixonados por sua história.

Na minha casa, nenhuma mulher havia feito faculdade ou se aprofundado nos estudos; todas eram líderes do lar, empreendedoras, fortes e muito determinadas.

Fui criada com toda essa inspiração e educada para investir nos estudos e ser a primeira a ter ensino superior.

Meu pai, Éder, o melhor vendedor que eu conheço, trabalha desde os 8 anos de idade para realizar seus sonhos. Empreendedor nato, nunca quis viver à mercê de estar motivado, sempre buscou na ação os seus resultados. Sua motivação é estar vivo. Lembro-me bem de várias de nossas conversas, em que ele me perguntava se eu já havia agradecido naquele dia por ter olhos e enxergar, por ter braços, pernas e cada parte do meu ser.

Minha mãe, Cláudia, cabeleireira, sempre muito cuidadosa, teve diversos salões de beleza, buscando deixar as pessoas mais felizes e bem arrumadas. Conciliando casa, trabalho, dois filhos e empreendedorismo, ela me ensina muito sobre dedicação e cuidado. Nossa egrégora é muito bonita: em cada fase desenvolvemos juntos condições melhores e mais oportunas para o nosso desenvolvimento.

Sem nunca pensar no individual, sempre no coletivo, compartilhamos princípios e valores, dividimos tarefas em prol dos sonhos e fomos buscar a melhora da nossa vida. Aproveitamos as oportunidades.

Estudei em escola pública durante boa parte da minha infância. Sempre amei ler, escrever e me comunicar. Mudei para escola particular na sexta série do ensino fundamental: fui para o Sesi, uma escola que agregou muito na minha vida e mudou minha jornada. Aprendi muito mais do que já havia aprendido. Precisei, inclusive, fazer aulas de reforço para conseguir me nivelar com a turma.

Eu me senti desafiada e permaneci nessa escola até o terceiro ano do ensino médio, onde aproveitei para decidir qual seria o vestibular que eu prestaria. Escolhi Direito. Na decisão, o que pesou foram minhas paixões: filosofia, sociologia, história e a influência do meu pai.

Do terceiro ano fui direto para a faculdade

Em 2013, aos 17 anos, ingressei na faculdade de Direito; não tinha nem ideia de como seria fazer cinco anos uma mesma coisa. Não imaginava a quantidade de livros, de debates e muito menos a quantidade de horas-aula em uma faculdade de Direito.

Cada período me surpreendeu e me mostrou que seria muito mais difícil do que eu tinha imaginado. Perdi matérias, cheguei a pensar que não daria conta, mas tive muito apoio. Eu me desenvolvi a cada semestre, foi maravilhosa a sensação de superar o desafio.

Fiz amigos incríveis, inclusive, o melhor deles virou meu marido, um ano após a minha formatura! Eu me formei em 2017 aos 21 anos e me casei no ano seguinte, em 2018, com o Thiago.

Um velho sábio já dizia: "Quando é para ser, simplesmente é. . .". E assim tem sido. Leve, divertido, rápido e cada dia mais adorável.

Sem emprego, e num dia aleatório, estava de carro com Thiago, que trabalhava com treinamentos e consultorias na área odontológica, quando me abri falando que eu buscava uma mudança em minha vida. Havia decidido que não iria seguir com a carreira jurídica.

Ele me apoiou e ainda me convidou para trabalhar com ele, o que eu logo recusei. Falei que não tinha nada a ver com minha profissão. Não me imaginava na área odontológica.

Lembro-me de ele dizendo: "A oportunidade é um cavalo que passa selado bem rápido na sua frente, você pode recusar e ficar na mesma ou aceitar e experimentar algo novo. O máximo que vai acontecer é você voltar para o mesmo lugar!".

Essa frase fez todo sentido para mim, foi como um start em minha mente, mudei de ideia e aceitei a oportunidade.

Desde então revolucionamos nossas vidas para melhor. Começamos a trabalhar juntos em 2018, em um laboratório de prótese, onde crescemos muito.

Em 2019, ele abriu uma startup de educação com seu sócio e eu também embarquei com o objetivo de auxiliá-los apenas no início, fazendo o social media do projeto.

O projeto cresceu, viajamos juntos em várias entregas presenciais por todo o Brasil e resolvemos expandir, contratar pessoas, transformar o negócio para o mundo on-line e criar uma comunicação multiplataforma, o que revolucionou a empresa.

Mas, como eu contei no início, em 2020, uma janela caiu na minha mão, bem quando eu estava vivendo esse turbilhão de mudanças e fazendo uma pós-graduação on-line para levar mais embasamento ao meu trabalho.

Parece loucura, né? Aconteceu tudo muito rápido, mas, assim como o cavalo da oportunidade, encontrei forças no caminho. Eu me dediquei ao máximo à minha casa, à minha recuperação, à minha família e à empresa. Em 2021 nossa empresa cresceu 305% em relação a 2020, e estamos abrindo novas frentes de negócio em 2022.

Hoje sou diretora de marketing, empresária e consultora de empresas. Faço estratégias para negócios, planejamento e gerenciamento de redes. Penso que cada dia tem me desafiado mais, mas tenho encontrado em mim a força e as condições essenciais para passar pelas fases do processo e alcançar a transformação que eu desejo em minha vida.

Concentre-se no seu foco. Faça. Não perca tempo demais pensando no que pode dar errado. Ganhe tempo planejando e se organizando para vencer os seus medos. Esta é a sua história.

(Frase autoral.)

Criei um mantra que tem potencializado meus pensamentos.

Vou compartilhar com você, leitor. Quem sabe possa ajudar no seu processo?!

Quando eu abrir meus olhos, minha vida será abundante.

Eu acredito no poder da materialização.

Eu acredito que tudo que eu almejar e for bom terá respaldo da vida e tudo irá se movimentar em direção a este sonho.

Eu acredito que eu posso, e nada, a não ser a força de Deus, irá me parar. Eu vou sempre olhar a vida com esperança e positividade porque sempre terei a vida do bem, do bom e do belo em meu coração.

Sinto que cada pessoa, lugar, objeto ou coisa que entram e saem da minha vida têm um propósito, uma lição.

(Mantra autoral.)

Sucesso, para mim, é ser a mulher que eu lutei para ser, hoje e agora. Sou a mulher dos meus sonhos e conto com o autoconhecimento para manter meus caminhos voltados para isso.

Eu repito para mim que sou poderosa e boa no que faço. Confio na minha intuição e técnica. Sigo nesse caminho e busco incentivar mais mulheres e homens a se realizarem em si mesmos.

Já se sentiu assim? Compartilhe comigo e acompanhe mais minha história, ela não termina por aqui.

... a separação é uma ilusão!
Por mais que estejamos longe
fisicamente, nunca assim
o será no coração.

Ilustração feita por Yasmin Sogayar Itacarambi (11 anos, minha filha), com participação especial de Rafael Yamandu Sogayar Itacarambi (13 anos, meu filho), em junho de 2022.

15

DANÇANDO COM OS DRAGÕES

por Patrícia Sogayar

Não me interessa o que você faz para ganhar a vida.
Eu quero saber pelo que você sofre e
se você ousa sonhar em ir de encontro
ao desejo do seu coração.

ORIAH MOUNTAIN DREAMER

Lá estava a foca, nua, a dançar com suas amigas na orla sob o luar. Sua pele, colocada de lado, permitia esse livre fluir exalando sua alma doce e suave. Um homem se aproxima no seu barquinho e, contemplando sua beleza, se apaixona. Rouba sua pele e a pede em casamento. Um trato é feito... Em sete anos, ela teria sua pele de volta. Ela aceita. Eles se casam e têm um filho. A vida transcorre normalmente. Os sete anos se passam. E o marido resolve não devolver a pele para a foca. Ela, percebendo-se enrugar e definhar, busca sua pele por toda parte, mas não consegue encontrá-la. A cada dia vai enrugando mais e mais... Até que, um dia, seu filho, que estava dormindo, escuta uma voz o chamar e resolve segui-la. Era noite e estava muito frio. Ele vai mesmo assim. Tropeça, cai, mas segue A voz era de seu avô e ele havia tropeçado exatamente na pele de sua mãe. Traz pra casa. Sente o dilema, sabe como a pele é vital para sua mãe e, também, sabe das consequências que esse ato trará. Decide devolver a pele à sua mãe, que muito o agradece.

Ela ama sua família, não quer partir, mas o que a impele é uma força mais antiga que o próprio tempo. Ambos descem juntos ao mar para encontrar o pai da foca. Ainda uma pergunta, com um suspiro de esperança: "O menino fica aqui contigo?". E a dura resposta que vem: "Ainda não chegou a hora dele. Ele precisa retornar à superfície!". E, assim, se dá a separação da mãe e do filho, ao menos da forma como estavam habituados. Pois o menino cresce perto da orla e dizem todas as lendas que sempre ali, junto dele, havia uma foca a contemplá-lo e zelar por ele...

Essa é a forma como eu me lembro do conto chamado "Pele de foca", do livro *Mulheres que correm com lobos*, de Clarissa Pinkola Estés.

Ele acalenta meu ser ao trazer uma imagem e metáfora que tanto me cabe. Através desta lente consigo ver com mais clareza que ao meu lado habita um dragão. Vermelho, alto, bravo, dentes grandes, afiados, que solta fogo pela boca, tem cauda longa e áspera, pronta a bater e rebater em quem se aproxima. Ele é tão grande e eu tão pequena que só resta me calar. Olho para o outro lado, busco tentar levar minha vida por rumos que não façam com que tenha que encontrá-lo. Ele é muito assustador! Eu aqui, tão pequena, frágil, querendo simplesmente levar uma vida comum como qualquer outra pessoa.

E, por um bom tempo, ele ali ficou, dormindo na montanha sagrada, tendo esquecido de mim e me deixado seguir com minha vida. Até que um cavaleiro alado, de asas grandes e brancas, porte nobre, estatura mediana, de rosto suave, porém de grande coragem, chegou bem perto do meu ouvido e ali sua trombeta soou. Por outras vezes, assim como quando o dragão vinha, me fingi de morta e segui minha vida. Não estava buscando aventuras, tinha dois filhos pequenos para criar: "Para que um chamado aceitar, que tinha tudo para uma encrenca virar?".

Mas, dessa vez, a pele estava enrugando e definhando rápido demais. A vida já não estava normal como gostaria que fosse; os caminhos foram se tornando mais restritos e chegando mais perto do dragão que dormia um sono pesado naqueles tempos. Estava ficando sem opção. Quando olhava no espelho, me via morrendo por dentro. Quando olhava pra fora, tinha um dragão na frente do único caminho para o qual o cavaleiro apontava. Eu não sabia onde aquilo iria dar, mas precisava tentar. Quando, em algum momento, passo a escutar a trombeta do bom cavaleiro guerreiro, percebo uma canção. Era uma melodia que ficava a ressoar, dando-me força para prosseguir em minha caminhada, mesmo sem saber o que dela esperar.

Caminhava a passos pequenos e cautelosos, ainda em certos momentos com vontade de desistir e voltar. Já não era possível. Aquela trilha, a cada passo que eu dava no sentido contrário, me trazia uma ruga a mais no rosto, uma respirada a menos no coração. Agora não tinha volta, só podia seguir. E o dragão, que de longe e calado já nem parecia tão assustador, foi ganhando sua devida proporção. Já não tinha noção de quão grande havia se tornado ao despertar, e da loucura que aquilo tudo parecia. Onde estava com a cabeça para ter escutado a canção e seguido o chamado do cavaleiro de bom coração?

Busquei desvios para poder o dragão evitar, mas não havia forma. Era o único lugar para passar.

A volta era a morte certeira, não adiantava! Para prosseguir, a caminhada era arriscada, havia grande risco de ali na luta morrer, porém era também a única maneira de um milagre acontecer e eu conseguir sobreviver…

Me recordei que a vida tinha me preparado para esse momento. Já tinha encontrado esse cavaleiro antes, já havia enfrentado outros dragões. Menores, sem dúvida, mas já tinham sido três experiências, todas no âmbito profissional.

Na primeira, eu estava numa grande empresa, com carreira, reconhecimento pessoal, profissional e financeiro, quando meu pai faleceu subitamente, e a voz me chamou para fazer o que vim fazer, sem um segundo a perder com o que não importava na minha missão. Largar o emprego e tudo que isso significava, para seguir um sonho vago, sem caminho certo; isso eu vivi e superei com o Dragão Laranja.

Também viver todo o construir do que achava ser meu propósito, estar com o projeto todo pronto e, na hora final, ele não poder ser lançado; foi esse o legado da minha dança com o Dragão Amarelo, quase dourado.

Já o Dragão Verde foi o menor de todos, pois já conciliava sonho e poder… Vendo a estrutura toda montada para o projeto que eu coordenava, de pé, todos, com grande motivação, tive o impulso necessário para questionar qual seria a hora certa de poder desapegar de algo bom para realizar um sonho antigo e vivo.

Quando tive a resposta, em uma roda de fogueira, era porque a hora tinha chegado. Foi como sentir uma faca no estômago. Porém, dentro de mim, no íntimo do meu ser, sabia que essa era a decisão a tomar. Assim, a ação se fez. Pude perceber que, uma vez estando com essa certeza, tudo fluiu na melhor direção.

Em todos os casos, a coragem foi se mostrando durante o caminhar. A cada dragão combatido, a minha percepção se ampliava de que havia não só sobrevivido, mas ganhara clareza e maturidade. Havia crescido! O Universo nunca me deixou na mão.

Mas agora era diferente! O Dragão Vermelho era o mais alto, o mais feroz, o mais terrível de todos. Ele representava a separação. O maior medo dos medos que eu carregava. Só de falar na sua possibilidade, rompia em prantos e via um mundo se desmoronando com tanta facilidade. Imaginava o pior… Casal sem se falar, eu sem poder ver meus filhos, eles carregando o trauma de minha escolha. Se sentiriam abandonados? Que direito eu tinha de afetá-los dessa maneira? Seria puro egoísmo? As dúvidas persistiram no caminho até quando percebi que não existia bifurcação. O caminho de manter o status quo da relação criada representava a morte da minha alma. Estava definhando a olhos nus. Então, o único caminho era seguir e enfrentar o maior dos meus dragões.

Estava na Costa Rica. Na sala, li o texto da "Pele de foca" para meus filhos, não contendo meu choro e, ao mesmo tempo, feliz de poder oferecer essa imagem a eles. Também dei o capítulo do livro para meu marido ler. Às margens do caudaloso rio Machuca, com quem partilhava meus segredos e que me ajudava nos processos de cura, ali, abençoados pela sua força e de toda natureza presente, sentamo-nos nas pedras, pés na água corrente, e conversamos... Ali pude trazer para ele essa voz que já não podia ser ignorada. A trombeta soava e eu precisava dizer sim. O cavaleiro me chamava, não sabia para onde, mas uma única certeza eu tinha: reconhecia que aquele era o caminho que me cabia, a missão que me tocava nessa vida. Não restava outra alternativa senão dizer sim. Busquei deixar explícito que não tinha a ver com deixar de amá-lo. Porém, o amor tinha ganhado outra forma. E o caminho pedia esse desprendimento. Me permiti ouvir e deixar seguir a voz que vem de dentro, mais antiga que o tempo...

Sempre tivemos uma relação de muita sinceridade e cumplicidade, trabalhando juntos, construindo juntos. É difícil admitir que conseguíamos escutar tão bem os outros e não conseguiríamos recriar nossa própria relação para avançarmos juntos com olhos brilhando, ambos na mesma direção. Tentamos de tudo que eu conhecia e até onde eu desconhecia fui buscar amparo... me aventurei para ampliar clareza, e me joguei para buscar sinais; queria ter certeza. Não queria pôr tanta história assim a perder.

Mas a vida não funciona dessa maneira, e a resposta não vem de fora. Foi o coração que me presenteou, percebendo as sensações que meu corpo expressou... Quando havia tristeza e desconexão, distância e dispersão, quando a alegria tinha mudado de casa, era hora de rever a relação.

Aprender a se desfazer do que nos é tão caro... Nossa, quantos fatores envolvidos, quanto aprendizado, até de ter que lidar com essa frustração de romper a ilusão de poder construir a família perfeita, pura luz e só união...

Essa foi a primeira etapa do processo. Partilhar o que estava vivo, conversar, abrir o coração. Falar com sinceridade e observação, ao que ia se mostrando dentro e fora, para poder dar o próximo passo dessa construção.

Depois foi viver o luto antes mesmo de ele ter acontecido. Imaginar o pior ocorrendo e ir enfrentando-o. Eu comigo mesma, chorando, limpando, me olhando, aprendendo. Não é porque partiu de mim o pedido que não havia dor... Assim fui dançar com o dragão... e o vi com toda sua fúria se aproximando de mim, irradiando seu calor e me tomando em seus braços para me queimar.

Nessa dança com o dragão fui ganhando mais intimidade com o que ele protegia. Fui entendendo a quem ele servia. E, assim, a dança foi se afinando, uns passinhos conjuntos até foi ganhando, quando ele se sentiu ouvido e com a permissão de estar ali... Porém isso não foi suficiente para que ele pudesse ficar satisfeito e sumir...

Ainda foi preciso colocar uma forte intenção e também abrir mão de todo e qualquer resultado ou controle da ação. Entregar a essa força maior que nos rege, confiar que o que vier será para nosso melhor, aceitar o que ocorrer como sendo desse plano superior e agradecer por todo aprendizado gerado. Que riqueza de eterno aprendizado!!

Assim segui, com a forte intenção de mantermos o vínculo de amor e respeito entre nós, como pessoas que se estimam e têm filhos tão preciosos em comum para cuidar. Isso nunca estará terminado, por mais que a relação como casal tenha se encerrado. E foram nessas bases que a separação se deu, de uma forma um tanto especial, pois foi durante a pandemia de covid-19, eu na sua casa para cuidar dos nossos filhos, enquanto ele fazia uma formação, e todos os planos mudaram: ele voltou e eu não pude ir para Costa Rica. Ficamos morando na mesma casa ou ambiente, separados como casal, por oito meses. Nas primeiras semanas eu vivia gripada, minha alma estava triste e, assim, eu chorava... Foi preciso criar uma bolha dourada de energia para minha alma poder se nutrir, com tantas coisas que a fazem sorrir!! Comecei a cuidar do corpo, fazer arteterapia, yoga e manter conversas significativas, de coração a coração, com pessoas de diferentes culturas e nações.

Fui assim me fortalecendo e percebendo que era possível criar esse ambiente para a gente, independente do ambiente externo. Mais que luxo, era necessidade vital para viver com harmonia e poder exalar a paz que eu buscava.

O dragão ainda estava ao meu lado, pois o momento de viver a separação física dos filhos ainda não havia chegado.

Foi num processo de arteterapia que veio a última percepção, me trazendo uma grande libertação... Percebi que, quando olhamos de uma perspectiva mais ampliada, o drama é apenas uma grande cilada... não era verdade que íamos perder a conexão e a amizade. Aquela tristeza toda carregava um aprendizado: fazer o solo seco, com minhas lágrimas, ser umidificado. Com isso novas árvores surgiram, delineando um novo caminho. Novas possibilidades se abriram, para outros poderem também seguir, se assim decidissem...

Assim, compreendi dois pilares para serem a base de uma nova convicção: o primeiro é que a separação é uma ilusão! Por mais que estejamos longe fisicamente, nunca assim o será no coração. E o segundo é que, se estamos aqui, é para cumprir nossa missão. Confiar numa força maior a nos guiar, falando direto ao coração, é o caminho para nossa realização. Ainda que haja apego, é preciso soltar, pois do meu Dharma não escolho escapar...

Para iniciar esse processo e poder vivê-lo na profundidade total para assim transmutar, é preciso primeiro o compromisso consigo próprio firmar. Assim, a cada dúvida que surgir, há um ponto claro a que se referenciar, a cada fraqueza, algo para te ancorar e, assim, poder no caminho do coração seguir.

E foi dessa forma que minha "pele de foca", em contato com meu corpo físico e alado, voltou a se reconstituir... Com isso meus olhos também voltaram a brilhar, e, assim, estou seguindo no meu caminho, a caminhar.

E com essa clareza toda, aquele dragão tão temido e avassalador tornou-se invisível e inofensivo, sem nenhum poder para causar mais dor...

Agora estou escrevendo a 30 metros de onde vivem, enquanto jantam com o pai, feliz de poder ter experimentado essa transmutação. Ainda seguimos com práticas de família e meu ex-marido inclusive me apoia para eu estar aqui, e para dar os próximos passos rumo a um novo apartamento para eu morar. Com esse meu dragão se tornando invisível, estou pronta para o novo ciclo que a vida me apresentar.

E o seu dragão, por onde anda? Que tal chamá-lo para uma dança?

Não deixe que pessoas decidam o seu caminho, não deixe que o destino faça as escolhas por você, decida o que você quer, escreva você mesmo os capítulos da sua história

16

MUDANÇAS QUE TRANSFORMAM REALIDADES

Por Priscila Berquó

Minhas coisas favoritas na vida não custam dinheiro nenhum.
É muito claro que o recurso mais precioso que todos temos é tempo.
STEVE JOBS

Hoje, mais de vinte anos depois do início da vida profissional, olho com muita gratidão a minha história e todos os desafios que encontrei ao longo dela por me trazerem até aqui e poder compartilhar com você.

Comecei minha carreira muito cedo, aos 15 anos, no segmento de eventos de formatura na cidade de São Paulo. Éramos um grupo grande, de aproximadamente quinze pessoas. Foram dois anos muito intensos, fazíamos quarenta bailes de formatura por temporada no fim de ano e, a partir de janeiro, eram no máximo dois a três eventos mensais, e, assim, segui como musicista neste grupo entre 1997 e 1998.

Em 1999, as empresas de formatura começaram a reduzir seus orçamentos de eventos e as bandas de baile passaram a ser substituídas por som eletrônico, o popular DJ. Com isso, tive meu primeiro insight e decidi empreender.

Minha primeira virada profissional

Investi boa parte do dinheiro conquistado no grupo para comprar equipamentos de som, luz, cabos e mesas controladoras. Criei dois produtos: a colação de grau com DJ + performance ao vivo, em que, além de cantar, homenageava formandos e professores; e o baile de formatura, em que, além de atuar como DJ, oferecia uma homenagem ao vivo após a execução da valsa dos formandos.

Atuei como DJ e cantora por alguns anos, mas, nos anos 2000, concluí o ensino médio. Decidi buscar uma colocação no mercado de trabalho para ter uma regularidade de ganhos e trilhar uma carreira executiva.

Eu e minha mãe procuramos por vagas no jornal *Primeira Mão* e lá encontramos uma no segmento de instrumentos musicais, oferecida por uma empresa japonesa da qual eu já era fã e usuária da marca. Preparei o currículo e enviei.

Dias depois, o setor de RH me chamou para uma entrevista — era um sonho. Fiz dois testes e passei para a etapa final de entrevistas com a gerente comercial. Ela viu as anotações do RH sobre mim e pediu a simulação de uma venda.

Para a minha sorte, eu já conhecia bem o produto e foi muito fácil explicar os atributos. Ela ficou impressionada com a minha desenvoltura e conhecimento técnico. A partir daí, pediu para repetir às funcionárias do setor comercial e elas também se impressionaram. Já me imaginava trabalhando naquele lugar. Ao sair do escritório, a responsável do RH me encheu de esperança e disse que retornaria o contato em breve. Eu estava muito feliz e superconfiante, porém na semana seguinte o telegrama de resposta interrompeu meu sonho.

Apesar da tristeza e desapontamento, minha mãe me encorajou e continuei procurando. Logo encontrei uma vaga em uma empresa do segmento de móveis escolares e lá iniciei as atividades em março de 2001, no meu primeiro emprego.

Em junho daquele mesmo ano, recebi uma ligação do presidente da empresa japonesa, aquela que não me contratou, para uma conversa, e fiquei surpresa, feliz e ansiosa para o encontro. Na ocasião, o presidente me pediu que me identificasse como alguém da mídia, e não como candidata. A conversa foi muito agradável; ele analisou meu currículo e, apesar de ser novata, apostou em mim. Meu início era para o dia seguinte, tamanha era urgência, porém eu ainda estava na empresa de móveis. Comecei dois dias depois dessa conversa.

Meu primeiro dia foi bem atribulado. Não havia um processo de vendas; recebi uma carteira de clientes com nomes de lojas, contatos e telefones e, com poucas instruções, me pediram para começar a ligar para todos os clientes e oferecer produtos, sem treinamento.

Segui com as ligações e percebi que todos os clientes da minha carteira eram inativos e contas pequenas, além disso, o formato de atendimento adotado até então deixava uma péssima impressão: impositivo, na base da ameaça.

Ao perceber isso, comecei a adotar um método diferente. De forma intuitiva, respeitosa e combinada ao conhecimento técnico do produto, comecei a voltar a vender para aqueles clientes.

A descoberta de uma paixão: vendas

Naquele momento eu descobri a minha vocação e paixão por vendas. A gestora da empresa era muito autocrática, pouco colaborativa, muito competitiva e impositiva. Foi difícil resistir a tantas situações, eram apelidos, falta de respeito... enfim! Era um perfil totalmente incompatível com os demais da estrutura. Neste período tive muita vontade de desistir, não foi fácil aceitar tanta humilhação e falta de profissionalismo, mas segui firme com os conselhos de minha mãe. Ela sempre dizia: "Calma, filha! Para conquistar o que queremos muitas vezes temos que passar por situações difíceis, vencer obstáculos, ser fortes, tudo isso faz parte da nossa preparação!".

Assim se passaram quatro anos, na minha "novela mexicana" naquele ambiente arcaico, "old school", pesado e com situações intrigantes. Na semana seguinte à saída da minha gestora, minha vida corporativa mudou de rumo, graças ao olhar perspicaz de um grande mentor: meu chefe, o presidente da empresa, recuperou minha autoconfiança ao acreditar em mim.

Foi uma fase incrível, em que pude colaborar para muitas transformações naquela empresa, participando e vivendo o crescimento da estrutura, o crescimento exponencial das vendas, recuperando a confiança dos clientes, construindo uma equipe forte, motivada e alinhada com os propósitos da empresa, um time cheio de sinergia e garra. Minha maior satisfação sempre foi ensinar, engajar e participar dos resultados com o meu time.

Paralelamente, segui me aperfeiçoando profissionalmente, me formei em Marketing, mais tarde estudei inglês e fiz vários cursos complementares, somados a uma pós-graduação para acompanhar o crescimento da empresa e oportunidades profissionais.

Foram ao todo dez promoções e quinze anos até alcançar a posição de diretora de vendas e marketing. Vivi o sonho até ser desligada pelo presidente da empresa devido a questões financeiras, mesmo contra a sua vontade. Eu era a mais antiga, portanto a mais cara, e não tinha como ficar.

O fim do sonho foi o dia mais difícil da minha vida, sair da empresa que me acolheu, deu tantas oportunidades, que eu amava e ajudei a ter tanto sucesso juntamente com todos da equipe. Eu me senti grata, mas, ao mesmo tempo, triste.

Foi um período complicado. Estávamos vivendo um tempo de retração econômica no país, muitas dificuldades, em plena crise;

e, sessenta dias após a minha saída do emprego, consegui algumas entrevistas por indicação e participei de alguns processos de recrutamento, com mais bagagem e preparada para os desafios. Foram três no total; tinha boas chances em duas vagas para multinacionais, uma japonesa e outra americana. Então, me vi com duas opções para escolher e notificá-las na semana seguinte.

Mudança de ares

Na mesma semana em que eu comunicaria a minha escolha, o novo CEO da empresa que me dispensou me ligou e pediu para conversar. Mesmo ciente de estar em outros dois processos, ele insistiu, e nos encontramos em um shopping na Zona Oeste de São Paulo. Ele me convidou a voltar para a empresa, pois já sabia sobre mim e queria contar comigo na sua gestão. Apesar de feliz, fiquei dividida, afinal, agora tinha três possibilidades: a empresa japonesa e a americana, e voltar para a minha primeira empresa. Voltei, seguindo meu coração.

Trabalhei nove meses com o novo CEO, até que um executivo da empresa americana para a qual fui aprovada me comunicou que a vaga ainda estava disponível e me encaminhou ao RH do Brasil. Refleti sobre os últimos nove meses e percebi ter cometido um erro ao voltar: o ciclo já havia terminado.

Arrisquei e ingressei na empresa americana. Tudo seria novo, sairia da minha zona de conforto, e meu marido, que sempre me apoiou em tudo, reforçou o risco, mas, como um grande aliado, acreditou no meu potencial e na minha vontade. Assim fiz, acertei com a empresa americana e comuniquei a saída. Saí com a sensação de dever cumprido e de ter encerrado aquele ciclo.

Já na empresa americana, após entrar, percebi que cometi alguns erros que poderiam ter sido evitados antes da minha decisão: não fiz nenhuma pesquisa sobre a empresa, pois, simplesmente confiei no recrutador e na reputação da empresa. Entrei de cabeça com a cara e a coragem.

Foi desafiador, encontrei um cenário bem diferente do que eu imaginava, mas concluí que esse era um risco difícil de calcular. Com um mês de casa percebi que o modelo de negócios era muito conflitante e não sintonizava muito comigo. Então, novamente, conversei com meu marido sobre ter tomado a decisão errada e, como sempre, ele me apoiou e disse que, se eu deixasse a empresa, seguiríamos nossos planos.

Então, decidi ter uma conversa franca com meu chefe sobre a minha análise do primeiro mês. Almoçamos em um dia ensolarado na região do Itaim Bibi, em São Paulo. Diante do meu desconforto, coloquei meu cargo à disposição, caso fosse necessário; ele recuou e me deu liberdade para fazer as mudanças necessárias ao meu plano, sem interferências dele. Topei o desafio e decidi ficar.

Segui por dois anos na gestão de vendas do Brasil até ser convidada a assumir uma posição no marketing para a América Latina. Aceitei e fiquei nela por mais dois anos e meio.

Ir para uma empresa de cultura totalmente diferente, inclusive na operação, foi uma experiência enriquecedora e transformadora para a minha vida profissional e pessoal.

Uma situação-chave ocorreu após o falecimento do meu pai

Meu jeito de observar a vida mudou totalmente em 30 de julho de 2021. Foi o dia mais difícil para mim, jamais esquecerei. Eram 6h15 da manhã naquele dia, quando meu pai acordou e me pediu um copo d'água. Levantei-me para pegar e então ele começou a sentir-se mal; naquele minuto, percebi que sentiu alguma coisa diferente e, depois do primeiro gole de água, ele começou a gritar, gritar e gritar.

Estávamos no hospital. Entrei em desespero e ele, percebendo minha aflição, quase inconsciente, pegou bem forte na minha mão, me puxou para perto dele e me abraçou até conseguir me dar um beijo; depois de alguns minutos ele já não tinha mais lucidez, só gritava e delirava muito pela alta carga de remédios e pelo excesso de dor. Foi muito triste ver e presenciar tudo aquilo.

Chamei imediatamente os médicos para pedir ajuda e eles sedaram meu pai. Depois disso ele infelizmente não acordou mais. O que mais me marcou naquele dia foi o seu gesto de carinho e amor em sua despedida; ele sabia que estava partindo.

Sou muito grata e tive o privilégio de estar com ele antes de sua partida. Agradeço a Deus todos os dias por ter me permitido viver ao lado do meu pai e vê-lo completar 82 anos. O que me conforta é recordar todos os momentos que vivemos juntos, como pai e filha. Ele foi meu grande amigo, um exemplo, um grande homem para a minha família. E foi meu grande mentor; era um grande vendedor, atuou a vida toda em vendas e tinha um orgulho enorme de falar que dois de seus filhos trabalhavam na mesma área que ele.

Ele sempre me contava suas histórias de sucesso, e de insucesso também, com todas as suas lições. Foi muito difícil não ter meu conselheiro ali por perto! Hoje, mais conformada com a perda, depois de refletir muito, decidi escrever este capítulo para contar como as coisas mudaram daquele dia em diante. Sempre gostei muito de trabalhar — sim, eu sou workaholic! Após a partida do meu pai, cheguei à conclusão de que era hora de mudar e comecei a planejar um passo por vez.

Sempre fui uma pessoa muito planejada para tudo e tal disciplina me apoiou muito na construção de um futuro tranquilo para que eu pudesse chegar a essa decisão.

Transição para uma vida nova

Em agosto de 2021, ainda trabalhava para aquela multinacional americana, ocupava o cargo de gerente de marketing para a América Latina. Já não tinha mais brilho nos olhos, era cheia de compromissos e entregas que me consumiam muito e me deixavam exausta, sem conseguir aproveitar o tempo com a família e amigos. Não fazia mais sentido continuar naquele ambiente, com aquele ritmo, aceitando situações que não me agregavam em nada, e o que mais me incomodava era que eu não podia aplicar tudo que era possível durante a minha gestão por barreiras ou políticas internas que deveriam ser respeitadas.

A partir daí tomei a difícil decisão de sair do trabalho para dedicar-me a novos projetos que realmente fariam sentido dali em diante. Então, 25 dias após o falecimento de meu pai, conversei com o meu chefe e informei-o que não seguiria mais. Foi um alívio, retirando um grande peso nas minhas costas. Foi tão bom e libertador, não senti que estava perdendo algo, pelo contrário, sentia que estava ganhando liberdade e autonomia para novos voos.

Fiz a transição de forma organizada para deixar tudo encaminhado com as minhas lideradas; fiz tudo com leveza, paz e alegria, completamente desapegada e, ao sentir tudo isso, tive a certeza de que estava dando o grande passo da minha vida.

Então, resolvi ouvir a voz do meu corpo, precisava buscar o equilíbrio, incluir atividades físicas regulares, uma dieta leve, muita hidratação e ter qualidade de vida. Não estava bem de saúde, precisava me cuidar. Quando me dei conta, percebi que pessoas queridas e próximas, que não cuidaram da saúde no momento certo, já não estavam bem, tendo que adiar sonhos, planos. Então, pensei: "Não quero ser mais uma pessoa infeliz ou doente por adiar ou fazer coisas que não fazem sentido. Se posso, tenho que viver o agora, e não esperar o melhor momento!".

Honro e agradeço o caminho que me trouxe até aqui

Foram muitos desafios, muitas vivências, boas e ruins, e sou grata pelas oportunidades que recebi e que me transformaram como profissional e pessoa. Hoje, certamente, estou muito mais preparada para os próximos desafios. Agradeço por ter vivido tudo aquilo com a minha primeira gestora autocrática no início de carreira. O processo de conviver com alguém difícil e com pouca habilidade para lidar com pessoas contribuiu muito para que eu desenvolvesse três grandes habilidades de forma muito natural: a inteligência e controle emocional, a resiliência e a liderança.

Na empresa americana, foi bem difícil lidar com um outro estilo de gestão, me adaptar a uma nova cultura organizacional, trabalhar sem equipe e de forma independente, ter que desenvolver várias habilidades novas, e rapidamente, para dar conta do recado, mas, ao mesmo tempo, na medida em que eu me superava, agradecia cada pequena conquista. Sabia que tudo aquilo era necessário para o meu processo evolutivo, para transformar a minha vida da água para o vinho, e hoje sou muito grata por todas as vivências e pessoas que fizeram parte desse processo; cada um foi responsável e contribuiu muito para esse amadurecimento.

Minha nova vida

Comecei a atender algumas empresas oferecendo serviços de marketing. Surgiu a oportunidade de prestar uma consultoria a uma ex-liderada, que acabou virando empreendedora do setor bancário. No início era um trabalho pontual, apenas para fazer o site, mas percebi que ela precisava de mais instruções e dei uma consultoria completa, desde como abrir a empresa até a criação do nome e do logo de sua empresa. Ali percebi que eu poderia ajudar mais pessoas.

Hoje sou livre para escolher trabalhar com o que mais amo e entendi que o conhecimento nos liberta e leva para onde nem mesmo imaginamos. A sensação e descoberta de empreender, fazer o que amo, me sentir parte do todo com autonomia e liberdade para aplicar o que eu acredito mudaram os meus dias completamente.

Meu propósito é continuar aprendendo para ensinar, transferir minha bagagem profissional de mais de vinte anos ao maior número de pessoas, ajudando-as a errar menos, encurtar caminhos, provar que realizar sonhos e conquistar a liberdade financeira e autonomia profissional é totalmente possível para quem tem planejamento e foco.

Sempre contei com o apoio da minha família em todas as decisões, e meu marido sempre esteve ao meu lado, me incentivando e apoiando cada passo; planejamos muitos passos juntos e sabemos que há muitos outros grandes a dar.

Hoje, tenho o prazer de levar meu filho à escola todos os dias, uma das coisas tão simples que eu nunca conseguia realizar pela minha rotina atribulada de trabalho e viagens. É realmente gratificante poder acompanhar as tarefas de casa com meu filho, conversar com ele em algum momento do dia, pausar as atividades para tomar um café em família. Passei a valorizar as coisas simples que eu não vivia e das quais sentia muita falta quando tinha uma rotina excessiva de trabalho.

Decidir mudar de rota é o "passo" mais importante para viver um propósito.

E é assim que encerro este capítulo, encorajando você a deixar para trás o que não traz felicidade e o que não faz sentido. Faça o que você ama, o que está alinhado com o seu propósito de vida e curta cada minuto dessa transformação; ela é realmente enriquecedora e plena. Não deixe que as pessoas decidam o seu caminho, nem que o destino faça as escolhas por você, decida o que você quer, escreva você mesmo os capítulos da sua história. Somos abençoados todos os dias por respirar, abrir nossos olhos e poder escrever uma nova página da nossa história. Continue escrevendo a sua.

Quando a pessoa consegue entender e lidar com a sua própria sexualidade de forma integral, é consequência natural ser mais feliz, realizada e ter relacionamentos saudáveis.

17

A MENINA CURIOSA

Por Renata Lutz

É apenas fazendo o passado vivo novamente
para uma pessoa que um verdadeiro
crescimento no presente é facilitado.
Se o passado for cortado, o futuro não existe.

ALEXANDER LOWEN

Nasci em uma família muito simples, na Zona Sul de São Paulo. Sempre fui uma criança curiosa e cheia de criatividade. Meu mundo era perfeito na minha cabeça, e eu estava sempre inventando brincadeiras e criando histórias que muitas vezes somente as minhas bonecas sabiam, pois eu brincava muito sozinha.

Estudei a vida toda em escola pública, tinha muita facilidade em aprender, sempre fui uma criança muito observadora e com a personalidade muito forte. Desde pequena eu sabia exatamente o que queria, especialmente por testemunhar o difícil relacionamento dos meus pais, que durou 22 anos em crises sucessivas, em alguns casos agravadas pelas circunstâncias.

Como naquela viagem de férias com minha mãe e meu irmão, quando recebemos do meu pai a notícia do alagamento da nossa casa, devido às fortes chuvas. Perdemos tudo, saímos com a roupa do corpo e, a partir dali, vieram várias crises financeiras, de saúde, relacionamento e tudo mais que você possa imaginar. A reconstrução foi longa e dolorosa para nós e quem estava em volta. Recebemos muita ajuda, moramos de favor na casa da minha tia e o relacionamento dos meus pais, que não era bom, ficou ainda pior.

Quando tinha 14 anos os meus pais se separaram, e as brigas estiveram presentes em todo o processo de separação. Foi uma fase extremamente difícil. Após a separação, meu pai foi embora e ficamos dez anos sem contato. Na posição de filha, senti a dor da separação e do luto por não o ver nesse período, mas não tive tempo para olhar o meu sofrimento, uma vez que eu era responsável por cuidar do meu irmão, então com 7 anos, enquanto minha mãe estava fora trabalhando.

A menina curiosa foi a última opção

Motivada pela crise familiar, comecei a trabalhar logo. Aos 14 anos consegui o meu primeiro emprego como recepcionista, mas a menina curiosa logo estava exercendo atividades além da função e, em pouco tempo, consegui outro emprego melhor.

Quando estava terminando o colegial, entendi que precisava decidir o que fazer. Depois de muita pesquisa e conversas com profissionais, optei pelo curso de Publicidade e Propaganda. Nele, conquistei amizades verdadeiras e sólidas, pessoas incríveis que até hoje participam da minha vida de forma muito especial.

Eu curtia tanto os aprendizados na faculdade que comecei a buscar trabalho na área para aprender na prática. Estava na casa de uma amiga, no final de tarde de um domingo, quando vi um anúncio no jornal, dizendo que estavam contratando. Mesmo sem nenhum dos requisitos da vaga, fui à entrevista na manhã seguinte. Afinal, minha intenção era simplesmente ganhar experiência, entender como funcionava o processo, conhecer pessoas e até tentar descobrir outras oportunidades. Mas a vaga era tão ruim que ninguém topou, e eu "sobrei" como opção e fui contratada.

Consegui meu primeiro emprego na publicidade ainda no primeiro semestre da faculdade e aquilo parecia incrível! E realmente foi! Lá eu aprendi muito, me superei diversas vezes, cresci como pessoa e profissional. A equipe era muito jovem, e aquelas que eram colegas de trabalho ganharam um espaço muito especial na minha vida, e somos grandes amigas até hoje.

Atuei na publicidade por dezenove anos no total, sempre em veículos de comunicação. A publicidade é uma área muito dinâmica, com muito aprendizado. Descobri habilidades, me realizei profissionalmente, estruturei a minha vida financeira e conheci as pessoas mais importantes da minha vida.

Mas, depois de tanto tempo, já não fazia mais sentido para mim. Na época eu trabalhava em um grande grupo de comunicação, tinha absolutamente tudo para estar feliz, mas não estava.

A menina curiosa descobre a última opção

Foi o momento da minha vida em que tive que ser sincera comigo para entender o que estava acontecendo. O processo foi longo e doloroso. Se, por um lado, eu tentava me convencer de que estava tudo bem, por outro, o meu coração gritava por mudanças. Isso durou dois anos, e, quando fui demitida, senti um alívio grande, estava livre naquele momento para, finalmente, poder ouvir meu coração e buscar as mudanças tão desejadas. Meu marido foi de grande importância: mesmo sem saber o que exatamente eu ia fazer, ele me apoiou e entendeu que eu precisava mudar.

Quando comecei a construção da minha nova vida profissional, era o momento de olhar para dentro e ajustar tudo o que eu tinha deixado de lado emocionalmente. Nessa fase recebi a ajuda de uma grande amiga e me abri para o autoconhecimento. Hoje sei o quanto tudo isso foi importante para eu conseguir encaixar tudo no lugar.

Eu queria ajudar pessoas, mas sabia que para isso o caminho de estudos e competências seria longo. Assim, foi inevitável voltar para a faculdade. Escolhi o curso de Psicologia, comecei a estudar, fazer cursos e especializações.

A menina curiosa precisava de respostas. Em um curso de educação sexual, percebi que sabia muito pouco, mas o que mais chamou a minha atenção foi o fato de a sexualidade ser pouco falada e, ao mesmo tempo, influenciar tanto a vida das pessoas sem elas saberem. Fiz outras formações e, por recomendação de um professor, iniciei a pós-graduação em Terapia Sexual.

Não tive dúvidas! Eu mergulhei de cabeça e, quanto mais eu aprendia sobre sexualidade, mais as coisas iam fazendo sentido. Na fase de estágio, entendi a ligação dela com o relacionamento, emendei outra pós-graduação em Terapia de Casal e, ao mesmo tempo, uma especialização em Sexualidade Humana.

Quando falo que sou terapeuta sexual, percebo o quanto isso mexe com a imaginação das pessoas e, em muitos casos, na sequência surge a dúvida: "Mas o que faz um terapeuta sexual?".

A terapia sexual atua de forma específica para solucionar disfunções e inadequações sexuais, com técnicas baseadas na terapia cognitivo-comportamental. O tratamento de uma disfunção ou qualquer outra dificuldade relacionada à sexualidade não é um fim, mas um meio. Quando a pessoa consegue entender e lidar com a sua própria sexualidade de forma integral, é consequência natural ser mais feliz, realizada e ter relacionamentos saudáveis.

Somos seres biopsicossociais e todo o trabalho é desenvolvido com base no psicológico, fisiológico e social, e, em alguns casos, trabalho também em conjunto com outros profissionais da saúde, como fisioterapeutas pélvicos, ginecologistas e urologistas. Sempre com foco na qualidade de vida de forma integral para viver a sexualidade de forma plena.

O que mais me fascina na atuação como terapeuta sexual é que não tenho rotina, eu nunca sei qual será o meu novo desafio!

Atendi homens e mulheres de idades diversas e as queixas podem variar de uma simples falta de desejo, disfunção erétil ou vaginismo a graves complicações relacionadas a abuso sexual.

Assim como aquele jovem casal: "Você é a nossa última opção..."

É com essa frase cheia de expectativas, mágoas e incertezas que entro na vida de muitos casais que nunca vi antes. Eu a ouvi pela primeira vez recém-formada, cheia de teorias para colocar em prática, e com ela entendi o tamanho da responsabilidade.

Era uma tarde de verão. Eu estava pronta para receber em meu consultório um casal para iniciar a terapia de casal, tida como urgente desde o agendamento. Chegaram um pouco antes do horário, visivelmente nervosos, ela andando ligeiramente à frente dele com uma expressão de desânimo ou cansaço, enquanto ele me olhava com dúvida e desconfiança. Se acomodaram, expliquei o processo terapêutico, logo depois pedi para me contarem os motivos que os traziam para o consultório.

Ouvia atentamente. Ela começou e foi visivelmente um desabafo libertador. Aos prantos, em meio a tantas críticas em relação à conduta dele em casa e com o filho, ainda era possível perceber que existiam sentimentos. Logo depois ele, com a voz embargada, também conseguiu expor tudo o que estava ruim para ele.

Assim, comecei a entender as dificuldades daquele jovem casal que, após três anos de relacionamento, se casou, teve um bebê e já não se reconhecia mais como casal. Não conseguiam mais desenvolver um diálogo sem gritos e acusações. A parceria e a vida sexual estavam totalmente abaladas, a conexão entre eles quase não existia.

Questionavam muito os sonhos e objetivos que tinham antes do casamento e do nascimento do filho. No fundo conseguiam identificar os problemas, mas não conseguiam sair sozinhos daquele ciclo de brigas e discussões que só estava causando cada vez mais mágoa e distanciamento entre eles.

Esclareci alguns conceitos do núcleo familiar e os convidei para refletir sobre as atitudes de cada um sob o ponto de vista do outro. Com o decorrer da sessão, relaxaram e, em alguns momentos, até surgiu um sorriso tímido no rosto dela. Neste ponto ele já estava sentado de forma mais confortável e também conseguia falar mais.

No final da sessão, com eles visivelmente mais confiantes, ela deixou claro que já estava ansiosa para a próxima, e levaram consigo o desafio de exercer a conexão durante a semana. O detalhe mais importante é que, na hora de ir embora, naturalmente eles saíram andando juntos e de mãos dadas!

O trabalho se desenvolveu, restabelecemos o relacionamento, o respeito e a vida sexual. Há pouco tempo recebi uma mensagem: planejavam o segundo filho e o relacionamento estava muito melhor. Agora, quando surgem os desentendimentos, conseguem resolver rapidamente.

Posso perceber o quanto o processo de terapia é libertador, mas não é um processo fácil. Atuo com foco na terapia sexual, de casal e de relacionamento. E vejo o quanto é difícil para as pessoas entenderem e assumirem que têm problemas sexuais e de relacionamento e confiarem em um profissional para falar sobre questões tão íntimas.

A menina curiosa sai da última opção para a primeira

Hoje em dia brinco que comecei a estudar relacionamentos ainda na infância, pois os meus pais não conseguiram desenvolver um relacionamento saudável. Eles me deram o exemplo de tudo que não se deve fazer em um relacionamento e, mesmo assim, aos trancos e barrancos, o casamento deles durou 22 anos.

Aos 7 anos fui dama de honra do casamento da minha tia, irmã da minha mãe. Eu curti todos os preparativos da festa, o bolo, a escolha do vestido de noiva, e foi a partir desse casamento que comecei a criar um contraponto e ressignificar os relacionamentos. Enquanto na minha casa via meus pais discutindo, cada um cuidando da sua vida, na casa da minha tia eu observava o diálogo, a parceria, o carinho, o prazer em estar juntos.

Essa é a minha busca hoje como terapeuta sexual: ajudar pessoas a viver a sexualidade nos relacionamentos de forma plena.

Ao olhar para trás, hoje, aos 40 anos, ainda me sinto como aquela menina curiosa. Posso dizer com toda certeza que valeu cada minuto da minha trajetória. Aos 20 anos, a publicidade me trouxe a oportunidade de mudar a minha vida financeiramente e conhecer as pessoas que até hoje são a minha base; aos 40, a psicologia e a terapia sexual me possibilitam mudar a vida de muita gente!

Logo eu que fui a última opção: no meu primeiro emprego, para aquele casal e tantos outros casais e pacientes. Hoje ajudo as pessoas a olharem para a sexualidade, também a última opção, e aprendi que, quando nos tornamos a nossa primeira opção, vivemos de forma plena e livre.

Viva a sexualidade de forma plena, seja a sua primeira opção. Permita-se!

Se metade do mundo for solidária,
a outra metade não será tão solitária!

18

MAIS SOLIDÁRIOS, MENOS SOLITÁRIOS...

Por Ricardo Cabral

Os opostos se distraem, os dispostos se atraem.

FERNANDO ANITELLI (O TEATRO MÁGICO)

Desde pequeno, todas as vezes que meus queridos professores me pediam uma redação de tema livre, eu insistia sempre no tema da paz no mundo. Por isso os amigos da escola, quando eu tinha que ler lá na frente da turma, viviam dizendo que eu era utópico (adjetivo recém-aprendido por nós na época e que fazia parecer importante quem o dizia!). Mas nunca deixei de acreditar que, quando pessoas se bem querem e ainda praticam o bem entre elas, terão a mais doce paz em suas vidas.

Essa crença em um bem querer me fez ganhar tantos amigos especiais que eu precisaria de um livro inteiro para honrá-los ou mesmo agradecê-los. Teria também que escrever um outro só pra falar da minha família sensacional de tão especial!

Ainda muito pequeno eu fazia tantas artes que, aos 3 anos, já tinha tomado alguns belos pontinhos, que já mostravam quantas vezes eu me machucaria tentando me arriscar em uma boa aventura!

Um pouco mais cedo, meus pais resolveram se separar, e, como eu era muito novo, não atentei ao que tinha acontecido. Eles eram tão tranquilos um com o outro que eu não passei por nenhum episódio que me trouxesse algum trauma. Meu pai sempre esteve por perto e o melhor presente que ele me deu foi minha irmã mais velha, filha do primeiro casamento dele. Nunca deixei de vê-la desde pequeno!

Quando estava para completar 5 anos, minha mãe se casou novamente com um homem maravilhoso que comecei a chamar de pai em muito pouco tempo. Ele nos levou de São Paulo para o Rio de Janeiro, onde fui criado e cresci.

Mas o mais incrível é que a relação desses dois pais especiais era de tanta paz que até hoje eles se falam, se ligam e se adoram! Que sorte a minha, não é mesmo?

Minha mãe vale outro livro. Uma peça rara, com tantas histórias que ela, sim, teria uma biblioteca para registrar tantas aventuras pelas quais passou. Uma mulher incrível que desde sempre teve o dom da comunicação como principal fortaleza. Ela me deu também presentes inestimáveis: meus irmãos. Um casal de lindas crianças, que pude acompanhar desde os primeiros passos até as primeiras conquistas. Até hoje também são muito presentes em minha vida.

Sempre tive mesmo muita sorte nesse quesito da família. Nisso eu ganhei três famílias, dois pais, três irmãos, seis avós e dois bisavós que pude curtir, além de dezenas de primos, madrinha, padrinhos, tios, uma multidão de gente boa demais!

Já aos 13 anos, fazendo catecismo, fui chamado a participar de um teatro na hora da missa. A freira que me chamara era bem arrojada para a década de 1980. Disse que queria fazer um teatro em que as crianças encenariam as passagens da Bíblia caracterizadas de personagens citados nela. Acabei interpretando Jesus Cristo por vários anos, o que me fez amar o teatro com uma força que jamais cessaria em minha vida.

Aos 15 anos entrei para um grupo jovem da igreja que, definitivamente, forjou a solidariedade e a música na minha personalidade. Comecei a ampliar de forma mais acelerada a rede de amigos e, com eles, pude ajudar milhares de outros jovens a valorizar a vida e encontrar propósito ao ajudar e amar o próximo.

A presença da música em minha vida nesse período se intensificou e foi crescendo e estimulando sempre a minha vontade de estar num palco, ou em qualquer garagem, levando um som com amigos. Selei uma jornada eterna com a música quando, naquele mesmo ano, fui ao Rock in Rio ver bandas que estavam brilhando no Brasil e no mundo.

Chegando perto da época de me alistar, já comecei a pensar em como faria para não servir o exército, já que, sendo um amante da paz, obviamente tinha aversão a armas e achava as práticas militares nada atraentes e um tanto ultrapassadas.

Não adiantou muito o esforço em dizer que não queria embarcar no serviço obrigatório e, depois de voltar mais duas vezes para medição de roupas, vi que não havia mais esperança. Teria mesmo que passar por aquilo. Quando já estava quase sendo designado para a minha nova companhia militar, passou um rapaz com uma farda diferente da tradicional. Esse militar, em voz alta, perguntou para aquele grupo ao qual eu pertencia se alguém era voluntário a ser paraquedista do exército. Eu me lembro disso ter aberto uma pequena esperança de transformar aquele momento que estava sendo assustador em algo ao menos emocionante e diferente!

Na mesma hora levantei a mão e já fui sendo questionado se tinha certeza do que estava me voluntariando. Pensei e disse que, se eu tivesse a oportunidade de saltar de um avião em pleno voo, já valeria.

Assim, saí daquele grupo de mais de quarenta quase militares e fui para uma fila com dois rapazes muito animados e vibrando por estarem ali. Eu começaria a viver aventuras que nunca imaginaria passar se não tivesse embarcado nessa jornada. A paixão pelo paraquedismo acabou me fazendo ficar por longos três anos nessa instituição que me preparou de certa forma para enfrentar tudo o que viria depois.

Depois de pedir baixa do exército, comecei a pensar em como um ex-militar e paraquedista poderia se encaixar no mercado de trabalho. Com uma oportunidade em São Paulo, arranjada por um tio de lá, consegui um emprego de eletricista numa empresa que atendia montadoras. Sempre muito apaixonado por automóveis, já me via como um engenheiro desenvolvendo carros.

Depois de alguns meses da minha chegada, comecei a fazer um curso técnico, curso esse que me deu a oportunidade, depois de quase dois anos morando em Sampa, de participar de um processo seletivo para uma grande indústria automotiva americana.

Nessa indústria entrei como estagiário, sendo efetivado depois de dez meses. Dali pra frente minha vida começou a ser alavancada profissionalmente.

Passei por outras duas empresas americanas, onde fui aproveitando as oportunidades de crescimento e, ao mesmo tempo, me conectando cada vez mais com as pessoas que passavam pelo meu caminho.

Como o mundo corporativo na indústria automotiva era sempre bem turbulento e, às vezes, um tanto hostil, eu sempre acabava me perguntando como poderia melhorar aquele ambiente. E busquei ajuda na terapia e também na programação neurolinguística. Essas duas ferramentas para o autoconhecimento me fizeram enxergar que ajudar o próximo era algo que havia sido incrustrado em minha vida e que havia aquela necessidade de continuar fazendo algo realmente bom para as pessoas. Nesse ínterim tive várias oportunidades de tentar tornar aquele ambiente da indústria mais humano e seguir sempre tentando conectar as pessoas.

Finalmente, em 2006, ano em que completaria 30 anos, comecei a me questionar sobre o que podia fazer para as pessoas menos favorecidas. Nessa busca, pessoas importantíssimas foram passando pela minha vida e, ainda que nem sempre alinhadas com as mesmas ideias, tínhamos o mesmo desejo de ajudar o próximo. Daí vieram as primeiras lições do voluntariado. Não se pode ter a pretensão de que todos concordem uns com os outros sempre. Isso não pode ser motivo para que se desista da causa ou de qualquer aliado do grupo.

Durante essa busca tive uma experiência, um momento, com um palhaço de festa que me deu um nariz vermelho, dos mais simples. Depois de um tempo comecei a usá-lo no trânsito de São Paulo. Após conhecer algumas pessoas em meio a essa experiência, por todos os dias vê-las e tirar-lhes um sorriso, conheci uma turminha de crianças num farol, desses que demoram para abrir e fecham num piscar de olhos. Elas estavam ali vendendo balas ou fazendo malabarismo por uns bons trocados que iriam levar para casa, aqueles que tinham uma.

Depois de uns meses trocando experiências, levei para eles uns narizes que comprei na rua 25 de Março. Quando cheguei no farol, logo tratei de distribuir pra turminha aqueles narizes, que foram colocados rapidamente. Em segundos aquele era o farol dos palhaços. No dia seguinte, quando voltei com mais alguns narizes para distribuir, olhei de longe aquelas crianças com os narizes dados no dia anterior e pela primeira vez senti aquele frio na barriga por, de alguma forma, tornar a vida daquelas crianças mais alegre. Cada gesto de carinho nos tornava mais ligados.

Daí em diante comecei a estudar sobre Hunter Patch Adams, um médico americano que, lá na década de 1960, começou a experimentar momentos felizes com pacientes com quem interagia enquanto cursava medicina na Virginia, constatando que a alegria e o amor de fato podiam ajudá-los em seu processo de cura ou melhora da condição em que se encontravam.

Depois de algum tempo criei um personagem cujo nome havia sido dado pelas próprias crianças do farol: Dr. Cabralito! Quantas aventuras especiais estavam por vir com a chegada dele em minha vida. E, assim que ele estava mais ou menos apresentável, procurei um lar de crianças órfãs para visitar. Eu me convenci que era um palhaço experiente e que conseguiria dar conta de trinta crianças cheias de carência.

Obviamente, depois de dez minutos uma delas gritou: "Montinho no palhaço!". E, quando vi, havia trinta crianças em cima de mim, eu sem ar, e pensei: "Isso não é solidariedade, é o inferno!". Quando estava quase desistindo de voltar ali, ouvi uma criança dizendo: "Palhaço, me leva para morar no circo com você?". Aquilo me derreteu por dentro na hora e me fez voltar.

Dali para a frente pessoas incríveis foram cruzando meu caminho e começaram a depositar muito amor e suas experiências de vida naquele sonho que começamos a chamar de PRESENTE DE ALEGRIA. Renata (Dra. Falante), Corroh (Dr. Macaxeira), Marcelo (Dr. Japalhaço) e, por fim, a Fernanda (Dra. Presentuxa), minha namorada na época, hoje esposa e mãe dos meus filhos, Clara e Lucas. Ela, psicóloga, olhou para tudo aquilo e sugeriu uma formação para que todos que já frequentavam as visitas conosco tivessem o mesmo padrão de atendimento dentro do lar em que atendíamos. Criamos então a primeira oficina de voluntários do Presente de Alegria para vinte pessoas. Um verdadeiro panelão com música, teatro, PNL, Patch Adams e muito amor!

A oficina fez tanto sucesso que, após um mês, já havia mais vinte pessoas querendo fazer também. Não hesitamos e realizamos outra. Outros lares foram nos chamando e, em pouquíssimo tempo, já visitávamos um lar de crianças, um de idosos e um de crianças especiais. Este último tinha um grande teatro que nos foi oferecido para que o usássemos na formação de nossos voluntários.

Os quatro anos seguintes foram de muito aprendizado sobre como tornar bons palhaços aqueles que se juntavam a nós, mas, sobretudo, grandes humanitaristas capazes de transformar a vida de muitas pessoas. Tudo isso sem pedir dinheiro a ninguém e sobrevivendo única e exclusivamente da marca, vendendo produtos para a sociedade. Isso fortaleceu muito a nossa ONG, já constituída desde o segundo ano de existência.

Após o quinto ano, em 2011, começamos a profissionalizar mais ainda o que já tratávamos com muita dedicação e respeito. Redefinimos nossa missão, visão e valores de forma colaborativa, dividindo essa responsabilidade de cocriação com nossos líderes. Começamos a dar maior ênfase ao tratamento especial dado a cada um de nossos voluntários, criando diversas formas e momentos em que pudéssemos ajudar no aperfeiçoamento de seus personagens e da sua capacidade de propagar o bem.

No oitavo ano, em 2014, ganhamos um prêmio de 5 mil euros no edital de uma grande montadora europeia, que possibilitou voos mais altos, levando nosso trabalho para outras cidades de São Paulo e até para outros estados.

No nono ano, já em 2015, uma casa nos foi doada para usufruto de nossa sede, nos possibilitando ter uma base onde poderíamos formar nossos palhaços, bem como ajudar a comunidade carente ao redor. Logo instalamos aulas de alfabetização para não letrados e reforço escolar. Tudo de forma gratuita. Não demorou muito para alguns doadores espontâneos e regulares aparecerem nos ajudando a contratar a nossa primeira funcionária. A Dra. Maricota tornou nossa ONG profissional de fato e, dali pra frente, nossa abrangência foi multiplicada.

Em 2020, quando íamos completar quatorze anos, já tínhamos 1.800 palhaços espalhados por quinze cidades de quatro estados do país (São Paulo, Rio de Janeiro, Minas Gerais e Santa Catarina) e do Distrito Federal.

Tanto amor espalhado, tantas experiências vividas, tantas ideias geniais compartilhadas e fundidas numa simbiose perfeita, que sempre resulta na melhora de algum ser humano. Seja ele cuidador ou assistido. Cada palavra dita com a intenção de tocar os corações. Equipes sempre maravilhosas e uma magia jamais vista por muitos de nós.

O Presente de Alegria surgiu e cresceu de forma tão perfeita principalmente porque tudo se divide, se ouve e se usa para compor essa engrenagem. Como uma corrente gigante que precisa de cada um daqueles elos para funcionar perfeitamente. Uma família empenhada em só fazer o bem.

Durante todos estes anos, além de melhorar mais e mais nessa arte que é ajudar o próximo, eu havia me transformado num profissional menos conflituoso e que sempre buscaria conectar melhor as pessoas para que elas trabalhassem mais felizes e, assim, também trouxessem melhores resultados para a empresa. Um combo de coisas boas. E, muito por causa das inúmeras vezes em que conectei essas pessoas, eu vinha ponderando, já há uns quatro anos, se era ali que eu deveria estar. Começara a achar que seria mais feliz olhando para as pessoas do que para as máquinas.

E, no início da pandemia que assolou o mundo, em julho de 2020 fui desligado da última empresa automotiva à qual pertencia e me vi no momento certo de fazer, enfim, a transição para este novo profissional que eu buscava ser todos os dias.

Hoje, neste ano de 2022, ao escrever este capítulo, olho para os últimos dezesseis anos ao lado de pessoas ímpares no Presente de Alegria e vejo que essa vivência me levou a viver meu propósito todos os dias, exercendo o prazer de trabalhar com recursos humanos e doar minha vida para que as pessoas sejam realmente tratadas como seres humanos com recursos suficientes para trilharem a carreira que sempre sonharam. Mas, sobretudo, com amor e solidariedade pelo próximo.

Mesmo que sejamos tratados como loucos,
não se importe nem se abata!
A vida não é um conceito a ser debatido.
É uma experiência a ser desvendada
e vivida plenamente!

19

A VIDA SURPREENDE — PODEMOS SER EXTRAORDINÁRIOS

Por Silvio Sipliano

Aqueles que dançavam eram chamados de loucos
por aqueles que não ouviam a música.
NIETZSCHE

A história que formou o meu ser

Venho de uma família com cinco filhos e uma infância vivida na periferia da Zona Leste de São Paulo, na Vila Verde, Itaquera. Época marcada por um cenário muito rico em experiências e boas amizades ao mesmo tempo em que as dificuldades financeiras davam o tom de uma vida difícil e muito regrada.

Em uma casa de dois cômodos, sem muros ou portões, a fechadura da porta era o botijão de gás vazio, encostado pelo lado de dentro da porta da cozinha. Em um único quarto de aproximadamente 9 metros quadrados, dormíamos todos os sete membros da família. Meus pais, eu e quatro irmãos. Nós nos distribuíamos entre a cama de casal e o beliche. Tirávamos água do poço para todas as necessidades; o futebol era na rua com esgoto a céu aberto, com duas pedras fazendo o papel das traves. Eu e meu irmão levávamos as compras dos clientes na feira e, com isso, trazíamos a feira da semana para alegria de minha mãe, que nos acordava às três da manhã assim que meu pai saía para trabalhar. Minha mãe, inspiração de fortaleza e exemplo de trabalho, a alegria dela nutriu em mim o prazer de ajudar as pessoas, pois me encantava ver como algo tão simples como um carrinho lotado de frutas, verduras e legumes tinha força de fazer tanta alegria para uma pessoa.

Os amigos eram para além das brincadeiras na rua: nos doavam roupas e calçados repassados aos meus irmãos mais novos. Quando comecei a frequentar as casas deles, passei a perceber as diferenças gritantes: havia piso com acabamento, pia na cozinha, descarga no banheiro, entre outras coisas. O básico para alguns, o sonho de tantos outros.

Antes tida como natural, minha realidade passou a me incomodar. Despertei para o impacto da desorganização financeira do meu pai. Mesmo com bom emprego, tinha dívidas intermináveis, além da relação com agiotas.

Aos 10 anos de idade, determinei: não viveria mais daquela forma e conquistaria um futuro mais equilibrado! Armei o quebra-cabeças: precisaria fazer as escolhas certas ao longo do tempo para encaixá-las e ter uma vida abundante e próspera. Apesar das falhas, preciso destacar: meu pai nos ensinou a ser pessoas do bem, honrar a palavra, agir com honestidade, ser humilde e gentil com as pessoas e cumprir o que foi combinado. Isso era algo definitivo para a construção da boa reputação. Seu maior legado! Assim, percebi nos estudos o caminho da superação e construção de uma vida melhor.

Sou graduado em Educação Física e Pedagogia, especialista em Recreação e Lazer e mestre em Educação pela Universidade de São Paulo (USP), além de ter diversos cursos em liderança, programação neurolinguística (PNL), projetos, entre outros. Fiz carreira no Sesi São Paulo, dei aula nas redes estadual e municipal de educação e abri uma assessoria esportiva para realização de eventos esportivos. Consegui cumprir a promessa que fiz aos 10 anos. Cabe ressaltar: cada movimento se liga a milhões de outros movimentos e basta um único para alterar todas as combinações estabelecidas a priori.

Em agosto de 2019 realizei a produção do Congresso de RH na cidade de Guarulhos. A apresentação do Arthur Shinyashiki foi muito marcante. Ao final dela, Arthur me deu um cartão do Instituto Gente para saber os cursos oferecidos. Guardei com carinho para um bom tempo depois ir em busca dele.

Paralelamente, havia assumido voluntariamente a função de síndico no meu condomínio pelos dois anos seguintes. Mal sabia o quanto esses dois acontecimentos se relacionariam para mudar a minha vida e mexer com as peças desse quebra-cabeças.

As peças pregadas pelo vírus

Março de 2020, pandemia do coronavírus. Todos achavam que passaríamos por quatorze dias de quarentena e tudo seria resolvido. O tempo passou e assim seguiram os próximos meses. Em abril, recebi o comunicado da paralisação de todos os meus contratos, ou seja, 100% da minha renda deixaria de existir a partir de maio. O flashback da infância veio como o vírus: percalços gerados pela falta de recursos e o descontrole financeiro do meu pai voltavam de forma contínua, deixando-me sem chão.

Foram momentos de muita tensão, em que, sentado com minha esposa (que é personal trainer e também perdeu vários alunos), discutia as possibilidades, que apontavam uma vida difícil: tirar o filho da escola particular, alugar o apartamento e ir morar com minha mãe ou meu sogro, cancelar o convênio médico, entre outras ações de contenção para podermos seguir em frente.

Comecei a fazer entregas de moto e outros serviços, que anunciei aos amigos. Dado o isolamento, aos poucos fui formando uma carteira de clientes fixos. Fui obrigado a demitir os meus funcionários e, sem recursos, vendi o caminhão da empresa para bancar as indenizações. Diante das novas peças de um quebra-cabeças que não fechava, percebi:

"Precisamos menos do que o que temos para seguir em frente na vida!". Assim, conseguimos seguir em frente com muitas dificuldades. Minhas dívidas de diversas fontes superavam os 100 mil reais, o que me motivava a seguir no propósito de reencontrar um bom caminho.

Um cartão para chamar o síndico

Durante uma conversa, me lembrei do cartão do Shinyashiki. Achei mais uma peça, ou melhor, descobri um curso on-line gratuito intitulado "Comunicação Poderosa". Fiz a inscrição e renovei minhas esperanças. Acreditava em algo que sequer sabia o que era. No primeiro dia, percebi que poderia investir na carreira de síndico profissional, função na qual atuava como voluntário e que estava aquecida em decorrência da própria pandemia.

Fiquei fortalecido com esse pensamento e entrei em movimento para viabilizar alternativas de ações propositivas de interação e retomada da vida produtiva. Segui no curso e organizei minha apresentação de síndico pautada no referencial teórico disseminado naquelas aulas. Ao mesmo tempo, sem dinheiro nenhum, ingressei no curso de síndico profissional visando entender melhor esse universo e me preparar para apresentações futuras em processos de eleição.

Vocês se lembram do curso no Instituto Gente? Após o módulo gratuito houve o convite para um curso de maior duração, mas com valor proibitivo. Mesmo assim, arrisquei, confiante nas oportunidades geradas pela formação, segui em frente.

Uma semana após o início do curso de palestrante profissional, recebi um convite para participar do processo de eleição de síndico de um condomínio da minha região. Marquei uma entrevista e fui aprovado para participar da apresentação. Utilizei todas as técnicas aprendidas até então para montar a melhor apresentação. Confesso que me senti empoderado, vibrante, com uma energia muito boa. Concorri com mais dois candidatos. Me saí muito bem e percebi ter conectado os moradores com os conteúdos expostos.

Após uma hora, veio a ligação tão aguardada: recebi 80% dos votos e estava eleito para assumir no mês seguinte. Paguei o curso! Nesse período de revés, mesmo sem ter ganhos consideráveis, experimentei momentos memoráveis de reconhecimento e sucesso por ter me entregado integralmente às atividades: fiz o meu melhor com os recursos disponíveis. Isso foi extraordinário!

Agora havia um foco. Não precisava mais atirar para todos os lados. A formação de síndico também seguia produtiva, já havia concluído dois módulos e me matriculei no que faltava. Chegou o final do período no qual havia me comprometido em trabalhar voluntariamente em meu condomínio como síndico, então, me candidatei ao cargo como síndico profissional e também fui eleito para um mandato de dois anos.

Dar e receber

Abracei duas causas humanitárias: o primeiro projeto foi o Música Solidária, que levava apresentação de música ao vivo gratuitas aos condomínios para arrecadar alimentos. Em mais de quarenta condomínios, alcançamos cerca de 20 toneladas de alimentos, convertidos em 2.400 cestas básicas, que foram distribuídas em trinta entidades da cidade.

O segundo projeto foi bem interessante. Uma ação de doação de sangue no Clube do Rotary foi cancelada devido à pandemia. Ao comunicar a responsável sobre o cancelamento, ela destacou a importância daquela ação, pois o banco de sangue estava em níveis muito baixos. Diante disso, tive o insight de fazer a ação no condomínio. Ela gerou o programa "Amigo Sangue Bom", que é realizada duas vezes por mês e, em apenas um ano, atingiu a marca de 1.400 bolsas de sangue que beneficiaram mais de 5.600 pessoas no leito.

Os dois projetos mostram que ninguém está tão mal que não possa ajudar alguém e também não está tão bem que não precise de ajuda em algum momento. Mesmo que sejamos tratados como loucos, não se importe nem se abata! A vida não é um conceito a ser debatido. É uma experiência a ser desvendada e vivida plenamente!

Acesse o QRCode e conheça melhor os projetos citados no texto:

Depois, já no final de 2020, os projetos humanitários seguiam muito fortes. Agendei o último evento da Música Solidária em um condomínio de alto padrão em minha cidade. Ao final, recolhemos os alimentos e recebi um convite do síndico para enviar uma proposta de assessoria esportiva, atividade ainda suspensa por conta da pandemia. No dia 4 de janeiro de 2021, iniciamos nosso primeiro contrato de assessoria esportiva seguindo os protocolos sanitários.

Rumo à reconstrução

Assim, aos poucos, nos fortalecemos. A vida traz suas "pandemias" para demonstrar o quanto somos frágeis em nossas convicções. Nesse trajeto árduo, algumas lições sinalizam uma mudança de postura.

Tudo o que acontece em nossas vidas, por pior e mais traumático que seja, é consequência das nossas escolhas, acertadas ou equivocadas. Não adianta justificar: "O comando será sempre nosso!". Por isso, é importante saber qual é o caminho a seguir para chegar aonde queremos; ter clareza plena do destino é um marco importante para desenhar os caminhos e escolher as melhores ferramentas para montar o quebra-cabeça que molda nossa existência.

Confesso que ainda me recupero financeiramente. Tudo o que passei serviu de alerta para buscar meios seguros para estar menos vulnerável, por isso me planejei para criar uma reserva financeira; criar renda passiva mediante alguma atividade financeira; buscar a certificação de síndico cinco estrelas para ampliar possibilidades de contratação; retomar os projetos de assessoria esportiva e ampliar o calendário de eventos.

Na pandemia, também me comprometi em reduzir meu peso corporal, que na época era de 84 quilos, e hoje estou com 76,5.

Seja extra

Todos merecemos uma vida extraordinária, e isso só será possível entrando em movimento e sendo o EXTRA que se pretende ser; acreditando em si mesmo. Olhando para as pessoas de êxito em sua jornada, percebemos que todos deram mais do que a maioria e, por isso, alcançaram um lugar de destaque: foram EXTRA.

Atualmente, as palestras são minha fonte de receita e uma forma de retribuição a tudo de bom que tem acontecido comigo. Tenho levado essa mensagem para professores e alunos de escolas públicas, funcionários de empresas, instituições e clubes de serviços. A ideia de fazer o bem sem olhar a quem é uma máxima a ser perseguida, visando uma vida melhor e mais solidária. Seguindo a lógica da natureza, primeiro plantamos para depois colher.

Nesse período, me debrucei sobre estudos e me impressiona saber que o Brasil é o segundo país mais infeliz do mundo, e as causas disso advêm de diversos pontos, quase todos relacionados à forma como lidamos com a vida cotidiana e nossas relações.

Passei pela experiência da infelicidade e incerteza, me apoiei na busca pelo conhecimento e nas amizades sinceras que queriam a minha evolução. Fortaleci a necessidade de assumirmos nossas referências genuinamente, sendo honestos com quem somos, e que se posicionar com clareza é importante na formação da identidade.

Na carta de Paulo aos Filipenses, ele dizia que existiam apenas duas coisas que deveríamos combater no comportamento humano: MURMURAR e entrar em CONTENDA. Ou seja, reclamações e brigas só pioram as coisas e não nos permitem seguir em frente. Teve um problema? Busque a solução. Eu busquei a minha!

A vontade de prosperar e alcançar um futuro confortável, para não repetir o exemplo do meu pai, me fez arriscar novas possibilidades como palestrante e síndico profissional. Mudei minha vida, pois sempre fui imparável, inabalável. Encerro o meu exemplo com esta frase de Gandhi para lembrar você de acreditar em si: "A força não provém da capacidade física, mas, sim, de uma vontade indomável".

E, no fim das contas, parece que tudo aconteceu da forma como tinha que ser.

20

UM VERDADEIRO CONTO DE FADAS

Por Técia Alonso

Eu quero sentir a minha vida
enquanto eu estou nela.
MERYL STREEP

Saindo do armário aos 34 anos

Sim, é desse jeito que vou começar a minha história, mas voltarei alguns anos para dar o contexto. Não sei quem teria interesse em saber sobre a minha vida, mas senti essa vontade de escrever. Hoje, reflito a todo momento sobre o meu passado e vejo quantas coisas aconteceram. E, no fim das contas, parece que tudo aconteceu da forma como tinha que ser.

A menina dos olhos

Primeiro, gostaria de apresentar a vocês uma criança supercertinha. Desde que me conheço por gente, eu era a bailarina da frente, lia e escrevia tudo perfeitamente, fazia contas de matemática mais rápido que a calculadora e, obviamente, em todas as idas com a família ao restaurante, eu estava lá, pronta para verificar se a conta estava correta.

Anos se passaram, provas e mais provas com notas entre 9 e 10. Como minha mãe dizia: "Não fazia mais do que minha obrigação!". Nesse contexto de filha perfeita, cresci planejando minha vida toda, com casamento e filhos. Eu já tinha a idade definida para cada big step e tudo correu como o previsto. Mas, no fundo, por trás dessa vida correta, havia outra história acontecendo dentro de mim, de forma paralela.

Certa vez, minha tia-avó arriscou dizer, no alto dos meus 8 ou 9 anos de idade, que eu gostava de mulher, pois brincava muito com minhas amigas. É lógico que, com aquela idade, fiquei chocada e chateada, até porque eram somente minhas amigas mesmo. Mas não é que ela estava certa? Mal sabia eu naquela época o que o futuro me reservava. Aos mais novinhos, que tiveram a sorte de nascer nessa geração com uma cabeça mais aberta, vale lembrar que eu nasci em 1985, quando gays e lésbicas não eram bem-aceitos. Ser homossexual ainda era uma ofensa e alvo de piadas.

A menina que os olhos viram

Então, aos 13 ou 14 anos, me vi sentindo atração por meninas desconhecidas e vivendo uma paixão platônica por uma garota de quem nunca soube o nome, mas sei que nossos olhos se cruzavam quase todos os dias pela manhã, quando cada uma ia para sua escola em sentidos opostos.

Acordava ansiosa, imaginando se conseguiria encontrá-la logo pela manhã ou na volta. Ainda hoje, consigo me lembrar dos seus olhos azuis, cabelos castanhos, pele bem branquinha com algumas sardas pelo rosto. Como o amor é lindo (só que não).

Esse amor platônico nunca foi para a frente. Passei a minha adolescência ficando com garotos e levando a vida esperada no meio em que convivia. Todos os meus amigos e amigas eram heterossexuais e eu sempre me senti estranha por gostar de todas as séries, filmes ou músicas que envolviam meninas lésbicas, como os filmes *Beijando Jessica Stein* ou *Imagine eu & você*, buscando entrar nesse mundo desconhecido, mas sem sucesso.

Em uma das tentativas, na época das salas de bate-papo do UOL, com internet discada, houve uma primeira experiência frustrante. Com muito medo e receio de ser descoberta, entrei em um bate-papo intitulado "Meninas que gostam de meninas", ou algo do tipo. Com sorte, cheguei a conhecer uma garota bem legal. Marcamos nosso primeiro encontro na avenida Paulista, fomos ao cinema, saímos mais algumas vezes, mas nunca aconteceu nada. Essa história acabou virando uma amizade que desapareceu no tempo, após algumas semanas ou meses, mas eu ainda me lembro com carinho daqueles momentos.

Diante dos olhos da sociedade, seguia saindo com os garotos que eu e minhas amigas conhecíamos na praia, no shopping, nas baladas, colegas de escola, conhecidos do prédio.

Lá atrás, só tive coragem de me abrir e falar sobre o que eu sentia com uma das minhas melhores amigas (até hoje). Mas acho que eu tinha tantas preocupações com essa questão que falei tão rápido e logo desconversei, que "esquecemos" do fato e nunca mais ele veio à tona.

Era só uma fase?

Concluí o ensino médio, estava prestes a entrar na faculdade e percebi que deixei essa vontade de lado (pensando ser uma bobeira da minha cabeça). O tempo foi passando e hoje vejo que desisti de buscar ou de experimentar o que eu queria. Achava que aquele mundo não era para mim e naquele tempo parecia mesmo impossível conhecer uma garota. Não sabia mais como buscar e acabei desistindo. Vale dizer que tampouco havia tido algum namorado. Até os 18 anos, não tive nenhum relacionamento com mais de uma semana de duração.

Ao entrar em uma universidade pública no interior, saí da casa dos meus pais e segui com a minha vida. Nessa época, acabei vivendo um amor (heterossexual) intenso que duraria quinze anos e me daria o meu filho. Esse que é um dos protagonistas da minha vida e personagem principal de um trecho muito importante nesta história que estou contando.

Com essa breve retrospectiva, fica claro aos leitores que não me assumi, entrei de cabeça em um relacionamento e segui todos os meus planos de vida ideais. Obtive sucesso e estabilidade na carreira profissional, me casei aos 26 anos com o primeiro namorado e tive meu filho com 28 primaveras.

A mudança

Entretanto, a vida vai passando, amadurecemos, ou melhor, eu amadureci, mudei. Até que chegou um momento, aquele momento da vida em que você se pergunta se está vivendo como queria, na plenitude de quem é, e não aguentei mais não ser eu mesma. Talvez tenham sido os astros (sou muito ligada em astrologia), a conjunção dos planetas me dizendo que aos 33 anos eu precisava me livrar daquela sensação de fraude, de me sentir uma farsa comigo mesma em uma vida-padrão perfeita do ponto de vista da sociedade tradicional.

Foi aí que tomei uma das decisões mais difíceis da minha jornada até aquele ponto e decidi me divorciar. Esse momento, com certeza, foi um divisor de águas. Não foi nada fácil, mas me mantive firme com as minhas convicções e segui adiante, enfrentando situações complicadas, críticas, amizades rompidas, mas também recebendo apoio de muitas pessoas queridas.

Graças à evolução dos tempos e da tecnologia, após o divórcio, consegui focar o meu objetivo pessoal de conhecer mulheres e experimentar algo que fantasiei em muitos momentos. Dessa vez seria diferente, eu me assumiria para o mundo. Comecei a sondar meu círculo de amizades para entender o quão estranho seria para eles se eu decidisse "mudar de lado".

Não queria mais me esconder. Sem muitas expectativas, recebi o apoio de pessoas que nem eram amigas de longa data, mas estavam comigo no dia a dia e não demonstraram nenhum preconceito em relação às minhas escolhas. Colegas de trabalho se tornaram melhores amigos, amigas e confidentes.

Decidi me aventurar pelo mundo dos aplicativos. Inicialmente, ainda tinha receio de cruzar virtualmente com pessoas conhecidas. Em um primeiro momento, me limitava a habilitar os apps em locais diferentes dos meus habituais, diminuindo as chances de algum amigo das antigas descobrir esse meu novo (ou velho) desejo, mas, aos poucos, fui me soltando.

Confesso que não foi fácil. Mais pensamentos de que aquele mundo não era para mim passaram pela minha cabeça, mas as coisas novamente fluíram como deveriam; o universo conspirou a meu favor. Com poucos matches no currículo, alguns meses depois do meu primeiro date, encontrei o amor novamente. Como uma conjunção de fatores e experiências, mexendo todas as peças no tabuleiro da vida, encontrei uma mulher maravilhosa, que em pouco tempo se tornou minha namorada, noiva e atual esposa.

Depois de poucos encontros às "escondidas", quando vi que estava virando um relacionamento sério, era hora de começar a incluí-la na minha vida pessoal e de me assumir para minhas amizades mais antigas e para a família.

Essa sou eu!

Com 34 anos completos, uma vida estável e independente financeiramente, ainda me vi tensa com essa situação, preocupada com a reação de cada uma das pessoas, mas segui em frente. Comecei de forma retroativa, pelas minhas amizades mais recentes — trabalho, amigos de faculdade, amigos de colégio e família. No trabalho e com o pessoal da faculdade foi tranquilo. Logo saímos para barzinhos, carnaval, festas de casamento, enfim, tudo correu muito bem.

Com as amigas do colégio, que já me conheciam há quase trinta anos, foi mais difícil começar a conversa. Mas fui contando uma a uma o que estava acontecendo e recebendo o apoio e o desejo pela minha felicidade. Uma das minhas amigas, a mais conservadora e tradicional de todas, foi a última a saber. Sabia que ela não reagiria mal ao me ver feliz, mas não imaginava qual seria sua reação.

Segue o diálogo:

Eu: "Tenho uma coisa para te contar bem séria".

Minha amiga: "Não me diga que virou lésbica?".

Eu: "Digo, sim. Isso mesmo!".

Minha amiga: "Nossa, hoje mesmo pensei que precisava ser mais cabeça aberta para criar o meu filho. Acho que essa conversa veio para reforçar o meu pensamento. Só quero a sua felicidade!".

Felizmente, foi melhor do que imaginava

Os últimos a saberem foram meus pais e, por consequência, o resto da família mais próxima. Não foi fácil. Na verdade, só consegui contar para minha mãe, e meu pai ficou sabendo por tabela.

Em um dia em que saímos juntas de carro, só nós duas, consegui puxar o assunto e dizer o que estava acontecendo. Assumi que estava namorando uma mulher. A reação inicial não foi das melhores, foi um choque. Como já estava bem resolvida com a situação, respirei fundo e consegui responder que daria a eles o tempo necessário para compreenderem o que estava acontecendo e que respeitaria qualquer decisão.

Eu vos declaro mulher e mulher

Os dias foram passando e a convivência com a família foi se tornando mais tranquila, facilitada pela presença das crianças. Meu filho e sobrinhos queridos não tiveram dúvidas em aceitar e amar a nova integrante da família. O relacionamento de carinho, paz e cumplicidade me levou à decisão de me casar novamente. Fiz o pedido quase seis meses depois que nós nos conhecemos e começamos essa aventura. Queríamos nos casar em uma data próxima ao dia do nosso primeiro encontro, então teríamos os mesmos seis meses pela frente.

A palavra casamento tinha um significado diferente para mim. Por ser minha segunda experiência, já tinha um peso adicional. Segundo casamento, mas, dessa vez, com uma mulher. Minha namorada seria minha esposa. O que era para ser um casamento no cartório seguido por um café da manhã virou uma festa íntima com celebração e brunch com familiares e amigos próximos.

Em um primeiro momento, fraquejei. Não conseguia falar abertamente para minha família que íamos fazer uma festa de casamento e muito menos para o meu filho, que naquele momento tinha 6 anos.

Pensei que casamento seria algo chocante para eles, então, conversamos com a celebrante para tratar a ocasião como uma celebração à família. No entanto, as crianças continuaram surpreendendo. Quinze dias antes do evento, meu filho pegou uma caixinha de joias na qual guardo minhas bijuterias, correu até o quarto e falou para minha noiva: "Tia, por que você não pega essa caixinha, vai até a sala, ajoelha e pede minha mãe em casamento?".

Nesse momento, nossos corações se encheram de emoção e alegria e tivemos a certeza de que ele quis nos dar a segurança e a aprovação de que precisávamos para seguir adiante.

Além do meu filho, desde que começamos a namorar, mais uma vez o universo foi dando sinais de que estávamos no caminho certo. Nosso primeiro encontro foi em um show da dupla Anavitória, e fiz questão de pedir minha esposa em casamento em uma live realizada por elas (no momento em que o mundo enfrentava uma pandemia, ainda sem muitas informações).

Por coincidência, ao procurar por vestidos de noiva para o casamento civil, encontramos os nossos no ateliê de uma estilista que também cria roupas e figurinos para elas. E vale ressaltar que fomos muito bem recebidas e atendidas no local. Depois disso, tivemos um contratempo com o cartório relacionado à data do civil e, ao procurar, tarde da noite, por uma celebrante que realizasse cerimônias oficiais, encontramos uma pessoa maravilhosa, que nos respondeu prontamente que estava disponível na data que queríamos, mas, ainda assim, precisávamos levar um documento ao cartório, e já teríamos que resolver isso no dia seguinte pela manhã.

No desespero e correria para buscar o documento naquela mesma noite, imaginem a nossa surpresa ao descobrir que ela era nossa vizinha de rua. Ela celebra casamentos por todo o país e estava lá, literalmente, no prédio ao lado da nossa casa. Foi inacreditável!

Passados quase dois anos de toda essa história, após conhecer melhor minha esposa e conversar muito com ela, que se assumiu mais cedo e conseguiu viver o que eu não vivi desde jovem, já refleti muito, chorei diversas vezes. Em muitos momentos senti que perdi um tempo precioso da vida por não ter sido eu mesma há mais de vinte anos. No entanto, após secarem as lágrimas, vejo que a vida me trouxe até onde cheguei pessoal e profissionalmente, com meu filho nos braços e muitas outras conquistas, sou muito feliz e não me arrependo de nada do que vivi.

Foi através do amor que passei a entender
e cumprir minha missão e agora viver
do meu propósito.

21

VIVENDO DO MEU PROPÓSITO

Por Vivian Castanheda

Escolhe um trabalho de que gostes e
não terás que trabalhar nem um dia na tua vida.

CONFÚCIO

Os ciclos da vida

Para os que já leram a minha história no volume 1 de *O que a vida ensina, compartilha-se*, peço um pouquinho de paciência. Resumir aquele ciclo da minha vida ajuda a entender os desafios que o Universo está me trazendo nesta nova jornada que vou narrar para vocês.

Lá, falo sobre a trajetória com minha mãe, uma mulher incrível, hoje eu posso escrever isso, pois tudo que ela fez foi o que ela sabia fazer. Uma mulher que sonhou desde cedo em ser diferente, ter oportunidades, foi viver a vida, sentindo a vida, foi ser feliz, foi se amar, viajou, viveu da forma que sabia, conheceu o mundo. Uma mulher que casou aos 16 anos, ainda uma criança; engravidou e teve sua primeira filha aos 17 anos e, com seus 29, depois da sua terceira filha, foi viver algo que não conhecia, foi em busca do seu amor-próprio. Porém o grande desafio é que ela não tinha estrutura para isso, não se conhecia o suficiente para suportar todos os desafios que a vida nos coloca e, infelizmente, adoeceu. Sua culpa a corroeu por dentro, e chegou ao seu fim sem o controle total: perdeu todos os seus movimentos, perdeu a fala, finalizou a vida apenas com seus pensamentos culposos.

Para conhecer melhor nossa história, leia o primeiro livro e saberá tudinho. Tivemos momentos de crise durante minha adolescência, mas, já adulta, quando descobrimos sua doença, a paralisia supranuclear progressiva (PSP), o ciclo virou. Foi um baque tão grande que percebi o quanto era necessário resgatar nossa relação; o amor e laço de mãe e filha.

Ela permitiu que eu enxergasse não só nela, mas em mim e em todas as pessoas, a essência que cada um tem dentro de si a partir daquilo que viveu. As suas histórias, dores e conquistas me deram a força e a oportunidade de me reencontrar comigo mesma e encontrar o meu propósito de vida.

Foi aí que descobri que o que realmente gostava de fazer era ajudar pessoas.

Neste ciclo, montei em 2018 o ABRINDO PORTAS POR VIVIAN CASTANHEDA, minha ação social, na qual ajudo e oriento pessoas a entrar no mercado de trabalho com estratégia, foco, propósito e determinação. Essa ação acontece em diversos locais, sendo totalmente social.

Logo depois que minha mãe virou uma estrela, tive outro insight vindo do Universo. Gritava dentro de mim que tinha de reinventar a minha profissão mais uma vez. Porém, mesmo com toda a gana e determinação para fazer o que sonhava, meu consciente sabia que ainda não tinha toda a estrutura e o conhecimento suficiente para virar essa chave da maneira correta.

Mantive-me na área comercial e, em paralelo, passei a continuar buscando o autoconhecimento que tanto me fazia falta. Eu sabia que não era um clichê e que só podemos ajudar os outros quando nos ajudamos. E foi o que aconteceu. Com o autoconhecimento continuei ajudando e transformando a vida dos que passavam pelo meu caminho, mas de uma forma diferente, fazendo o que já fazia socialmente, só que agora vivendo do meu propósito.

Sabe a chave para virar a minha vida de que eu precisava?

Então, foi no Abrindo Portas por Vivian Castanheda que fui virando esse cadeado com todo o amor e carinho. Um cadeado com seus códigos, desafiadores, mas que foi sendo virado pouco a pouco, abrindo a porta para a minha grande e tão almejada transformação.

Durante esses ciclos — vou repetir essa palavra algumas vezes — sentia que o Universo estava enviando não só os caminhos a serem trilhados, mas também as pessoas que iriam ajudar nesse processo de autoconhecimento.

Reencontrar minha mãe e resgatar os laços foi um encontro comigo. Através da doença dela, da vivência de uma situação tão triste pela pessoa que me colocou no mundo, tive a oportunidade de viver e evoluir.

Além disso, o cadeado que tranquei quando passei pelo abandono dela teve que ser destrancado para ter esse reencontro. Entender que ela fez tudo que fez porque era o que ela podia entregar — isso foi, ao mesmo tempo, dolorido e gratificante.

As portas na minha vida

Quando criei o Abrindo Portas por Vivian Castanheda, falei sobre os cadeados que destranquei no reencontro com minha progenitora: no que mais as portas poderiam se relacionar com a minha existência?

Você já viu a foto de início do meu capítulo, então, já deve ter entendido um pouquinho do contexto. Mas a história é ainda mais emocionante.

Em meio ao turbilhão vivido pela pandemia, senti algo muito forte — mais uma vez o Universo tomando seu lugar. Estava dentro de casa e falei para o meu marido: “Eu preciso ir ver mamãe”. Foi assim, de maneira automática, sem pensar muito.

Fazia visitas a ela constantemente, porém, com a pandemia no auge, só podia deixar as coisas na casa de repouso e voltar com as mãos ansiando por um abraço que não era possível. Mas, naquele dia, senti que precisava vê-la. Juntei tudo que ela mais gostava, o bolo que a deixava supercontente. Devido à doença, ela já não estava conseguindo comer mais, só podia comer coisas pastosas. Então, antes de ir encontrá-la, passei pra comprar o bolo do qual ela gostava, daqueles bem molhadinhos, para ela se deleitar de prazer e amor, já que as coisas de que mais gostava ela já não podia mais fazer.

Ao chegar lá, falei para a enfermeira que iria aproveitar e ligar para minhas irmãs, pois sabia que mamãe iria adorar olhar a carinha de cada uma. Ela ainda estava totalmente lúcida quando eu disse: "Mamãe, eu vim aqui porque estava com muita saudade. Eu trouxe aquele bolinho que a senhora adora!".

Entre mim e mamãe havia um portão com lanças de ferro, daquele dos casarões antigos. Grades rígidas como as marcas que nossa relação criou com o tempo. O cadeado também era daqueles de filmes medievais. Entre as grades, mamãe queria porque queria ansiosamente tocar minha mão e o celular para, de certa forma, também tocar em suas outras filhas.

Mamãe estava sedenta pelo toque de alguém. Eu sentia que era mais do que um simples bate-papo com as filhas. Então, quebrei o protocolo e insisti para que a enfermeira deixasse que ela pegasse o celular e visse minhas irmãs. Neste momento falei: "Está vendo, mãe? A gente sempre está perto da senhora e eu vim para mostrar que está tudo bem!".

Quando fechamos uma porta, abrimos outra.

Parecia que tudo havia terminado bem. Fiquei conversando por mais um tempo com mamãe. A enfermeira, cumprindo seu dever, já tinha alertado sobre o tempo de visita. Quando falei que ia embora, fui pegar o celular das suas mãos e foi quando tudo aconteceu. Ela segurou meu braço com uma força descomunal; tentei dizer que não precisava ser de maneira tão violenta, mas não adiantou. Ela não queria me soltar. Meus braços se entrelaçavam com os de mamãe nas grades da porta, com uma em cada lado. Foi quando a enfermeira tirou a foto e, juro, não tinha visto que ela a havia tirado.

Acho que não preciso dizer que, na noite seguinte, ela passou mal e recebi, da mesma enfermeira que tirou a foto, a notícia que ela havia falecido. Sim, aquela foi a nossa despedida. Com todos os paralelos postos: uma porta, a divisão entre uma mãe e uma filha pelo desígnio do destino, dois braços entrelaçados, mostrando que tal divisão não fez com que o amor ali não prevalecesse e não demonstrasse a vontade de uma mãe estar junto até o fim.

Naquele momento percebi que uma das minhas missões de vida havia sido cumprida.

Toda vez que me sento para escrever, contar ou apenas quando estou lembrando desta história, as lágrimas caem. Não são apenas lágrimas de luto pela perda, mas, como disse, de dever cumprido e da certeza de que, se as portas da convivência entre mãe e filha se fecharam no plano em que vivemos, eu estou pronta para outros desafios. Eu sei que essa personalidade que tenho veio muito da minha mãe. Ela tinha esse anseio e paixão por ter e ser.

Eu fico imaginando que mulher teria a coragem da minha mãe. Ela e papai se conheceram na empresa em que trabalhavam. Papai se apaixonou. Os dois casaram e ela, literalmente, largou as filhas para viver os seus sonhos; sempre dizia que amava muito suas filhas, mas que se amava mais.

Entre idas e vindas, depois que crescemos e ela voltou para casa, foi fazer faculdade de turismo. Ela queria desbravar o mundo, não se prender a nada, nem a ninguém. E, depois que recuperamos nossos laços, ela falava que via em mim sua personalidade, de ter vontade e ir atrás dos sonhos.

E hoje eu vejo que, quando comecei a trabalhar, com 14 anos, foi por causa dessa mesma postura. Ao ver que meu pai não tinha condições de dar as coisas que eu queria, fui atrás dos meus sonhos e procurei emprego. Lembro-me bem que um dia, no quarto do meu pai, conversando com ele, disse: "Pai, um dia serei presidente de uma empresa!". E não é que eu realizei meu sonho?

Novas descobertas, novos caminhos

Foi aí que criei o VIVIAN CASTANHEDA — CARREIRA COM PROPÓSITO.

Estava com todo o gás, já começando meus trabalhos de uma forma mais independente, evoluindo como sempre, até que chegou a pandemia, que interrompeu um pouco as coisas, mas ajudou a entender que precisava e preciso aprender muito. Costumo dizer que, com a morte de minha mãe, a pandemia foi um portal gigantesco para aprofundar o meu autoconhecimento.

Confesso que fiquei meio ressabiada, pensamentos vinham à minha mente: "Como você vai largar seus quase 25 anos de CLT? O que vai ser da sua vida? A gente está no meio de uma pandemia, Vivian!". Por um lado, eu sabia que um dos meus maiores trunfos era a dedicação e que tudo que eu começava dava certo. Por outro lado, o medo de uma coisa inesperada como uma pandemia de certa forma me paralisava. Era uma encruzilhada.

Nessa época comecei a meditar todo dia para ter um encontro comigo mesma. Por mais contraditório que pareça, percebi que a crise da pandemia era para mim um momento que eu queria ter.

Trabalhar de casa, fazer tudo do meu jeito, respeitar os meus limites e minhas vontades. Percebi que estava pronta para o processo de transição. A certeza absoluta vem quase todos os dias, quando, sentada na varanda com o meu marido conversamos sobre tudo isso, sobre nossos sonhos, futuro, rotina quase que diária, nos deitamos no sofá da varanda, que tem uma brisa gostosa, e ficamos trocando ideias.

Nossa ligação é muito forte. Minha mãe sempre dizia: "Vocês se parecem muito". Enquanto ele tem um lado da razão muito forte e potente, eu venho com o coração e a gana de fazer acontecer. Um dia, quando estava nessa inquietação sobre a pandemia, tivemos uma conversa que me impactou muito. Estava falando sobre a vida, o futuro, minhas vontades de mudar, que o emprego já não me fascinava como antes. Naquele dia, no meio da conversa eu soltei: "Será que vai dar certo, será que eu consigo?". Foi quando ele olhou bem no fundo dos meus olhos e retrucou: "Ué, onde está aquela mulher que sempre acredita? Aquela mulher que acredita que já deu certo, que quando quer faz acontecer?".

Foi aí que a ficha caiu, ou melhor, foi aí que a porta se abriu em definitivo na minha mente. Me lembrei de tudo que me propus a fazer, fiz e realizei. Porém, eu sabia que ainda precisava praticar, treinar e aprender mais. Nesse período fiz diversas palestras pelo Abrindo Portas sem cobrar nada, com o intuito de ganhar experiência. Porque a gente só aprende quando se prepara, depois de muito treino e repetição.

E, como a empresa em que trabalhava me permitia ter vida depois das 18 horas, usei esse tempo para minha preparação, para que eu pudesse fazer a minha transição de maneira equilibrada e mais assertiva. Nunca deixei a peteca cair no meu emprego, mesmo em muitos momentos me pegando extremamente ansiosa; nesses momentos eu respirava, usava todas as minhas técnicas apreendidas durante todo meu processo e mantinha meu foco, afinal, eu tinha que abrir outros caminhos na minha jornada, que aconteceu, em definitivo, em junho de 2022.

Eu sabia que tinha que trilhar um caminho similar ao de uma pessoa que está entrando em uma nova carreira. A gente precisa passar por todo um processo. O medo, a ansiedade, a dúvida existem e não podemos anular nada disso, pois é só assim que ganhamos toda a bagagem. E comigo não seria diferente. Muitos dias desafiadores, muito medo envolvido, muitas crises de choro, dúvidas, inseguranças, e confesso que muitas vezes pensei em não seguir, afinal, 25 anos dentro do mundo corporativo não são 25 segundos. E está tudo certo, me acolhi quando precisei de acolhimento, chorei quando precisei chorar e respeitei meus limites quando se fez necessário. Fiz diversos projetos-teste, mentorias gratuitas, consultorias em empresas de amigos, depois voltava, analisava tudo bonitinho e lá ia eu de novo aprender com os meus erros.

E olhem que grande coincidência que o Universo proporcionou, o famoso "nada acontece por acaso". Em maio de 2018 nasceu o Abrindo Portas por Vivian Castanheda. Quatro anos depois, em maio de 2022, quando completei 25 anos no mundo corporativo, virei a chave para minha nova vida e comecei meu voo solo para viver do meu propósito, colocar em prática tudo que aprendi até hoje na minha vida.

Nas minhas palestras, costumo contar tudo isso e dizer que foi um belo processo. Precisamos entender que em certos momentos temos que aprender, pedir ajuda para os outros quando não conseguimos sozinhos e aprender com eles. Eu sei que às vezes somos orgulhosos, mas, nessa corrida que veio desde o reencontro com minha mãe, até a idealização do Vivian Castanheda — Carreira com Propósito, percebi o quanto o Universo nos traz as pessoas certas quando permitimos abrir as portas para receber o que precisamos e nos autoconhecer.

Sou muito privilegiada por ter sido escolhida para realizar essa missão de vida, ter esse propósito de ajudar as pessoas, fazendo isso através da minha profissão, que é, nada mais, nada menos, do que ajudar pessoas a encontrar o seu propósito também. E fazer com que elas percebam que essas portas só são destrancadas a partir de uma palavra-chave, mas que falta em muitos de nós: O AMOR!

Foi através do amor que passei a entender e cumprir minha missão com minha mãe, ter minha carreira, construir o Abrindo Portas por Vivian Castanheda e agora viver do meu propósito.

Escrevi estas linhas para que você reflita sobre o quanto o amor está em seu ser e o quanto as portas fechadas na sua jornada estão sendo trancadas por você, e não pelo Universo.

Permita-se encontrar o seu propósito, aquilo que fará você acordar motivado, determinado a ser uma pessoa melhor, e esse melhor é com você mesmo: transforme o que você faz, sua carreira, sua profissão, viva sua vida de uma forma mais leve, só assim você permitirá que o universo continue abrindo portas para você.

Se ame, e permita-se também viver do seu propósito.

SOBRE OS AUTORES

ADRIANA SIQUEIRA é diretora corporativa e sócia de uma das maiores empresas de prestação de serviços do Brasil. Com mais de vinte anos de experiência em gestão corporativa, é formada em Administração de Empresas e tem especialização em Controladoria, Gestão Tributária e Gestão de Pessoas. Atuou na liderança de diversas áreas de gestão, como: administração de pessoal, recursos humanos, gestão da qualidade, gestão de contratos, planejamento e controle orçamentário e suprimentos, gestão de serviços e projetos em tecnologia da informação. Foi responsável pelos projetos de integração sistêmica e processual de empresas adquiridas. Atualmente dirige a área corporativa de melhoria contínua e inteligência de soluções, responsável pelo desenvolvimento de ferramentas sistêmicas de automatização e controle de gestão econômica e financeira, gestão de atendimento e custos, além da implantação de processos de governança em TI.

drissiqueira04@gmail.com

BARBARA AZEVEDO é formada em Comércio Exterior, com MBA em Gestão de Projetos e Processos Organizacionais. Entusiasta de conversas despretensiosas e honestas, ela constantemente busca se desenvolver e retribuir ao mundo, construindo processos e projetos que agreguem valor à vida das pessoas e lhes permitam desfrutar do seu bem mais precioso: o tempo.

baazevedo@live.com

(11) 99226-3237

@azevedo_ba

barbara-aguiar-azevedo

CAROL ARÊAS foi de *sacoleira improvável* a CEO do Grupo Biardine, mentora, treinadora, consultora e serva do Senhor. Com experiência em vendas há mais de dezoito anos, tornou-se especialista em neurovendas, neuropersuasão, comunicação, closer de elite, desenvolvimento pessoal, atendimento ao cliente e comportamento de consumo feminino. De todas as suas versões, a de ser esposa do Alessandro e mãe do Pedro e da Cecilia é a que considera a melhor e de mais sucesso, pois todas as suas lutas não teriam sentido sem eles. Busca, com sua experiência e conhecimento, encurtar o caminho de pessoas que querem aumentar faturamento da sua empresa, com técnicas e métodos validados, presencialmente e on-line, que fizeram sua empresa faturar na casa de sete dígitos — com menos esforço e mais lucro.

Em suas palavras: "Ser o farol na vida de mais de quinhentos lojistas e dar sentido àqueles que estavam pensando em desistir me fez ter uma visão. Não é sobre dinheiro ou sobre mim, e sim sobre quem nós somos para aqueles que nos rodeiam. Deus me faz ENXERGAR todos os dias o real propósito e missão dessa vida. SERVIR."

carolveiga mentorias@hotmail.com

@carolveiga.mentora

CLAUDIA MARTINELLI é médica oftalmologista há 23 anos, mãe de três filhos (Tom, Bruna e Bianca).

claudiamartinelli2006@hotmail.com

(19) 3234-3816

@cal_martinelli

DANIELA FACCIO é farmacêutica bioquímica, pós-graduada em Farmacologia e terapeuta floral (florais de Bach). Tem 23 anos de experiência na área da saúde, na qual, durante dez anos, atuou no segmento ambulatorial e hospitalar, passando por segmentos corporativos como gestora de saúde, estando atualmente na coordenação das boas práticas de um grupo de oncologia. Apaixonada por cuidar de pessoas, entende que o cuidado com o próximo vai muito além de fórmulas mágicas ou medicamentos avançados. Cuidar de uma pessoa é entender o todo, ter a visão holística sobre ela e empatia para realmente se colocar no lugar de quem sofre, e essa paixão se estende fora do campo profissional. Atua desde 2000 como voluntária em um grupo de caridade não governamental, no qual o pilar de todas as atividades de trabalho é a caridade e a assistência emocional, seja espiritual, mental ou física, atuando nas questões alimentares e sociais dos assistidos.

daninha.faccio@gmail.com
daniela-faccio-6b59172a

edilson@moraesadvogados.com.br
(11) 98254-5554
@edilsonmoraesadv

EDILSON DE MORAES é filho de Benedicto de Moraes e Lady Telles de Moraes, irmão de Maria Aparecida de Moraes, Edson Luiz de Moraes, Sônia Regina de Moraes, Marta Salete de Moraes, Sandra Lucia de Moraes, Eliana Fátima de Moraes, Elaine Cristina de Moraes e Leide Silvia de Moraes, pai de Letícia Gabrielli de Moraes e Caio Henrique de Moraes. Sua função no trabalho é oferecer maior tranquilidade e boas noites de sono para seus clientes por intermédio de sua experiência de mais de vinte anos na seara jurídica como advogado especialista em direito tributário. Formado pela Pontifícia Universidade Católica de São Paulo (PUC/SP), com MBA em Direito Empresarial pela Fundação Getúlio Vargas (FGV) e especialização e Direito Empresarial pela Escola Paulista da Magistratura (EPM). É CEO e fundador da Moraes e Moraes Sociedade de Advogados e do Direito Sem Neura (projeto que visa levar mais esperança para os operadores do direito e ensinar de uma forma mais leve). Tem como propósito o equilíbrio e a qualidade da vida e passar essa mensagem para o maior número de pessoas.

ELIAS VILLAS BOAS é graduado em Administração e Gestão em RH, pós-graduado pelo Mackenzie e pela FIA Business School e grande entusiasta de temas que envolvem gestão de pessoas. Está realizando o sonho de se graduar novamente, agora em Psicologia, seguindo-se um mestrado e um doutorado para inaugurar sua próxima fase de vida, como professor, terapeuta e consultor. Apaixonado pela cultura de origem africana e pelo carnaval brasileiro. Desenha para se acalmar. Ama animais e sonha ser pai um dia. Acredita no bem e no melhor que o ser humano pode produzir e tem como missão de vida, ao acordar, ajudar pelo menos uma pessoa por dia a ser melhor do que ontem, e sua profissão lhe possibilita amplificar isso para muitas vidas, direta e indiretamente.

eliasponline@hotmail.com
(11) 98082-3963
@eliasvillasboas

mfatimacaldas.08@gmail.com
(11) 99289-5898
@fcaldas_08

FÁTIMA CALDAS formou-se em Psicologia em 1983, atuou por cinco anos em empresas na área de RH, lidando com benefícios, recrutamento e treinamento. Posteriormente ingressou na área da educação, na qual permaneceu por dezesseis anos como mantenedora, coordenadora e orientadora no atendimento a pais e alunos. Em 2019 fez a formação de coach pelo Instituto Brasileiro de Coaching (IBC) e exerceu a profissão de psicóloga e coach de relacionamentos e qualidade de vida, com foco em mulheres em momento de transição. Tornou-se palestrante e criadora do projeto Roda Delas para Elas, no qual desenvolveu o autoconhecimento e a autovalorização, a princípio com mulheres que se esconderam de si mesmas e que precisavam se redescobrir. Em 2019 se formou mestre Reiki e hoje se encontra na área de gestão, trabalhando como síndica-administradora.

GABRIELA NEMIROVSKY tem cinco anos de experiência em recursos humanos e há três atua na Seeding, com foco em transformação organizacional nesse momento de evolução do mundo do trabalho. Desenvolve também projetos na área educacional e de empreendedorismo social com organizações da sociedade civil. Atende diversas empresas reconhecidas em seus segmentos e desenvolveu um projeto internacional com o Conselho Britânico, além de implantar um protótipo educacional modelo em escola do Distrito Federal em 2021. Desde 2019 é embaixadora do programa *I am Remarkable*, do Google, e membro do Conselho de Administração do Colégio Humboldt. Apaixonada pela multiculturalidade, residiu e trabalhou em vários países nas Américas, Europa e Ásia. É pós-graduada em Psicanálise, com extensões em Liderança e Dinâmica Organizacional pela Escola de Administração de Empresas de São Paulo (FGV Eaesp), com formação em High Performance Team Coaching pelo Erikson Institute, em Assessment e Gerenciamento de Projetos pela Fundação Instituto de Administração (FIA). Tem MBA em Design Instrucional. Acredita que estudar vale a pena!

gabriela@seeding.com.br
@gabrielanemirovsky_seeding
gabrielanemirovsky
Gabriela Nemirovsky

leoalves@inovepessoas.com.br
(11) 99290-3518
leoalvesremuneracao

LÉO ALVES, na verdade, se chama Leonardo, mas podem chamá-lo de Léo. Já plantou uma árvore, teve filhos e escreveu livros.
Paulista, formado em Administração de Empresas com ampla vivência em RH — Remuneração, com uma trajetória de 24 anos em empresas de destaque no cenário nacional: Via, Assaí, Odebrecht, Adams, Samsung e Bosch.

Autor do livro: *Abismo: quando o fim se torna recomeço.*
Coautor do livro: *Revolução: o tempo da transformação chegou.*
Organizador do livro: *O que a vida ensina, compartilha-se (volumes 1 e 2).*

LUCIA MILITO EID tem 52 anos e é mãe de dois filhos (o mais velho com 21 anos, baterista; a mais nova com 11 anos), a quem deve os maiores aprendizados da vida! Casada há 25 anos, um eterno aprendizado de comunhão. Médica formada pela Unifesp, com residência em Clínica Médica e especialização em Geriatria pela Unifesp e Harvard, Gestão em Saúde pelo Insper e Tuffs University, Qualidade em Saúde pela GV, MBA em Psicologia Positiva pela PUC-RS, MBA em Neurociência e Comportamento pela PUC-RS, formação em Medicina Antroposófica pela Sociedade Brasileira de Antroposofia. Ekam Mitra e doadora de Deeksha pela O&O Academy na Índia (tem um grupo de meditação com o qual faz encontros semanais). Atua na gestão de saúde em grandes corporações há mais de 25 anos e faz parte de uma equipe assistencial no Einstein há 25 anos, onde tem consultório.

lumilito@uol.com.br
@lu.milito
luciamilitoeid
/luciamilitoeid

luci.francis@hotmail.com
@lucineia_mf
lucinéia-francisco

LUCINÉIA FRANCISCO é, antes de tudo, mãe do Fábio, do Enrico e do Victor. Rockeira, apaixonada pela vida, praticante graduada de karatê estilo Kyokushin, aprendiz de violão, filha mais velha do Sr. Cido e da Dona Maria, irmã do Valmir, do Diego e da Diana.

Formada em Direito com pós-graduação em Direito do Trabalho e Previdenciário pela COGEAE da PUC-SP, com experiência profissional em empresas multinacionais e escritórios de renome do direito do trabalho, negociadora sindical e gerente de recursos humanos.

Espiritualista, adepta das terapias transpessoais e da praticidade como ferramenta de sobrevivência, não abre mão da convivência familiar, dos bons amigos e, sobretudo, do bom e velho rock and roll. "Sem música a vida seria um erro" (Nietzche).

MARTA MARCATTO, 53 anos, filha de Maria da Glória, uma mulher MARAVILHOSA, a qual tem um enorme orgulho de chamar de mãe (*in memoriam*), e Paulino; irmã mais nova de quatro irmãos, nascida em São Paulo. Há 28 anos assumiu o papel mais importante da sua vida, ser mãe da Dani, sua veterinária. Após quase seis anos, assumiu o segundo maior papel, de ser mãe da caçulinha Lari, hoje com 22 anos. Ser mãe é sua melhor missão!

CEO de uma empresa de prestação de serviços de ergonomia, atua há mais de 20 anos como administradora. Após cinco anos em remissão de um câncer de mama, recebeu a alta tão esperada e desejada em agosto de 2022.

Dedica uma parte do tempo a ser palestrante e movimentadora, acolhendo mulheres que estão passando pelo processo do câncer de mama. A Marta de hoje seleciona mais os trabalhos, as pessoas e coleciona momentos, valorizando cada instante da vida. Para ela, nada mais é problema, apenas uma etapa a ser resolvida; e ela sabe que ter Fé independentemente da crença é fundamental!

souza-marta@hotmail.com
@crescente_recomeco
@marta_marcatto

MICHELLE KÂMELA é uma jovem sonhadora, apaixonada pela vida. Nascida e criada em Belo Horizonte, Minas Gerais. Desenvolveu a escrita e a leitura enquanto cursava Direito. Ingressou na faculdade aos 17 anos e se tornou advogada aos 23. Logo no início de sua carreira jurídica, dedicou-se a aprender mais sobre empreendedorismo. Apostou no marketing digital e se pós-graduou em marketing, negócios e estratégias. Desde então, Michelle tem sido empresária e consultora de empresas. Aos 26 anos, atendeu mais de cem empresários em vários Estados do Brasil, agregando transformações, técnicas e pensamento positivo para potencializar as estratégias.

transformacaoepensamento@gmail.com

@michelekempen

PATRÍCIA SOGAYAR, como uma entusiasta da Vida, traz em seu *Dharma* (propósito) Ser e semear Amor, conectar pessoas e catalisar transformações que servem à Vida. Com experiência no mundo corporativo, em ONGs, em ecovilas e comunidades, na área de educação inovadora e aprendizagem autodirigida, em facilitação e em terapias vibracionais para saúde integral e sistêmica. Na prática, promove saúde, interconexão e bem-estar individual, coletivo e sistêmico através de seus vários papéis: palestrante, facilitadora, coach, terapeuta vibracional, ativadora de comunidades, arquiteta de aprendizagem autodirigida e designer de experiências e culturas regenerativas (inclui escuta, diálogo, conexão, criação de sonho/visão coletiva e redes de relações).

Formada em Administração de Empresas, com pós-graduação em Negócios Internacionais e doutorado informal em Autodesenvolvimento e InterSer.

Mãe de dois filhos que ama e são sua inspiração para a criação da nova Terra, com alegria e colaboração!

patricia.sogayar@gmail.com
https://patriciasogayar.com/
@patriciasogayar
/patriciadecaires.sogayar
/Patriciasogayar
patriciasogayar
patricia-sogayar

PRISCILA BERQUÓ é graduada em Marketing pela Universidade Paulista de São Paulo (Unip), com MBA em Gestão Empresarial pela Business School São Paulo. Acumula mais de vinte anos de carreira na área comercial em empresas multinacionais, tendo como principal característica a liderança para engajar equipes mesmo em situações adversas. Suas habilidades de destaque são relacionamento interpessoal, liderança e gestão de pessoas. Hoje é empreendedora, consultora empresarial, mentora e palestrante. Cofundadora do podcast Compartilha Cast. É apaixonada por finanças, música e corrida. Participa de iniciativas voluntárias dedicadas a formar jovens e pessoas de baixa renda com conceitos básicos de planejamento e educação financeira, a fim de colaborar com o acesso à informação e o esclarecimento de como dominar as finanças para o sucesso do orçamento familiar.

priscila.berquo@gmail.com
@priscila_berquo
@priscilaberquo
@compartilhacast_
priscila-berquo

RENATA LUTZ é pós-graduada em Terapia Sexual e Terapia de Casal, com especialização em Sexualidade Humana pelo CBI Miami. Tem experiência em atendimento clínico individual e de casal. Com os atendimentos on-line, tem a oportunidade de ajudar pessoas em diversos Estados brasileiros e em outros países, como Portugal, Itália, Estados Unidos e Canadá. Todo o trabalho é desenvolvido com foco em fortalecer o indivíduo e assim construir relações saudáveis com base nos aspectos fisiológicos, psicológicos e sociais. Como palestrante, atua com projetos personalizados para empresas, a fim de levar entendimento sobre sexualidade, relacionamento e qualidade de vida para os funcionários.

renata@relutz.com.br

www.renatalutz.com.br

(11) 999[illegible]9-0979

@Renata_Lutz

@drcabralito

ricardojbcabral

RICARDO CABRAL é ator e engenheiro especialista em desenvolvimento de interiores automotivos, tendo trabalhado por 22 anos na indústria automotiva. Em 2006, com amigos muito especiais, fundou a ONG de palhaços doutores Presente de Alegria, que conta hoje com cerca de 1.800 voluntários espalhados por quinze cidades em São Paulo, Rio de Janeiro, Minas Gerais, Santa Catarina e Distrito Federal. Com isso, Ricardo teve a sua vida profissional transformada pela força da solidariedade e, em 2021, fez a transição de carreira e se tornou gestor de recursos humanos de uma grande empresa do varejo, exercendo desde então na plenitude seu propósito de vida, conectando pessoas todos os dias.

SILVIO SIPLIANO é filho do Sr. Sipliano (sua inspiração de humanidade) e da Dona Cida (sua força da persistência e do trabalho), irmão da Bete, Nei, Sandro e Ellen, esposo da Luciana, pai da Laís e do Gabriel, tutor do Faísca (o melhor vira-lata do mundo). É um incentivador de pessoas e observador da natureza. Por meio do trabalho de assessoria esportiva e produtor de eventos, tem como missão levar alegria e entretenimento e conectar pessoas. Na função de síndico profissional, aplicando um processo de gestão humanizada, busca aproximar as pessoas, criando momentos de conciliação e gestão responsável; por fim, como palestrante, enfatiza que todos podem ser aquilo que quiserem, pois o céu é o limite para quem sonha e entra em movimento para transformar pensamentos em realidade. Tudo isso o conecta com o propósito de ser uma pessoa melhor, respeitando a diversidade cultural em que vivemos e influenciando as pessoas a buscarem esse entendimento. É mestre em Educação pela Faculdade de Educação da Universidade de São Paulo (FEUSP), graduado em Educação Física e Pedagogia, palestrante e síndico profissional. Essa formação constitui as referências que dão suporte a sua atuação no mundo, auxiliando sua busca por um mundo melhor para todos.

silviosipliano@gmail.com
(11) 97169-8068
@silvionamaste

@mundocorporativofeminino

TÉCIA ALONSO é mulher, filha, irmã, amiga, mãe, esposa, casada, divorciada, casada novamente, heterossexual, homossexual, bissexual, estudante, profissional, dona de casa. Essa é ela se conhecendo e reconhecendo a cada instante em uma posição diferente. Engenheira ambiental, especialista em Administração (MBA), mestre em Finanças e Controladoria, com mais de quatorze anos de experiência atuando em diversas funções financeiras em grandes empresas multinacionais, construindo parcerias, entregando resultados e lutando por um ambiente de trabalho diverso e inclusivo. Decidiu acumular amigos por onde passou. Vive intensamente cada momento, sem pensar muito, aproveitando o presente, mas sempre com um bom planejamento do futuro. Adora dançar uma música animada, cantar em um karaokê agitado, beber e comer o que for delicioso, viajar para conhecer novos lugares e culturas, amar as pessoas e a vida!

VIVIAN CASTANHEDA é formada em Comunicação Social com ênfase em Publicidade e Propaganda, com MBA em Gestão Estratégica pela Universidade de São Paulo (USP), pós-graduada em Psicologia Positiva, Ciência do Bem-Estar e Autorrealização pela Pontifícia Universidade Católica do Rio Grande do Sul (PUC-RS), especialista em Gestão de Negócios pela Pearson College London. Atuou por mais de 25 anos na área comercial, hoje é consultora empresarial, palestrante, mentora e coach de vida e carreira com propósito pela Sociedade Brasileira de Coaching e criadora de conteúdo digital para diversas redes. Organizadora de projetos editoriais e coautora de dois livros em que compartilha o que a vida ensinou e como reinventou sua vida e sua profissão. É idealizadora da Ação Social Abrindo Portas por Vivian Castanheda e do podcast CompartilhaCast. Em 2021 criou sua marca Vivian Castanheda — Carreira com Propósito, com foco em desenvolvimento humano e carreira. Participa de iniciativas voluntárias dedicadas a orientar pessoas no desenvolvimento humano e na carreira para descobrirem o que querem ser quando crescerem.

vivianccastanheda@gmail.com
www.viviancastanheda.com.br
(11) 93353-4451
@vivianccastanheda
@compartilhacast
viviancastanheda

Este livro foi composto em Baskerville e Brandon Grotesque
e impresso em papel Lux Cream 70 g/m^2 pela gráfica Paym.

Asa Branca
A biografia

Asa Branca
A biografia

Raul Marques

LETRAMENTO

Diretor Editorial | Gustavo Abreu
Diretor Administrativo | Júnior Gaudereto
Diretor Financeiro | Cláudio Macedo
Logística | Vinícius Santiago
Designer Editorial | Luís Otávio Ferreira
Assistente Editorial | Giulia Staar e Laura Brand
Revisão | Nathan Matos - LiteraturaBr Editorial
Capa e diagramação | Gustavo Zeferino
Foto de capa | Pierre Duarte (Barretos/2016)

Dados Internacionais de Catalogação na Publicação (CIP) de acordo com ISBD

M357a Marques, Raul

Asa Branca: a biografia / Raul Marques. - Belo Horizonte : Letramento, 2019.
154 p. ; 14cm x 21cm.

Inclui bibliografia e anexo.
ISBN: 978-85-9530-336-2

1. Biografia. 2. Asa Branca. I. Título.

2019-2197 CDD 920
CDU 929

Elaborado por Vagner Rodolfo da Silva - CRB-8/9410

Índice para catálogo sistemático:
1. Biografia 920
2. Biografia 929

Belo Horizonte - MG
Rua Magnólia, 1086
Bairro Caiçara
CEP 30770-020
Fone 31 3327-5771
contato@editoraletramento.com.br
editoraletramento.com.br
casadodireito.com

Grupo Editorial LETRAMENTO

ALUMBRAMENTO

A noite avança em ritmo frenético na arena.

A rainha e a princesa aguardam o momento ideal de cumprir suas funções institucionais, os peões se preparam física e espiritualmente antes de enfrentar as montarias, os cavalos e os touros se encontram confinados, os comerciantes vendem iguarias saborosas e o público se acomoda na arquibancada. Para a festa começar oficialmente, no entanto, falta a estrela principal.

Antes de se tornar alvo dos holofotes e de ocupar a atenção de milhares de pessoas, Asa Branca se organiza. Ao longo dos anos, desenvolveu um ritual profano-sagrado que reproduz de forma invariável. Toma de uma a quatro doses de uísque, misturado com água, nunca com gelo. Depois, reza um Pai-Nosso e uma Ave-Maria. Faz o sinal da cruz com emoção. Após pedir proteção a Nossa Senhora Aparecida, sua santa de devoção, está pronto.

Com animação de menino e destemor de herói de cinema, entra no helicóptero e manda o piloto seguir até o palco do espetáculo, que em determinadas ocasiões abrigou 30 mil pagantes. Ao se aproximar do destino, em pleno ar, liga o microfone sem fio, item obrigatório juntamente com calça jeans, camisa xadrez e botas de cowboy. Com voz grave e entonação peculiar, pede que todos se levantem, faz brincadeiras cativantes e reproduz versos que destacam o mundo sertanejo, valorizam a mulher e estimam a cultura rural. A plateia delira, agita-se, grita e acena com os chapéus ao alto.

A aeronave não vai fazer um simples deslocamento para o passageiro desembarcar, assinar o livro de ponto e iniciar seu trabalho. Emoção e certa dose de loucura estarão presentes. De uma distância que considera segura, calculada sem rigor científico. Asa Branca salta de cinco metros com a fé de quem acredita que dificilmente vai se arrebentar quando ocorrer o impacto do corpo, de 100 quilos e 1,90 metro, com o chão duro. Mas tudo acontece como previsto.

O homem é despejado do céu nos 'braços' do povo. Na chegada triunfal à arena, ajoelha-se no centro e fala: 'boa noite, meu Deus, boa noite, Nossa Senhora'. Saúda a todos como se fossem velhos conhecidos, estica os braços na direção do infinito, corre sem itinerário, escala as grades de ferro e acena com vigor. A essa altura, o ambiente está pronto para acompanhar a apresentação do maior locutor brasileiro de rodeio. Na década de 1990, essa cena se repetiu, sempre com repercussão.

Com talento, criatividade, irreverência, empreendedorismo e dedicação, alcançou o degrau mais alto do sucesso, embolsou cifras milionárias e ocupou os postos de showman, galã pop e artista com grande apelo popular. Foi dono de avião bimotor, de helicóptero, de duas mil cabeças de gado em fazendas arrendadas no Pará e no Mato Grosso e de carros de marcas como BMW, Mercedes, Audi e Mitsubishi. Seu rosto apareceu em concorridos programas de televisão e em importantes acontecimentos musicais e sociais. Participou de novelas e namorou atrizes, apresentadoras e modelos.

Deslumbrado, reduziu a atenção e teve o caminho desviado por uma droga pesada, a cocaína. Estava, justamente, no ápice profissional. A partir de então, passou a viver como se fosse um astro do rock, no sentido mais excêntrico do termo. Autodestrutivo, patrocinou noitadas aos amigos, com sexo, entorpecentes e álcool em doses cavalares. A queda ocorreu com a mesma velocidade do que a ascensão.

A história dessa figura emblemática é repleta de conquistas financeiras e tragédias pessoais, subidas rápidas rumo ao estrelato e descidas ríspidas no sentido do ostracismo, avanços de mercado e retrocessos inesperados, ganhos materiais e perdas afetivas. Não pode ser considerado um herói. Seus méritos principais: jogar luz sobre um Brasil rural, com sua rica cultura, e ajudar a transformar o rodeio em um evento midiático e de multidões. Claro que o empreendedorismo e a superação merecem destaque. Amou, viveu, experimentou, chorou, gargalhou e teve tudo o que quis.

A vida de Asa Branca é uma montanha russa que não para de produzir episódios fantásticos, únicos, polêmicos e que integram o imaginário coletivo.

PARTE 1
TEMPO DE APRENDER A VOAR

- Quando nasceu Asa Branca
um anjo torto falou:
Esse será diferente daquele que Luiz Gonzaga cantou.
Será astuto e atrevido, instigante e falador
Um sujeito destemido surgirá dos céus numa luz de amor
E pousará nas arenas e dirá com muito ardor
Que nos rodeios da vida uma briga é do touro a outra é do montador

1. ARTEIRO NATO

A vida é cheia de encontros e de reencontros.

Rita Cadillac, dançarina

Assim que o Jeep de Waldemar Gonçalves dos Santos desaparecia na imensidão da estrada de terra vermelha, a pacata rotina da Fazenda Bom Futuro se transformava, com requintes de traquinagem e altas doses de travessura infantil. Por poucas horas, o produtor rural deixava as dependências da propriedade, onde morava e trabalhava com a família, com objetivo de resolver questões pessoais no acanhado centro comercial de Turiúba, um pequeno município com dois mil moradores, a 460 quilômetros da Capital do Estado de São Paulo. Enquanto a mãe, Dejanira Francisca dos Santos, ocupava-se com as lides domésticas e o pai estava ausente, os quatro filhos entregavam-se às artes campestres da diversão, da invenção e do entretenimento. Transcorria a década de 1970.

Nádia Maria dos Santos Vulpini, Belisário José dos Santos (Bil), Nadir Aparecida dos Santos Angeloni (Nenza) e Waldemar Ruy dos Santos apreciavam pega-pega, amarelinha, cinco Marias, João bobo, ciranda e esconde-esconde. Mas havia uma brincadeira preferida, repleta de perigo e de atrevimento. Justamente por esses motivos, só era colocada em prática distante dos olhares cautelosos e das atitudes responsáveis dos adultos. Sim, os irmãos organizavam rodeios amadores no curral, com a participação dos primos e dos amigos. O bezerro emprestava à revelia o encurtado lombo, em processo de formação, para a turma montar sem equipamentos de segurança, desequilibrar-se rapidamente e encontrar o chão.

Com a intenção de elevar a emoção a níveis estratosféricos, Bil assumia o controle de um microfone imaginário. Narrava as peripécias, os feitos mágicos, as passagens inacreditáveis, as vitórias imaginárias, os tombos dolorosos e as aventuras que hoje residem em um cantinho especial da memória. Um evento que se preze, mesmo distante dos holofotes, das grandiosas arenas e do respeitável público, deve ser conduzido por um locutor capaz de verbalizar os acontecimentos em alto e bom som.

As memoráveis festas dos peõezinhos se encerravam subitamente com o sinal desesperado de um 'olheiro'. Ele se posicionava estrategicamente e avisava quando o carro de Waldemar se fazia visível no alto da rua, a poucos quilômetros de distância. Antes de a poeira assentar, o improvisado recinto ressurgia organizado em tempo recorde, sem levantar suspeita.

O pai nunca aprovou esse modelo de recreação, em razão do iminente risco de desastre. O resultado poderia ser trágico ou doloroso – ou os dois juntos. As regras e as eventuais punições eram claras. Desobediência abria margem à aplicação de corretivo, o que ninguém desejava. Um fato relevante, no entanto, foi omitido.

Ruy, o caçula, tinha curiosidade aguçada, audácia e determinação. Sabia lidar com os animais e manusear com alguma técnica os utensílios típicos da roça. Gostava de desbravar e buscar o incomum. Por conta própria, começou a treinar um boi chamado Gravatinha. Queria que pulasse e incrementasse os rodeios caseiros. Utilizou os parcos conhecimentos amealhados na breve vida de menino e supostamente amansou o bicho. Dedicou-se com afinco. Ao julgar a empreitada encerrada, ofereceu à Nenza a honrosa primeira montaria oficial. O planejamento pensado minuciosamente desmoronou. "O Gravatinha pulou com vontade, Nenza se desequilibrou e caiu. Na sequência, o boi pisou no pé esquerdo dela e quebrou o dedão", lembra Ruy.

O ideal seria respirar fundo, digerir em passo acelerado o que aconteceu e ultrapassar a barreira criada pelo susto. Mas se tratavam de crianças e de adolescentes. É verdade, existia um problema inadiável. Informar o pai acerca da emergência? Nem em pensamento, devido ao medo de castigo. Buscar atendimento na área urbana? Fora de cogitação. Inexistia transporte discreto. Procurar auxílio com um vizinho? Impossível. As notícias se espalhavam com rapidez em um lugar com reduzida extensão territorial.

Até que, no caos, surgiu uma saída. Os irmãos, mesmo carentes de mínimos conhecimentos ortopédicos, trataram o machucado de forma intuitiva. A área atingida recebeu pomada e terminou enfaixada com cuidado. Os utensílios de primeira necessidade foram subtraídos da dispensa. Para não chamar a atenção, Nenza passou a usar uma bota de borracha. O tempo, pensaram, posicionaria tudo em seu devido lugar. Com o passar dos dias, outra preocupante novidade apareceu. De maneira inexplicável, o calçado se afixou ao corpo, talvez pelo uso prolongado. Mesmo com esforço físico, ninguém salvou o dia e, consequentemente, a pele de todos. Cortada a tesouras, a botinha se reduziu a pedaços. Pronto: o disfarce, perfeito, caiu. O caminhar, irregular, ficou visível. O acidente seria descoberto.

Na refeição seguinte, pais e filhos se sentaram à mesa a fim de comer e conversar sobre amenidades. No meio desse instante íntimo, o que temiam se materializou. O pai pediu a Nenza que buscasse uma garrafa de refrigerante na geladeira – preferencialmente, guaraná. A garota atendeu a determinação. Pior seria negar a ordem. Levantou-se nervosa e pegou a direção da cozinha, com dificuldade. A anormalidade ficou evidente. Prontamente, Waldemar percebeu, questionou e investigou. Informou-se e agiu. O produtor rural conduziu a filha ao consultório do médico Otaviano Cardoso, em Nhandeara (SP). Ficou preocupado com os efeitos lesivos que a demora em imobilizar o dedão poderia acarretar, como uma sequela eterna. O caso acabou sem complicações. Tudo ficou bem.

Distante do ponto zero da ocorrência, Waldemar refletiu e ponderou sobre as próximas atitudes a serem adotadas. Existiam equações pendentes no campo da omissão que, em sua visão, jamais poderiam ser perdoadas. Caso contrário, seria aberto um perigoso e irreversível precedente à autoridade paterna. Sua decisão, sem uso do verbo, tornou-se pública ao retornar. Sem inovação, fez o de sempre. Ruy e Bil receberam uma surra daquelas, com uso do fio do ferro de passar roupa.

*

Com a convivência diária e aproximada, Ruy, Nenza, Bil e Nádia perceberam que o pai não tolerava afrontas às suas determinações cotidianas em campos que envolviam integridade, ética e moral. Como fazia parte de família tradicional (o pai de Waldemar doou terras que originaram cidades nos arredores), exigia dos filhos comportamento exemplar e reto. Em suma: era um homem rígido, respeitador e que representava a figura do chefe com austeridade.

Por outro lado, recusava interferência externa. Tinha um lado protetor – em certos períodos, até amoroso. Não admitia que zombassem de seus filhos, como sucedeu em uma visita a São Paulo. Nessa viagem, comprou uma Brasília zero quilômetro. No prédio onde a irmã morava, o porteiro brincou com Ruy e Bil, vestidos com casacos idênticos. "Onde a dupla vai cantar?" De imediato, Waldemar mudou a fisionomia e ofereceu um sermão ao desavisado funcionário.

Sim, seus mandamentos eram rigorosamente cumpridos.

Em uma cidade pacata como Turiúba, carente de episódios sociais, culturais e esportivos, qualquer movimentação fora da curva reunia ingredientes que produziam o maior furdunço. O assunto ocupava posição de destaque nas conversas diárias e reverberava nos meses seguintes. As passagens marcantes acabavam catapultadas diretamente ao folclore local. A vinda de um circo mambembe, bem simples e carente, fazia com que as crianças e os adolescentes se 'esquecessem' de qualquer código de conduta. Um momento de arriscar e viver uma aventura de verdade.

O semblante de Ruy mudava ao visualizar uma grande e colorida lona, com o picadeiro centralizado e dezenas de cadeiras amarelecidas pelo seu uso prolongado. Com celeridade, procurava os artistas e se apresentava solenemente. Estabelecia sólidas amizades; claro, sem o pai saber. Nesse meio profissional, ficava à vontade. Sentia-se entre pessoas queridas. Criava laços tão fortes que se tornava um colaborador. Os torrões de açúcar que trazia de casa eram convertidos em saborosos pirulitos, vendidos na arquibancada durante a execução dos pouco estruturados shows. Jamais obteve lucro ou qualquer vantagem comercial. O dinheiro era revertido aos atores. "Desde pequeno, o Ruy é uma pessoa solidária. Gosta de ajudar o próximo. Isso é natural da sua personalidade", lembra Nádia.

Em determinadas ocasiões, Ruy surpreendeu ao participar, em papéis simbólicos, de inocentes apresentações teatrais. Com drama, humor e improvisação, os 'esquetes' ocorriam entre as atrações tradicionais, como malabarista, equilibrista e palhaços. Mesmo sem percepção apurada, significou seu primeiro contato com o empolgante mundo artístico. A alegria, é certo, durava pouco. Na hora em que a trupe colocava os objetos circenses em cima dos caminhões e partia com destino a outra localidade, a rotina reassumia sua aparência pálida e sem graça.

Nas suas presepadas circenses, Ruy passou longe de ser descoberto pelo pai, que, como seus pares, fazia questão de prestigiar o espetáculo, até por falta de alternativas mais atraentes. Nenza foi flagrada por Waldemar no meio de um número desses. Antes de sofrer uma reprimenda pública, fugiu em desabalada carreira no sentido da residência dos avós paternos, Belisário Goulart e Síria Antônia, na área urbana. Quase sem ar nos pulmões, relatou a demanda e pediu proteção. Caso contrário, não se livraria do castigo. Funcionou.

Outra atração na cidade era o circo-tourada. Em sua tese de doutorado 'Da Festa ao Território: O Rodeio no Estado de São Paulo e Sua Mercantilização', defendida na Unesp de Rio Claro, em 2016, o pesquisador Cesar Gomes da Silva escreveu que esse tipo de exibição, anterior à festa do peão boiadeiro, circulava pelas pequenas paragens interioranas. Ficava por duas semanas, no máximo, em cada cidade. "Era inspirada nas touradas trazidas pelos portugueses que, diferentemente dos espanhóis, não sacrificavam o animal. Eram eventos de demonstração de equilíbrio e malabarismos com um 'toureiro', que brincava com o animal, saltando por cima ou esquivando-se, sem que possuísse qualquer arma para ferir o animal", explica Silva.

Os grupos estruturados "contavam com animais próprios, enquanto que os outros dependiam de touros, vacas, muares e equinos cedidos por fazendeiros e criadores locais". Sob uma lona, ocorriam as encenações dos enfrentamentos. As touradas perderam espaço na década de 1970 e praticamente desapareceram. Mesmo com pouca idade, o impávido Ruy tentava participar, mas sua vontade terminava travada pelo juiz da Infância e da Juventude, que vetava a participação de criança e de adolescente.

Chateava-se, permanecia nervoso e tentava encontrar respostas às suas indagações. Em vão qualquer esforço. Inexistia outra possibilidade. Acompanhava o desenrolar desse empolgante capítulo como um mero espectador, posicionado em lugar seguro e com boa visão. A enorme vontade de fazer algo diferente adormecia superficialmente, por pouco meses. Na próxima oportunidade, tentaria melhor sorte.

*

A zona rural de Turiúba era o parque de diversões de Ruy.

Havia área ocupada com produção e mata inexplorada; pé de fruta doce, árvore nativa e verde que fazia doer o olho; rio acanhado, nascente com água fresca e fio d'água tão pequeno que quase não era notado; animais raros de pequeno porte e bichos imaginários nas histórias de assombração; estrada de terra vermelha, com centenas de ramais; casa grande e moradia simples dos empregados; curral, depósito e paiol; cavalo, boi e vaca; e um céu iluminado, cujo detalhamento só é perceptível em razão do distanciamento das luzes artificiais.

Em todas as direções do globo, caminhos conhecidos e cantinhos secretos, brotavam brincadeiras. Ruy criou um mundo particular, repleto de experimentações. Portava-se abaixo da média na escola, que ficava a seis quilômetros de distância. Conhecia, como poucos alunos, as falhas no piso da sala da diretoria, por ser um frequentador assíduo. Para assistir às aulas, fazia o deslocamento a cavalo – os irmãos usavam outros animais e uma carroça. As distrações mundanas, entretanto, atrapalhavam.

Perto da instituição de ensino, existia uma represa com uma parte profunda. Ruy nadava antes e depois de estudar. Saía escondido em plena hora letiva e se jogava na água. Nada satisfeito com essa atitude irresponsável, o inspetor alertou o pai do garoto, pois sentia medo de que o estudante morresse afogado. O nadador foi agraciado com uma surra, também conhecida no interiorzão como sova e coça. "Eu pensei: 'isso não vai ficar assim'. Ao ser reprovado de ano, coloquei na cabeça que iria me vingar", lembra Ruy, sem arrependimento.

Sem mensurar eventuais consequências, montou em Rochedo, seu cavalo de estimação, tocou adiante e entrou no refeitório, no exato momento em que seus colegas se alimentavam. O inspetor tentou impedi-lo. Além de não conseguir, ainda levou uma chicotada nas costas, que deixou um vergão avermelhado. Na sequência, o agressor se evadiu. "Entrei em casa suado e assustado. Meu pai olhou e disse: 'você fez coisa errada!'" A conversa se encerrou. Mas quem apareceu? O diretor da escola. Como brinde, trouxe a vítima, ou seja, a prova cabal do delito. O pai lamentou, balançou a cabeça em sinal de desaprovação e bateu no filho, com rigor, na frente dos visitantes. Eles ficaram estarrecidos com a cena e pediram, sem sucesso, uma trégua.

As agressões representavam o castigo físico após um episódio desabonador ser consumado, porém sem qualquer efeito prático. A conduta permanecia igual. Com alguma frequência, Ruy causava prejuízos financeiros.

Sem ninguém perceber, pegou projéteis de uma espingarda, recolheu a pólvora das balas e colocou em pedaços de bambu. Em outras palavras, produziu bombas caseiras com um motivo inacreditável: explodir as barreiras naturais ou artificiais que existiam no córrego que servia às fazendas do entorno. Queria, na verdade, facilitar sua pesca. Com reduzido fluxo de água, os peixes ficavam encalhados na lama. O trabalho, então, resumia-se a recolher a refeição. Uma dessas explosões danificou parte da infraestrutura no lado do vizinho, que cobrou o ressarcimento do estrago. A questão gerou constrangimento.

Esse tipo de ocorrência se repetiu. Ruy teve vontade incontrolável de comer melancia. Lembrou-se de que, na vizinhança, uma propriedade mantinha um alqueire repleto da fruta, quase no ponto correto de colheita. Com uma faca de cozinha, retirou um pedaço em cada unidade em formato de triângulo. Experimentou as amostras até encontrar o exemplar perfeito, que o saciou. Disse que, sem perceber, perfurou mais de cem unidades, que, então, ficaram inutilizadas ao comércio. O estrago foi compensado financeiramente por seu pai.

Um fato, em especial, chateou bastante Waldemar. Ruy colocou na cabeça que queria testemunhar uma vaca parir em pé. Ficou atento, perguntou e sondou. O problema é que escolheu errado. No momento em que a principal produtora de leite estrava prestes a ter o bezerro, ele começou a atrapalhar. O animal ficou nervoso e correu assustado. O pior, é claro, aconteceu. Rasgou as tetas na cerca de arame farpado. Em razão dos graves ferimentos, terminou tragicamente: sacrificada e fatiada no açougue.

Ruy pegava um estilingue, aquele rudimentar equipamento de caça, e acertava passarinhos desatentos em pleno ar. Sua preferência: a Asa Branca, a mesma eternizada pelo cantor Luiz Gonzaga na música lançada na década de 1940. Preparava arapucas e capturava essa ave que é essencialmente migratória. Seu nome científico é Patagioenas picazuro. Em cada região, é conhecida por uma alcunha. As mais célebres são Legítima, Pomba-carijó, Pomba-troca, Pomba-trocaz, Pomba-verdadeira e Pombão. No voo, uma característica sobressai: a faixa branca localizada na parte superior das asas.

Do lado de fora da casa, Ruy criou um viveiro na beirada da janela de seu quarto, onde colocou mais de cem exemplares de Asa Branca. Apreciava seu cantarolar e beleza. Mas, de repente, aboliu a criação porque seu pai fez um alerta. Citou a malfadada rotina de um homem que, no susto, encontrou o cárcere por aprisionar pássaros. Na verdade, a mensagem escondia o real motivo. Não queria mais gastar dinheiro com milho. "Eu soltei todas. Algumas se acostumaram comigo e ficaram por perto." O seu gosto peculiar ficou conhecido na comunidade, que associou caça e caçador em um apelido.

Para os parentes, vizinhos de parede e amigos da convivência diária, nada mudou, nem ao longo de sua marcha. É o Ruy, filho de um Waldemar e de uma Dejanira, irmão da Nádia, do Belisário e da Nadir, e natural de uma simpática cidade paulista, bem à frente de Limeira, de São Carlos e de São José do Rio Preto. Mais tarde, passaria a ser conhecido pelo público como Asa Branca.

*

A Fazenda Bom Futuro se caracterizava pelo bom porte estrutural e pela localização estratégica, nas proximidades da vila. Waldemar adquiriu a propriedade com o dinheiro obtido na venda de 120 alqueires de terra recebidos como herança paterna. Na área produtiva, seu foco repousava no café, com milhares de pés plantados. A criação de gado contava com centenas de animais. Juntas, as culturas trouxeram confortável condição econômica.

Com as contas fechadas regularmente de maneira positiva, o casal Waldemar e Dejanira fez investimentos diversificados. A educação recebeu o devido cuidado, com a compra de um imóvel em Buritama (SP), na própria região, o que facilitou o acesso dos quatro filhos aos estudos. Primeiro, os mais velhos se alojaram na residência. Depois, toda a família. "O Ruy tinha inteligência e raciocínio rápido, mas nunca gostou de estudar", destaca Nádia.

Pequenos luxos também existiam. O produtor rural foi o primeiro homem a usar calça jeans em Turiúba, o que representou uma agitação cultural. O morador com raízes tradicionais abria o sorriso ao se deparar com a inovação.

O presente seguia tranquilo na direção de um futuro promissor, com sólidas bases edificadas e boas perspectivas financeiras. Mas o destino mudou todos os planos, e de forma abrupta. Em 1974, aos 11 anos, Ruy perdeu a mãe, abatida pela doença de Chagas. Dejanira, 42 anos, sofreu um ataque cardíaco fulminante. A trágica passagem produziu um abalo desmedido e irreversível no seio familiar. Um sofrimento enorme. Como diz a sabedoria popular: 'se o pai morre, a casa trinca; quando a mãe morre, a casa desaba'. O adágio cumpriu-se integralmente e significou a pedra fundamental de uma série de perdas.

Dejanira pode ser definida com características como o equilíbrio perante as dificuldades adversas, o apreço ao trabalho e a alegria – sem grandes motivos. Jamais afrontava o marido, soberano em suas decisões. Sofria calada no canto, mesmo se discordasse de determinada circunstância cotidiana, como as surras aos filhos. Era querida pela vizinhança por sua generosidade.

Conservava uma máquina de costura, onde produzia roupas. Doava as peças aos filhos dos funcionários menos favorecidos, sobretudo com a chegada das baixas temperaturas. Apreciava a dança e a culinária. No domingo, produzia um almoço caprichado, com macarrão, frango e arroz com ervilhas. A comida era servida com guaraná gelado. Todos os dias, sem falta, preparava e levava o café quentinho no curral. Servia o marido e os colaboradores envolvidos na ordenha.

Waldemar ficou desnorteado com a perda da mulher, da companheira, da mãe de seus descendentes e da parceira. Sem forças físicas e mentais, teve arruinado o interesse pelos negócios. Em ato contínuo, gastou as economias com viagens sem sentido, relacionamentos fugazes e festas tolas. Assim que a fonte secou, vendeu o gado que estocou no pasto. Antes de se desequilibrar, seus pares o conheciam pela honestidade e pela correção.

Enquanto Waldemar ficou sem rumo, seus filhos foram abrigados pelos parentes. Por um ano, Ruy ficou sob a guarda de uma tia, do lado paterno, chamada Dionésia Maria Alves. Atenta ao ensino, ela incentivou o jovem a se dedicar aos livros, aos cadernos e ao aprendizado, com direção. Consta que o hóspede devorou, com todo gosto, o romance 'Pollyanna', de Eleanor Porter. Estudou e tirou boas notas na escola, o que é incomum em sua trajetória. "Bom de papo, ele falava sobre variados assuntos com desenvoltura, o que, prontamente, o diferenciou. Entrava nas conversas e se saía bem, com comentários corretos", rememoram Vanderlice Teixeira de Sá, filha de Dionésia, e seu marido, José Gomes de Sá.

O garoto trouxe na acanhada bagagem a peraltice. Enquanto esteve instalado na casa da tia, mostrou sua face inquieta. Nadava em riozinhos perigosos; arrumava confusão na rua; encarnava a figura do peão boiadeiro e montava em cavalo, vaca, carneiro, bezerro ou qualquer animal disponível; e escalava laranjeiras e jabuticabeiras com destreza. Na copa das árvores, narrava montarias que imaginava. Terminava como herói de improváveis epopeias. Pedaço de pau, cabo de vassoura e tocos em geral se transformavam em modernos pedestais.

*

Aos 16 anos, Ruy se sentia dono de si. Passou a desaparecer do olhar dos familiares. Seu paradeiro era ignorado, bem como a motivação dos sumiços. Na realidade, circulava por Birigui (SP), a 50 quilômetros de distância de Turiúba. No município, fez amizade com um piloto de avião e conseguiu sua primeira ocupação. Em troca de aulas de pilotagem, tornou-se lavador da máquina. "Eu queria aprender a pilotar." Apaixonou-se pela aviação. Experiência prática, mesmo, foi bem reduzida.

O piloto aceitou a proposta para trabalhar no garimpo de Crepori, em Itaituba, no Vale do Rio Tapajós, Pará, e perguntou a Ruy se queria acompanhá-lo. O adolescente aceitou sem saber o que o aguardava. Foram a um lugar precário e de difícil acesso. O avião fazia a mesma função que um veículo de passeio. A cada necessidade, decolava em busca de suprimentos ou produtos necessários ao desenvolvimento da atividade.

Certa ocasião, o piloto e Ruy foram incumbidos de pegar uma dançarina que iria apresentar um show aos garimpeiros. No embarque, a mulher quase desistiu. "Eu não vou voar nesse negócio", alegou. O negócio, no caso, era a aeronave de pequeno porte, que não contava com bancos ou acabamento interior. "A visão era tenebrosa." O receio se explica. Embora não tenha se ferido, ela sofreu um acidente aéreo no próprio estado paraense e sentiu a mesma sensação de desamparo.

Com muito custo, seguiu a viagem amarrada na fuselagem com uma corda, que fez o papel de cinto de segurança. Com o corpo preso, dificilmente se machucaria no pouso e na decolagem. O esforço se recompensou com o sucesso da apresentação. Os garimpeiros, empolgados com a presença ilustre, atiraram pequenas pepitas de ouro no palco improvisado. A artista remexeu o atributo físico que chamava a atenção do público masculino.

Décadas mais tarde, Ruy encontrou a dançarina e ambos relembraram essa passagem. Ela é reconhecida nacionalmente e atende pelo nome de Rita Cadillac. "Como a vida é cheia de encontros e de reencontros. Quem diria que, um dia, essa história seria recuperada", conta a artista.

O garimpo, aliás, não é lugar de amadores.

Com tempo chuvoso, certa vez tornou-se impossível decolar. Por duas semanas, esperaram o temporal cessar. Havia a necessidade de buscar comida, que acabou. Impossível. Pensaram em caçar. Nada feito, pois os animais estavam entocados. Para aplacar a fome, comeram folhas e pedaços de coqueiro por três dias. A situação se tornou insustentável, com o corpo em decadência pela fraqueza. Aconteceu, então, o impensável.

"Eu comi bife da perna de um garimpeiro assassinado a facadas. Horrível, passei muito mal", lembra Ruy. Ficou assustado ao ser apresentado ao lado mais duro da realidade. Com a temperatura normalizada, pegou o caminho de casa 45 dias depois do repentino afastamento. Foi acolhido sem apanhar.

*

A família vivenciava período nebuloso e de reduzida expectativa. O pior, no entanto, estava por vir. Após ouvir conselhos que mais tarde se mostraram falhos, Waldemar buscou novos ares, isto é, um lugar distante para esquecer o passado. Escolheu Mirassol d'Oeste, no Mato Grosso, com pouco mais de 20 mil habitantes e 1.500 quilômetros de distância de sua terra natal. Vendeu a Fazenda Bom Futuro e usou o dinheiro na compra de outra propriedade, mais ou menos do mesmo porte. Fechou o negócio com esperança em dias melhores.

Waldemar levou Ruy, Bil e Nenza – Nádia casou e residia em São José do Rio Preto. Ocuparam a terra e começaram, devagar, a se organizarem com objetivo de produzir. Com esse intento, o pai foi até uma agência bancária a fim de obter empréstimo e comprar sementes, adubos e defensivos agrícolas. Ao se dirigir ao cartório em busca de documentos da fazenda, recebeu uma péssima notícia. A terra que adquiriu pertencia ao menos a três donos diferentes. A descoberta trouxe uma triste constatação: iria perder seu patrimônio com o malfadado negócio.

Tentou a todo custo recuperar o dinheiro; fez plantão no Fórum da cidade; cogitou matar o responsável pela transação, mas se convenceu de que, com a atitude intempestiva, receberia como contrapartida uma vaga na cadeia; pensou em milhares de possibilidades. Desatinado, percebeu que precisava encontrar o equilíbrio. Estabeleceu-se com os filhos em São José do Rio Preto, uma espécie de capital do noroeste do Estado de São Paulo, em razão de sua estrutura e das oportunidades que oferece.

O produtor rural foi aposentado compulsoriamente. A partir de então, nasceu o motorista de ambulância do INSS. A nova fase teve mais pedras do que flores. Os irmãos foram apresentados ao trabalho. Com os acanhados rendimentos, ajudavam nas despesas domésticas.

2. SONHO DE JOGAR BOLA

O que fazia naquela época,
hoje seria considerado um stand up,
com versos e criatividade.

Oscar Roberto Godói, ex-árbitro de futebol

Na vizinhança ou no emprego, os irmãos foram bem recebidos, o que diminuiu a sensação de estranhamento e colaborou na rápida adaptação. Criaram laços fraternos e duradouros em uma cidade onde tudo se revestia de originalidade e imponência, em comparação com a realidade que conheciam, com seus 200 mil habitantes, faculdades, prédios comerciais, ruas intermináveis, rodovias e hospitais. O dia a dia da família recuperou a aparência de normalidade.

Distante da zona rural de Turiúba, Ruy encontrou uma ocupação que despertou seu interesse: o futebol. Entrou no Palestra Esporte Clube, instituição tradicional no município. O porte esguio e a vontade foram características que, juntas, trouxeram destaque em meio à concorrência. O esporte encheu de esperança o rapaz, que enxergou uma chance relevante de se destacar. Dedicou-se com obstinação. O empenho mostrou utilidade. Mudou de agremiação.

Ingressou nas categorias de base do América em 1980, um dos times com narrativa mais dilatada no interior paulista. Convivia com atletas de verdade, alguns de renome, envolvidos na disputa da primeira divisão do Campeonato Paulista. Uma cortina de possibilidades se abriu. Encontrou-se no campo como zagueiro. Suas características: mais força do que técnica, mais disposição física do que lances de efeito, mais prosa do que poesia. Fez amizades tanto na instituição como nas redondezas do extinto estádio Mário Alves Mendonça.

Quando a bola repousava esquecida no canto, Ruy e os colegas frequentavam o Hilton Lanches, na Avenida Alberto Andaló, entre as Ruas Jorge Tibiriçá e Siqueira Campos. Na época, o estabelecimento (trailer estacionado em um terreno baldio) pertencia a Oscar Roberto Godói que, mais tarde, notabilizou-se nacionalmente como árbitro. Estreou em 1976 e parou em 2001. Entre 1993 e 2000, integrou a Fifa, o mais alto degrau da carreira.

Aquele garoto alto que sonhava ser jogador jamais passou incólume. Comia, conversava e divertia os clientes com seus números imprevisíveis, mesmo sem ninguém solicitar. "Subia na carroceria do trailer e narrava os rodeios. Transformava cabo de vassoura em pedestal. Enquanto preparava os lanches, eu olhava aquilo, dava risada e aplaudia no final. O que fazia naquela época, hoje seria considerado um stand up, com versos e criatividade. Mas, até então, era o Ruy, zagueiro do América. Comer o lanche representava sua vida social", lembra Godói. De repente, o afável cliente deixou a convivência. Anos mais tarde é que eles se reencontraram.

Ruy se aproximou do lateral esquerdo Márcio Issas. Por dois anos, atuaram na equipe rio-pretense. Embora tivessem trajetórias distintas, seus objetivos se igualavam: profissionalizar-se, conquistar espaço em um bom time e ganhar dinheiro no futebol. Passaram por várias situações juntos. Idealizaram dias melhores, imaginaram-se nas maiores arenas, suaram dentro das quatro linhas, tiveram pequenas vitórias e recuaram de forma estratégica em determinadas situações. Testemunharam uma tragédia, que deixou cicatrizes eternas na memória.

*

– Márcio, abre a porta. Vem aqui agora. Pelo amor de Deus, acorda – disse Ruy, aos gritos, em estado de desespero, na frente da residência do colega, na Vila Santa Cruz, ao receber a trágica notícia.

– O que aconteceu? – respondeu Márcio, desnorteado. Desperto, levantou-se da cama e tentou entender o que causava tanto nervosismo.

– Acabaram de avisar. Meu pai morreu. Vem comigo ver o que aconteceu...

Imediatamente, seguiram até o bairro Castelinho, do outro lado da cidade, e encontraram uma cena pavorosa. Waldemar Gonçalves dos Santos matou sua nova mulher com quatro tiros e, na sequência, acabou com a própria existência.

Ruy e os irmãos ficaram sem rumo novamente, com outro poderoso episódio. Um momento de dor extrema, de incerteza e de desconhecer a melhor rota. Ficaram órfãos, sem direito a uma mísera temporada de lamentação. Desfalcados dos pais, foram obrigados a se reerguer. Encontraram forças em lugar desconhecido e seguiram em frente. Nessa etapa, o apoio familiar e dos amigos se mostrou fundamental.

*

Após dois anos (1980 e 1981) de América, Ruy se transferiu para o juvenil do Esporte Clube Taubaté, o popular Burro da Central, no Vale do Paraíba. A profissionalização, o primeiro passo efetivo na carreira, ficou mais próxima. Outra questão: jogaria perto da capital do Estado de São Paulo, o grande centro. Quem sabe, despertaria a atenção de um clube tradicional. Com essas questões colocadas na mesa, a imaginação ficou descontrolada. Enquanto isso, Márcio Issas foi emprestado a outras agremiações. Jogou no Rio Preto Esporte Clube e no Corinthians.

Ruy treinava duro nas categorias de base do Taubaté, sem pressa de atuar no time principal. Conjecturava um bom futuro pela frente. Antes de digerir o que acontecia, surgiu uma chance de ouro, repentina, que jamais poderia ser perdida. O técnico do profissional, Wilson Francisco Alves, o Capão, ficou sem um zagueiro titular e procurou na categoria de base a solução. Sem pestanejar, convocou o garoto de Turiúba e preencheu a vaga aberta na reserva. Tratava-se de um duelo contra o todo poderoso São Paulo, pelo Campeonato Paulista.

A partida transcorreu no dia 22 de julho de 1981, no estádio Paulo Machado de Carvalho, o Pacaembu. Valia pelo Torneio Seletivo para a segunda fase do segundo turno. O São Paulo contou com Toinho; Getúlio, Nei, Darío Pereyra e Nelsinho,

Almir, Renato, Heriberto, Fumê, Assis e Serginho Chulapa, um dos ícones de sua geração. O atacante, goleador, jogava com raça e se envolvia com facilidade em polêmicas. O Taubaté atuou com Solito; Mariano, Éder, Dias e Cleto; Carlos Alberto, Lira, Toninho Taino e Jarbas; Mirandinha e Adilson.

O jogo se desenvolveu com normalidade, ou seja, o São Paulo pressionava desde o início o Taubaté, que se defendia como podia. Aos 39 minutos da primeira etapa, o visitante perdeu o zagueiro Dias, machucado. Ruy, inicialmente escalado para completar o banco de reservas, entrou em uma verdadeira 'roubada'. Longe do ostracismo de São José do Rio Preto, pisou em um dos templos do futebol mundial. Nem poderia ser diferente. Ficou assustado, mas usou a inteligência. Perguntou a Cleto, seu parceiro na zaga, como parar o temido goleador. "Fiquei responsável por marcar a fera. Dei muita pancada e carrinho. Provoquei bastante. Em uma dividida no final com o Chulapa, quebrei o meu nariz", lembra Ruy, considerado por jornalistas o melhor em campo. Como prêmio, embolsou um rádio portátil – uma conquista e tanto. O embate, acompanhado por 7.292 torcedores, acabou com o improvável resultado de 1 a 0 para o Burro da Central, gol de Mirandinha aos 20 minutos da fase final.

Saboreou o gosto do triunfo e permaneceu no profissional. O maior diferencial do zagueiro era a virilidade. Não aliviava nem os companheiros das jogadas ríspidas. Em um treino comum, acertou com violência um colega chamado Tonhão. O novo treinador, Pedro Rocha, o expulsou da atividade. Nervoso, Ruy entrou no vestiário em direção ao chuveiro; quem sabe, esfriaria a cabeça. Um diretor, porém, apareceu, gritou e o ofendeu, em uma reprimenda daquelas. Sem pensar, o jogador atirou uma máquina de escrever no dirigente. Assim, findou sua curta passagem pelo clube.

Recomeçou no Flamengo. Nem pense no famoso esquadrão do Rio de Janeiro, de craques como Zico, Romário e Bebeto. Era o homônimo, de Varginha (MG) – desativado em 1993. A equipe disputou na década de 1980 a elite do Campeonato Mineiro. Ruy enfrentou agremiações tarimbadas como Cruzeiro e Atlético. Mas, combalido, pediu desligamento. Afinal, não existia estrutura mínima. Faltava até alimentação. Pensou em desistir. Mesmo desanimado, recebeu chance no Paulista Futebol Clube, de Nhandeara (SP). Por coincidência, encontrou o lateral esquerdo Márcio Issas.

Na época, o Paulista disputava a última divisão do estadual. O esquema de trabalho parecia com o que conheceu em Minas Gerais. Precário, essencialmente. Sem se concentrar para as partidas, os jogadores se encontravam pouco antes das viagens que percorriam o amplo Estado de São Paulo. Durante as excursões, Ruy entretinha os companheiros com uma arte que dominava. "Narrava rodeio e fazia verso. A gente ria bastante. O ambiente ficava mais leve", diz Issas.

O grande momento de Ruy pelo Paulista ocorreu na partida contra o Oeste, em Itápolis (SP). O seu estilo arrojado do defensor apareceu e o prejudicou. Em cinco minutos, cometeu dois pênaltis e a arbitragem o expulsou. Sua infeliz jornada, no entanto, estava longe do fim. "Eu saí do campo debaixo de pedrada." Embora tivessem pouco mais de 20 anos, Ruy e Issas se chatearam com as miudezas do futebol e abandonaram o esporte precocemente. Com empreendedorismo, mudaram de ramo.

*

Toda vez que Asa Branca voltava a São José do Rio Preto após sair pelo Brasil para realizar seus sonhos, era na casa do produtor rural Neges Roberto Reverendo Vidal Júnior, o Neginho, que encontrava abrigo e um lugar seguro para se hospedar com dignidade. A primeira vez que morou na casa do amigo foi emblemática: após perder tragicamente o pai. Esse expediente se repetiu em diversas oportunidades de sua vida. Com a desistência do futebol, não foi diferente.

"A gente é amigo desde a infância. Aqui, em casa, ele é considerado como irmão. Todos o tratam assim", afirma Neginho.

Para levantar algum dinheiro, os amigos promoviam bailes-dançantes e vendiam geladinho na vizinhança. Asa Branca também tinha amizade com o irmão de Neginho, Renato Reverendo Vidal, que presenteou o amigo com um carrinho de cachorro-quente. Os dois, inclusive, trabalharam juntos no setor de fast-food popular e venderam a iguaria em uma praça no bairro Boa Vista. A parceria, no entanto, durou pouco.

Asa Branca ficou com o carrinho e, posteriormente, associou-se a Issas, que entrou na sociedade com os insumos, para vender o lanche nas cercanias do estádio Mario Alves Mendonça, nas animadas partidas do América. Passaram a explorar o mercado gastronômico de baixo custo.

No dia de jogo, Issas acoplava o carrinho a sua Brasília e o guinchava até um bom ponto comercial. Ruy recebia a missão de segurar a infraestrutura no curto deslocamento. Envergonhado com sua nova profissão, enterrava na cabeça um chapéu com a proposta de não ser reconhecido pelas ruas.

Bem acolhido pelo consumidor, o negócio se mostrou promissor, o que trouxe ânimo. Em um dia rentável, venderam 200 lanches. A dupla se instalava no mesmo lugar, com circulação de torcedores, e se entregava à labuta. Nunca faltou disposição.

Dois meses depois, chegou um grande dia: o duelo contra o Corinthians. Em razão do comparecimento maciço de visitantes, Issas e Ruy vislumbraram uma grande ocasião comercial. Tanto que gastaram as economias e reforçaram o estoque. Compraram nada menos do que mil pães.

Desconsideraram, porém, um imprevisto, que se mostrou determinante para o fracasso da empreitada. Posicionaram-se em outro ponto, inédito, distante da multidão. A mudança de ponto trouxe a bancarrota. Comercializaram dez unidades e amargaram um prejuízo gigantesco. Distribuíram a sobra a estranhos.

Apesar do pouco tempo de experiência, desistiram. Perceberam que cachorro-quente, com lucros divididos, seria insuficiente para proporcionar a vida que desejavam. Recuaram com tranquilidade, o que se mostrou uma decisão acertada. Anos mais tarde, Márcio Issas se tornou empresário bem-sucedido, com a abertura de loja de perfume. Ruy encontrou a solução no passado.

3. O DESCOBRIMENTO

Percebi nele um talento nato.

Barra Mansa, locutor de rodeio

Na maior parte de suas duas décadas de vida, Ruy viveu na zona rural. O ambiente do campo trouxe conhecimento empírico sobre a rotina da fazenda, a maneira correta de tratar o gado, as técnicas empregadas na plantação e as ações necessárias antes de montar em animal bravo. Após se desiludir com o futebol e ter experiência rápida no comércio, havia a necessidade de encontrar um emprego e ganhar o próprio sustento. Não contava com os genitores como porto-seguro.

Ruy refletiu, ponderou e percebeu um norte, bem à sua frente. Jamais imaginou ser engenheiro da Nasa, jornalista de televisão, médico veterinário ou motorista de caminhão. Fez uma escolha natural: atuar como peão boiadeiro. Escavou vaga em uma companhia sediada em Planalto (SP). Sua função consistia em tocar boiada pelos estradões de terra do Noroeste paulista e até mesmo de outros estados. As viagens, demasiadamente extensas, deixavam o corpo cansado e a mente fatigada. Dormia em qualquer lugar, o roteiro se desenvolvia em passagens tortuosas e existia a responsabilidade de conduzir centenas de bois com segurança.

Em uma dessas quilométricas andanças, Ruy permaneceu 30 dias seguidos fora de casa, sem descanso efetivo, ócio criativo ou remanso. Dedicou-se aos afazeres profissionais. A marcha foi tão extenuante, com passagem por dezenas de municípios, que os suprimentos acabaram. Durante três intermináveis dias, alimentou-se com mamão. Nada mais. Nem uma porção de proteína animal. Nem um gole de bebida refrescante. Ficou tão chateado com o infortúnio que tomou uma atitude. Vendeu seus poucos equipamentos de lida a um colega. Não quis saber de boiada. Nem da fruta tropical. Recomeçou a busca por colocação profissional

Participava de rodeios amadores com intuito de se divertir. Montava em cavalos e em touros, sem compromisso com a vitória. Essas saborosas lembranças, que surgiram ao acaso, abriram uma porta simpática, com luz clara e um tapete de boas-vindas na entrada. Passou a se inscrever nas festas e a ser remunerado financeiramente como peão. O cachê se enquadrava em uma categoria simbólica, bem modesta, ainda assim melhor do que nada.

Em alguns casos, o pagamento trazia utensílios rurais. "Arreio, sela, par de botas e chapéu", lembra. Esses objetos poderiam ser proveitosos em uma rodada de escambo, mas se mostravam inúteis se fosse quitar uma conta de verdade no banco. Teve experiências em outros trabalhos, como ajudante de pedreiro. Sem dinheiro, ingressou no curso de Administração de Empresas da Fadir – atual Unirp, em São José do Rio Preto. Gostou do que viu, mas permaneceu um mês.

Em três anos, foram modestos os resultados que obteve nas arenas. Um terceiro e um quarto lugares. Montou em Barretos, em 1982. Dormiu na cocheira, caiu no primeiro dia e se desclassificou. Apesar do empenho, ficou distante das grandes conquistas. Os vencedores, sobretudo dos eventos de representativo porte, recebiam prêmios lucrativos e que traziam fôlego financeiro, como carros, motocicletas e quantias em dinheiro.

Pior do que ser coadjuvante, foi se envolver em um acidente grave que quase encerrou sua história, ainda com mais páginas em branco do que escritas. O fato aconteceu no rodeio de Fernandópolis (SP), um dos mais respeitados. Ruy assinou um termo onde assumiu a responsabilidade por si mesmo. No sorteio, a surpresa. Iria montar um touro denominado Tango.

O animal era conhecido pela intensidade, ou seja, a violência com que encarava os oponentes. Era dono de um currículo assustador. Nos últimos meses havia ferido três peões reconhecidos por sua capacidade. Quem pensa em ser campeão, porém, jamais ignora uma oportunidade. Com o recinto lotado e os participantes empolgados, Ruy ficou comovido por fazer parte de espetáculo tão grandioso. Ignorou as implicações com fé de que tudo daria certo.

Posicionado dentro do brete com os colegas, ouviu seu nome ser chamado em alto e bom som. Bem-disposto, finalizou a preparação e subiu em Tango, na área reservada. O momento de enfrentar a temida 'fera' em oito segundos alucinantes. A porteira se abriu e o touro pulou com toda energia. Repetiu esse movimento duas vezes com perfeição. Mais um pouco e poderia conquistar uma posição confortável na disputa. No terceiro salto, o peão caiu e foi pisoteado pelo animal. Instaurou-se um silêncio perturbador. Os olhares, assustados, miravam o homem esticado no chão, cujo semblante despachava qualquer sentimento de jovialidade. Mobilização intensa na tentativa de oferecer os primeiros socorros.

Ruy entrou na Santa Casa de Misericórdia em estado grave e com risco de morte. A pisada causou hemorragia interna, afetou o baço (retirado) e quebrou três costelas. A ponta de um dos ossos perfurou o pulmão. Ficou internado na Unidade de Terapia Intensiva (UTI). "Na visita, percebi que estava mal", repassa Nádia Maria dos Santos Vulpini. A família ficou preocupada com a possibilidade de perdê-lo cedo. Se a questão fosse meramente matemática, os médicos apresentaram uma estimativa pessimista. A chance de sobrevivência estava em 10%.

Com o passar natural dos dias e a calmaria das peças se encaixando com singeleza, o quadro evoluiu visivelmente. Tanto que o paciente foi levado ao quarto. A notícia trouxe alívio. No total, foram 20 dias de internação. Nesse duelo contra a morte, lutou com todas as suas forças físicas e espirituais e conseguiu sua maior vitória como peão: conservar a própria vida. Após receber alta hospitalar, perdeu a rotina momentaneamente. Tinha um longo caminho a percorrer até a recuperação se efetivar. Nessa etapa, a inteligência emocional exerceu papel basilar.

*

Sem a necessidade de permanecer dentro do hospital, a última etapa do tratamento se concluiu em ambiente aconchegante e próximo da realidade. Mas sem facilidade. Pelo contrário. Permaneceu acamado por três meses. Hospedou-se na casa da tia Dirce, em Monções (SP). Em poucos dias, Nádia o acolheu em São José do Rio Preto. Além da locomoção restrita, a alimentação sofreu uma modificação drástica. Nada de churrasco, carne de panela ou arroz carreteiro. Só ingeria líquidos.

Com objetivo de ocupar as horas ociosas, Ruy, como se diz no interior, inventou moda. Como forma de espairecer e divertir os dois filhos pequenos da irmã, descrevia animados desafios com peões fantasiosos. Na brincadeira, uma caneca de tomar café virava microfone. A criançada ria bastante das travessuras do tio convalescente e alegre com o processo de renovação. Então, percebeu que as pessoas gostavam de ouvi-lo como locutor de rodeio. E agiu. Pegou fitas k7 cheias de gravações com as épicas narrações de Zé do Prato, que se destacou com talento, humildade e criatividade.

Curioso, Ruy observava como ele mantinha o público mobilizado, os bordões que instituía no calor do momento, o pleno domínio sobre a voz e a empatia que transformava seu serviço em algo fantástico. Essas audições solitárias se tornaram frequentes e ocuparam espaço relevante. Entendeu a dinâmica e treinou com olhar diferente. Gravou suas primeiras tentativas de narrar como profissional. O resultado era mostrado apenas a Nádia. Pedia que ouvisse atentamente e corrigisse os erros gramaticais. Jamais imitou Zé do Prato, um verdadeiro ícone. Buscou o entendimento da profissão a partir da análise de um case bem-sucedido. Na questão da saúde, melhorava a cada dia.

*

Depois de quase quatro meses de vivência social suspensa devido ao grave acidente, a recuperação de Ruy atingiu a plenitude. Com ajuda da família, efetuou cada passo no tempo correto e reencontrou seus hábitos. Daí em diante teve que conviver com uma restrição: abandonar as montarias. Mas, nem de longe, isso incomodou ou causou qualquer desconforto. Em mais de três anos, o saldo era simbólico. Não fazia sentido prosseguir com uma ocupação que, no final das contas, tão somente empatava, e sem brilho. Enfrentou outra transição. Encontrava-se mais forte e sabia exatamente o que não queria. Com a exclusão do que pouco agregava, sobrou uma enorme janela de possibilidades.

Em julho de 1985, encaminhou-se ao rodeio amador de Paulo de Faria (SP), com narração sob o comando de José Rodrigues Pereira, o Barra Mansa, conhecido nacionalmente como 'Tenor das Arenas'. Eles conversaram nos bastidores sobre diversos temas. Um, em especial, tocou o interlocutor. "O Ruy falou: 'queria ser como você'", lembra Barra Mansa. O profissional, respeitado, guardou o comentário na memória, sem fornecer pista sobre o que faria. Cumpriu sua função com maestria. Mas, em determinado momento, surpreendeu.

"Gente, peço a licença de vocês por um minuto. Gostaria de apresentar um amigo que tem o sonho de ser locutor. Ruy, cadê você? Venha aqui. O microfone é seu", disse Barra Mansa. Generoso, abriu as porteiras a um desconhecido, interessado em mostrar o seu valor. Com desenvoltura, o ex-peão narrou com entusiasmo e citou versos de Tião Carreiro e Pardinho, uma das maiores duplas sertanejas. Barra Mansa fez mais. "Percebi nele um talento nato. Nesse dia, nem ocupei mais o meu posto. Deixei que conduzisse até o final", acrescenta.

Como Paulo de Faria se revestia de tradição, atraía profissionais do setor. Eles foram impactados com o desempenho do novato, entre os quais o empresário José Oscar, dono da Companhia J.O., que fornecia desde animais a aparelhagem de som e iluminação. Curiosamente, Bil gerenciava a empresa. Na necessidade, assumia a locução parcial ou totalmente. Conhecia bem os meandros da atividade desde criança. Em sequência, a J.O. promoveu a festa de Buritama (SP). Ruy estava por perto, na própria cidade, vizinha da sua Turiúba.

De surpresa, o locutor contratado ficou debilitado, sem forças para deixar o hotel. A essa altura, o público estava devidamente posicionado na arquibancada. Seria impossível promover uma montaria decente sem palavra. Outras opções, igualmente traumáticas: adiar ou cancelar. No final, nenhuma das sugestões plausíveis vingou. Ciente do que acontecia, Ruy percebeu uma chance disponível. Pediu permissão e assumiu o microfone – inicialmente, a ideia era fazer uma participação. Conseguiu, enfim, o que queria. A programação seguiu com pontualidade.

Ao assumir o posto, Ruy instalou a surpresa. Ninguém apostaria um dólar que ele seria capaz de executar a função. Como 'jogava' em terreno conhecido, cumpriu o que se propôs a fazer com autoridade. Um ponto a seu favor: conhecia representativa amostra de pessoas. Chamou as autoridades pelo nome e os colegas pelos apelidos. Contou particularidades do município, aquelas que são conhecidas pelos nativos. E fez rir com suas brincadeiras.

As dificuldades foram contornadas. "O som estava ruim e minha voz saiu com eco." José Oscar se surpreendeu, tanto pela competência da tarefa entregue como pelo retorno positivo dos espectadores. Nos bastidores, enviou a ordem. O novato não só terminaria o dia, mas voltaria nas datas seguintes. Narrou toda a competição. O desempenho se tornou manchete nas rodas de conversa por semanas seguidas.

As duas passagens, em Paulo de Faria e em Buritama, são consideradas como sua entrada na profissão. Ele agarrou as duas oportunidades que cultivou com a própria iniciativa. De tão convincente em sua narrativa, recebeu outros convites nos meses seguintes. Ruy, menino do campo, continuou a ser chamado pelo nome de batismo pela família e pelos amigos. A partir do momento em que começou a trabalhar como locutor de rodeio, passou a responder como Asa Branca, o capitão das arenas.

*

A Festa do Peão de Jaci (SP) carrega a honra de ser o primeiro evento que contou com a participação oficial de Asa Branca. Ele fez toda a locução. Não pediu nem contou com aquela colaboração da sorte. Agiu como profissional contratado. Com a aprovação nos 'testes' anteriores, ganhou um voto de confiança e atuou com tranquilidade. Desempenhou a função com competência. A maior prova de que agradou: surgiram outros contratos. Na sequência, esteve em José Bonifácio (SP) e em Mirassolândia (SP).

Sem medo, abraçou a causa com seriedade. O novo emprego gerava remuneração e divulgação. Ficou feliz, é verdade. Afinal, encontrou uma atividade rentável, embora com cifras modestas, que trazia divertimento e interação. Sentia-se completo ao estar nesse ambiente desafiador, por estabelecer diálogos com gente simples, ao ser provocado a raciocinar rápido, em ouvir as necessidades dos peões e por sentir que causava impacto positivo nas pessoas.

Para conquistar envergadura, havia a necessidade de percorrer um caminho longo e repleto de curvas perigosas, que envolvia situações desconhecidas. "Em 1985, quando eu entrava de chapéu nos restaurantes de São Paulo, as pessoas me chamavam de Jeca Tatu", declarou em entrevista ao jornal Folha de São Paulo, em 5 de fevereiro de 1997. Encontrar com o preconceito se mostrou necessário em seu processo de amadurecimento. Não feriu, fortaleceu. A explicação é simples.

Pela primeira vez, Asa Branca sentiu que parou em um cruzamento movimentado e amplo, observou o movimento e seguiu em paz, com a certeza de quem sabe aonde quer chegar. Sua presença começou a ser solicitada em lugares maiores e mais distantes. Pouco a pouco, o cachê melhorou. Mostrou um estilo de narração mais esportivo e radiofônico, diferente do que era feito. Não havia encontrado sua voz definitiva, porém já criava versos sobre a rotina caipira, animais e mulheres.

As expectativas se mostraram favoráveis.

Será que os bons resultados trariam uma estatura maior, em meio aos milhares de profissionais ou amadores que buscam um lugar confortável no concorrido mercado? Ao refletir e mensurar a questão com o devido cuidado, ele percebeu que a resposta a essa pergunta era clara. Com a finalidade de crescer na profissão, buscou o novo, a inovação, algo diferenciado. Com esse pensamento, tomou uma decisão. Depois de um ano intenso, congelou a carreira e buscou novas referências e informações no berço mundial dos cowboys: os Estados Unidos.

4. AVENTURA NO TEXAS

Seja o que Deus quiser.

Asa Branca, locutor de rodeio

Com as escassas economias que amealhou em sua recente trajetória, Asa Branca iniciou, em 1985, a aventura de desbravar os Estados Unidos. Antes de deixar o Brasil, recorreu à agenda. Fez contatos, conversou com colegas mais próximos e arranjou um emprego no rancho de Roy Carter, campeão mundial na prova de apartação em meados da década de 1980. A propriedade se localizava em Houston, a cidade mais populosa do Estado do Texas. Nenhuma parte dessa viagem transcorreu de modo convencional. O trajeto de ida, com quase nove mil quilômetros, acabou superado com uma sucessão de fatos inesperados e grandiosos riscos.

Logo de saída, Asa Branca não obteve o visto americano para ingressar legalmente. Mesmo sem o documento, jamais pensou em desistir. Resolveu, digamos, à sua maneira – como faz perante as adversidades. Por esse motivo, procurou a via mais obscura: a imigração ilegal. A segunda questão, igualmente relevante, foi reduzir o custo. A fim de economizar 50% do valor que gastaria normalmente com as passagens aéreas, fez um trajeto pouco usual. Pegou um avião de São Paulo a Assunção. A partir da capital paraguaia, seguiu até a Cidade no México em voo comercial. Poucos objetos faziam parte de sua reduzida bagagem. No bolso, somava 500 dólares – em torno de 2 mil reais em valores atualizados.

Ao pisar em território mexicano, surgiram despesas adicionais geradas pelos agentes de turismo alternativo, os chamados coiotes, em troca da ajuda (nem sempre qualificada) na travessia da fronteira do México com os Estados Unidos. Tinha em seu poder o número de telefone de um contato, que deveria ser acessado discretamente. Desconhecia nomes ou endereços. Asa Branca conversou com a pessoa indicada em um castelhano encontrado nos arredores da Ponte da Amizade, na fronteira do Brasil com o Paraguai. O acesso ao Golfo do México custou 100 dólares.

A proposta era atravessar uma ponte e acessar o outro país, sem despertar a atenção da fiscalização. Se fosse pego em flagrante pelas autoridades, fatalmente seria preso e deportado em momento oportuno. O problema é que a polícia estava de prontidão. O jeito foi recorrer a um plano B, com maior grau de dificuldade em comparação com a malfadada primeira operação. O guia sugeriu que atravessasse a nado um respeitável rio, com 90 metros de largura. Pela indicação, pagou mais 100 dólares do seu restrito orçamento. "Eu pensei um pouco e topei. Bem fisicamente, senti-me encorajado e enfrentei o desafio."

Pouco antes de mergulhar, o atravessador se aproximou e fez um alerta preocupante, daqueles que despacham a paz de espírito a um lugar distante. "Disse que existiam crocodilos, famintos, de prontidão. Eu me desesperei. Fui informado que atravessaria com o mínimo de tranquilidade se levasse um cachorro. O simpático animal seria jogado na água e saciaria o apetite das feras." Enquanto os répteis estivessem distraídos com a refeição, avançaria pelo escuro com toda energia. Com medo, aceitou a sugestão e se precaveu. "Comprei logo dois para garantir." Desembolsou 80 dólares por unidade.

Com pouca visão e o equilíbrio prejudicado, domou a ansiedade, colocou a cabeça no devido lugar e atingiu o outro lado. A primeira constatação no solo norte-americano: caiu em um golpe. "Não havia crocodilo nenhum." Na verdade, foi acossado por um expediente centrado no horror para oferecer mais dinheiro ao insaciável mexicano. Entrou na mata e rastejou com desenvoltura. No deslocamento, surgiu um helicóptero de patrulha. A aeronave jogou luz forte no chão em busca de imigrantes clandestinos. Os cachorros se assustaram com a movimentação, ficaram agitados e ladraram. A postura foi notada pelos policiais. Por sorte, Asa Branca saiu ileso.

Contente por ter vencido essa barreira, caminhou aliviado e localizou uma estrada. A poucos passos na rodovia, encontrou um homem em atitude suspeita. Nem desconfiou. Perguntou ao estranho onde ficava Houston. "Pensei: seja o que Deus quiser." O homem, na verdade, tratava-se de um coiote infiltrado no outro lado da fronteira. Sem pestanejar, forneceu uma orientação. De forma monossilábica, disse ser fundamental esperar. Uma perua, com passageiros em situação irregular, iria passar em breve. A previsão se confirmou, sem sobressaltos. Foram 120 minutos de condução. É claro que teve custo. Por 70 dólares, utilizou o transporte alternativo.

Asa Branca desceu em um lugar seguro, ou seja, uma praça pacata, sem movimento e livre de suspeitas. Procurou um telefone público e avisou o contratante de sua aproximação. O resgate, no entanto, demorou. Sem alternativa, esperou três horas em um supermercado até ser levado à propriedade rural, onde, desde o início, encontrou dificuldade e desconforto. Na questão profissional, suas funções contemplavam a limpeza da cocheira, que hospedava cavalos, o tratamento de animais e a retirada de leite das vacas no início das manhãs. O talento como locutor ficou guardado, sem serventia.

Por ser novato e desconhecido dos colegas, o patrão alojou Asa Branca junto com os animais, dentro das baias, em aposentos desumanos. Houve desconforto físico, sobretudo pelo frio intenso. Não contava com roupas adequadas para se proteger das intempéries e das variações climáticas. "Teve um dia que minha perna congelou", lembra, sem nenhuma saudade. Nos dias mais severos de inverno, a neve se fazia presente. No final da tarde, a fogueira amenizava a sensação térmica negativa. Como era ilegal, ficou sem respaldo jurídico ou força para fazer grandiosas exigências trabalhistas. Mas esse jogo virou a seu favor após três meses de labuta.

Um dos cavalos de Roy Carter se sentiu mal, com a noite alta. Inexistia socorro qualificado por perto. Mesmo em ambiente estranho, Asa Branca fez questão de ajudar. Ofereceu assistência e passou a cavalgar. A dor sumiu e o animal se recuperou plenamente. Informado sobre o que aconteceu, Carter determinou que o funcionário fosse alojado em seu domicílio, que contava com aquecedor e infraestrutura adequada. Além da moradia, recebia a alimentação. O salário consistia em 150 dólares semanais. Vivia os dias sem despesas representativas. Guardava a maior parte do ordenado.

Jamais se esqueceu, porém, de uma passagem embaraçosa – difícil de viver, mas que hoje faz parte de seu portfólio de estórias curiosas. O dono do rancho saiu em viagem e, por motivo ignorado, deixou suprimentos insuficientes aos colaboradores. À medida que a fome avançou, Asa Branca encontrou uma alternativa: comer a galinha de estimação de Carter. Matou (sem estardalhaço), limpou (com zelo de chef de cozinha), cozinhou (com cuidado de quem precisa de uma refeição com sustância) e comeu (sem peso na consciência).

Para se livrar das provas do 'crime', pensou em despejar as penas no rio que passava por perto. Mas surgiu uma dificuldade: a água congelou, o que atrapalhou a tarefa. Sentiu medo de ser descoberto, o que poderia causar conflito. Limpou a área. No retorno, o chefe perguntou sobre o paradeiro do seu bichinho querido. "Falei que um animal do mato apareceu e comeu." Anos mais tarde, contou a verdade.

*

Com algum dinheiro no bolso, Asa Branca intensificou sua pós-graduação. Afinal, o foco era absorver o maior número possível de elementos do mundo country. Observava o dia a dia rural, assistiu a rodeios locais e visitou a boate Billy Bob's Texas. A casa servia comida típica com generosas porções de batata frita e hambúrgueres, tinha decoração inspirada no velho oeste e recebia shows musicais, com cantores de renome. O lugar perfeito de imersão em uma parte rica da cultura norte-americana e para descobrir os detalhes, as nuances e as características mais especiais. Sua viagem trazia justamente esse propósito: conhecer os diferenciais. Na medida do possível, iria adaptar o que conseguisse à realidade brasileira.

Os olhos de Asa Branca brilharam intensamente com as novidades bem à sua frente. Encantou-se com o grau de profissionalização das apresentações e com os equipamentos usados. Uma aparelhagem, em especial, despertou o interesse de imediato: o microfone sem fio, ainda raro por aqui. O cantor da noite utilizava um exemplar, que proporcionava outra dinâmica, tanto de desempenho como de locomoção. Ficou confuso ao testemunhar a performance do artista. "Pensei que dublava. Observei bastante, perguntei a um mexicano e entendi tudo. Fiquei louco com o que vi."

Na volta à fazenda, as ideias se encontravam em estado de ebulição. Sabia o que queria. Visitou Dallas, a 350 quilômetros de distância, e comprou o seu moderno microfone sem fio. Adquiriu uma unidade por 600 dólares. O montante representava a maioria de suas economias. "Pensei: vou mudar meu estilo de trabalhar. Quando voltar, vou narrar dentro das arenas e com um microfone diferenciado." Depois de seis meses, deixou os Estados Unidos com um ousado e revolucionário projeto. A bagagem estava mais pesada, mas o coração leve.

Repetiu o caminho percorrido na cansativa ida, com pequenas variações nas perigosas travessias, itinerários estranhos, abusos do seu poderio econômico e perigos mortais a cada esquina. Mas houve uma diferença: veio de Assunção a São Paulo de carona com um caminhoneiro desconhecido. A viagem consumiu nada menos do que uma semana pelos rincões tupiniquins. Mesmo com todas as dificuldades, Asa Branca desembarcou no Interior paulista em perfeito estado, assim como o microfone. Hora de estabelecer novos parâmetros no rodeio.

PARTE 2

TEMPO DE CHEGAR AO TOPO E PERDER O CONTROLE

Todos os riscos caminham juntos com as emoções.
Não pressentiu o perigo,
nem mesmo os amigos chamando atenção.
Não foi a seca Asa Branca, foi uma inundação
Que devastou a poesia, feriu a alegria e matou o peão.

5. INOVAÇÕES NO RODEIO

É o cara das emoções.

Benedito Amaro da Silva, o Ditão, profissional de rodeio

Depois de se restabelecer física e mentalmente do período intenso vivido no exterior, Asa Branca procurou emprego com seus conhecidos do ramo. Estava ansioso para retomar a locução de rodeio. Na realidade, a vontade se potencializava com um motivo especial – além do óbvio, que é ganhar dinheiro. Queria testar a novidade que trouxe na bagagem. A oportunidade surgiu em Vera Cruz (SP), em 1986. Sabiamente, evitou anunciar na véspera que usaria um equipamento pouco conhecido. Prudente adotar essa postura, pois poderia ser impedido ou desencorajado. Decidiu experimentar ao vivo.

Sem apresentar oficial e didaticamente as funcionalidades do microfone sem fio, narrou as primeiras montarias com sua habitual empolgação. Na época, nenhum profissional contava com um aparelho similar. A reação foi imediata. "Quando comecei a falar, o povo olhou desconfiado, sem acreditar. Percebi que muita gente riu. Pensaram que eu dublava em um microfone desligado." Por sugestão do organizador, aproximou-se da multidão e entrevistou um espectador, que ficou atônito. "Assim que sua voz foi ouvida no sistema de som, todos perceberam a narração em tempo real, sem truques. Uma loucura."

Pronto: a partir de então, Asa Branca e o microfone sem fio se tornaram inseparáveis. Certamente, jamais gastou 600 dólares com maior correção. A experiência funcionou tão a contento que passou a ser copiada por seus pares nos anos seguintes – hoje é item obrigatório. A modificação atingiu, em cheio, o modelo clássico de festa do peão boiadeiro, em voga havia décadas seguidas. Pequena, é verdade, porém irreversível. Em termos práticos, a ação pode ser considerada uma vitória representativa em um evento que necessitava de inovação e profissionalização para alcançar outro patamar, mas Asa Branca ainda não se sentia satisfeito. Queria mais.

Houve outro lance capital em Vera Cruz. Até então, o responsável pela locução ficava posicionado em uma cabine. O espaço, reservado, garantia a segurança do profissional. Sem dúvida, um ponto positivo. Asa Branca nunca aceitou essa limitação física e a pouca mobilidade em um lugar repleto de possibilidades. Decidiu que a sua jornada seria construída na arena. Do contrário, não fazia sentido portar tecnologia móvel.

A mudança de posicionamento do locutor marcou. No futebol, traria o mesmo impacto do que autorizar o goleiro a atuar na linha, livre, sem amarras, delimitações reais e imaginárias, regras específicas ou luvas. A ação assustou a plateia e sofreu críticas dos dirigentes conservadores, com pés fincados na tradição. O experimento realizado na pequena cidade paulista funcionou. A notícia se espalhou e, por consequência, gerou propaganda espontânea e gratuita.

Com destemor, Asa Branca ficava a dois metros de distância do touro. Os maiores pesavam mais de uma tonelada, tinham chifres pontiagudos e se encontravam em nível máximo de agitação. A proximidade com o animal colocava a sua própria vida em risco. Isso é inegável. Sofreu um acidente digno de registro. Em 2008, em Barretos, acabou atropelado por uma égua. Feriu-se, enfrentou sessões de fisioterapia e se recuperou. As consequências não foram mais devastadoras porque o juiz de rodeio Milton Barbosa Santiago, o Django, agiu rápido e evitou o pior.

Viu dois peões morrerem à sua frente. "Quando eu estava em ação, ficava concentrado. Meus sentidos se aguçavam. Escutava a vibração da arquibancada e a respiração do boi. Eu captava o que acontecia ao meu redor com facilidade", afirma Asa Branca.

Sem lugar fixo, visitava o brete, escalava a estrutura, conversava com as pessoas e percorria todo o recinto. Sua prosa característica prendia a atenção. Apesar do risco de acidente, essa flexibilidade de movimentação aumentou a qualidade de suas performances, que atraíam cada vez mais gente. Abriu as cancelas das principais festas. Dedicou-se com afinco ao trabalho, com viagens a diversas partes do Brasil, independentemente de sua localização. Para alegria de alguns e contragosto de outros.

Realizou-se ao sentir a sensação de criar e surpreender. À medida que alcançou os primeiros degraus da popularidade, modificou a estrutura dos eventos. A cada pormenor que fazia releitura, os resultados se mostravam positivos. A melhoria da sonoplastia surtiu efeito. Contratou um DJ profissional que tocava em alto volume, antes de o peão entrar, clássicos do rock internacional, de nomes como Guns N'Roses, Billy Idol, Madonna e Bob Dylan, e músicas country dos Estados Unidos. O clima ficava agitado e propício. A emoção aumentava. As canções caipiras, até então, formavam a trilha sonora.

Criava rimas rápidas que deixavam os ouvintes arrebatados. Seus versos, forjados na simplicidade de homem interiorano, esmiuçavam as características do mundo sertanejo, destacavam a mulher, falavam de relacionamento de forma apimentada, valorizavam a cultura rural e traziam temas pouco comuns a esse meio, com predominância masculina:

– Procure plantar sementes de amor e de otimismo na sua vida, e você colherá maravilhosos frutos;

— Sua vida só você vive, portanto, goste mais, acredite mais e seja mais feliz;

— Tudo que uma pessoa é capaz de planejar, ela é capaz de realizar. Tenha fé, otimismo e ação;

– Que minha coragem seja maior que meu medo, que minha força seja tão grande quanto a minha fé! A boiada toca o rodeio dessa gente apaixonada.

Em suas narrações, ofereceu destaque ao peão. Até então, ocupavam o segundo plano, embora fossem fundamentais no espetáculo. Asa Branca conversava sobre o banal, brincava sem pretensão e perguntava questões pessoais, que revelavam um lado mais humano. Criava-se uma imediata empatia. Embora sejam desconhecidos os números oficiais, essa interação com o público fez muita gente deixar de torcer a favor do boi. O momento de promover as entrevistas, no entanto, nem sempre era o melhor. Colocava o microfone na boca do boiadeiro segundos antes da porteira ser aberta. "Quando eu ia montar, a minha emoção aumentava ao saber que o Asa Branca iria narrar. Deixava a gente se expressar à vontade, com generosidade e humanidade. Um cara com bom coração", afirma o peão Miguel Luís Lopes.

Jair Honório de Oliveira é dono de 136 títulos na categoria cutiano (montaria em cavalo) e bicampeão de Barretos, em 1987 e 1990. Conta que o ambiente da arena ganhava outra feição, mais jovial e alegre, nas ocasiões em Asa Branca era o responsável pela narração. "Reconheceu o peão como uma estrela. Isso fez diferença na nossa profissão. Com seu desempenho diferenciado e inovação, contribuiu para o desenvolvimento da festa."

A competência intelectual e a espontaneidade foram diferenciais em seu crescimento profissional. "Ninguém apresentava um vocabulário igual, a agilidade de criar versos e o domínio da arena. Asa Branca recebeu todas as oportunidades do mundo por um simples motivo: sua grande capacidade de comunicação. Transformou as montarias em um grandioso e popular acontecimento. Com seu estilo e iniciativa, revolucionou. Passou a ser copiado, mas sem grande êxito. Não existe estilo igual ao seu", lembra Barra Mansa, dono de uma longeva carreira.

A notícia sobre as novidades que implementou, o brilho com que atuava e a facilidade de transmitir os pensamentos espalhou-se e o conduziu a lugares maiores e com cachês formados por rentáveis cifras. A facilidade de narrar transformou sua missão em algo que mobilizava multidões. Na época, poucos rodeios contavam com show musical.

*

Com a carreira em ascensão, Asa Branca recebeu o convite que todo profissional do ramo espera. Sim, para trabalhar em Barretos (SP), o evento mais importante do gênero no Brasil e um dos mais conhecidos no mundo. Sua estreia no tradicional palco ocorreu em 1987. "Ele se destacou e a gente contratou. Era inteligente e criativo", destaca Emílio Carlos dos Santos, o Kaká, diretor do grupo Os Independentes, responsável pela organização.

Em Londrina (PR) a trabalho, Asa Branca soube que representantes dos Independentes queriam fechar sua contratação. A informação representou momento de alegria e de constatação de estar no caminho certo. Ficou acertado, logo de saída, que seria responsável por narrar provas que envolviam touros e cavalos – destaques na programação. Uma responsabilidade grande, mas tudo transcorreu com tranquilidade.

"Barretos foi a melhor coisa que me aconteceu. Ajudou minha carreira a decolar de uma maneira que jamais imaginei", assegura Asa Branca. De jeito nenhum ficou apreensivo com a aura intimidadora, na véspera, ou com a presença marcante de público, na hora . O trabalho, desenvolvido com segurança, escancarou as portas mais inacessíveis e pesadas do mercado. A partir de então, ocupou lugar confortável em comparação com a concorrência.

Participou, com o mesmo status, das sete edições seguintes da Festa do Peão Boiadeiro de Barretos. O tradicional festival atrai as imprensas nacional e internacional, respeitados formadores de opinião, políticos de alto escalão e um público apaixonado. Quem se destaca tem o nome catapultado às manchetes e rodas de conversa.

Outro fato representativo na carreira, que comprova seu ótimo momento, deu-se em 1988. Na ocasião, narrou um rodeio em Dallas, Estados Unidos. Uma reviravolta e tanto três anos após ingressar em solo norte-americano como clandestino e por vias pouco ortodoxas. Entrou pela passagem principal, com as deferências tradicionais que um profissional gabaritado merece. No estádio, seis mil pessoas se aglomeravam. Asa Branca narrou com seu jeito característico e frases apoiadas na cultura caipira. Estranhou que, ao invés de torcer efusivamente, o público caía na gargalhada a cada palavra que pronunciava. Concluiu: a arquibancada estava coberta por americanos. Ninguém entendia nada de língua portuguesa.

*

A história do rodeio começou a ser escrita no Brasil em 1947, justamente em Barretos. Segundo o grupo Os Independentes, a Prefeitura promoveu uma quermesse na praça central. Dentro de um cercado equipado com assentos, realizou-se o primeiro evento do gênero no país. A cidade tem relação forte com a pecuária. No passado, abrigou o Frigorífico Anglo, instalado em 1913. Na época, o estabelecimento era o maior da América Latina. A localidade abrigava estradas boiadeiras, por onde o gado era conduzido. Os peões das comitivas descansavam, conversavam e se divertiam. Nessa pausa, demonstravam suas habilidades no trato com os animais.

Em sua tese de doutorado, o pesquisador Cesar Gomes da Silva escreveu que o rodeio nos moldes modernos realmente tem Barretos como berço e, de lá, difundiu-se em outras localidades, tanto próximas como distantes. "As práticas de diversão e as competições entre peões sempre ocorreram nos currais e nas fazendas, o que não retira o mérito do grupo (Os Independentes)", declara Silva.

Conforme a tese de doutorado, a festa de 1947 aconteceu graças à participação de várias pessoas, fazendeiros, boiadeiros e peões de cidades vizinhas. Todos tinham suas atividades ligadas à pecuária. "Tanto que parte da tropa trazida para essa festa veio de Franca (SP) e o tropeiro nem cobrou. Outra parte dos animais usados nas disputas pertenciam aos criadores e invernistas da região e muitos nem moravam em Barretos."

Nos Estados Unidos, os historiadores geralmente reconhecem como pioneiros Pecos (Texas, 1883, 1° rodeio a oferecer prêmios), Prescott (Arizona, 1888, 1° a cobrar inscrição) e Fort Worth (Texas, 1917, 1° a ser realizado em recinto próprio). Na questão doméstica, as montarias profissionais começaram a ser realizadas sistematicamente, a partir de 1960, no Estado de São Paulo. Estabeleceram-se na cultura e se tornaram referências na economia e no turismo, sobretudo das localidades pequenas. Esse processo de desenvolvimento prosseguiu nos anos seguintes. Na década de 1980, faltava, no entanto, conquistar a capital, o grande centro financeiro e comercial.

O empresário Jorge Almeida Ribeiro, dono de uma empresa de marketing com atuação nacional, procurou a Associação Paulista de Rodeio em Touros, presidida pelo peão boiadeiro Esnar Ribeiro. A proposta era realizar, em conjunto, uma grande festa na 'terra da garoa'. Enquanto o grupo empresarial entrou com o dinheiro, os profissionais colaboraram com a expertise. Foram realizadas inúmeras reuniões em São Paulo até o formato ser fechado. Os sucessivos deslocamentos rodoviários foram vencidos com ajuda de um veículo Santana bem velho, que pertencia a Asa Branca e era chamado de Bateau Mouche, em referência ao barco que naufragou em 1988 no Rio de Janeiro. O evento, indoor, transcorreu nos dias 4, 5 e 6 de novembro de 1988, no Ginásio do Ibirapuera.

Na data da abertura, o jornal O Estado de São Paulo trouxe uma reportagem, de meia página, onde ofereceu aos leitores os pormenores da invasão sertaneja. "Para montar cavalos e touros, homens rústicos que trocaram, na maior parte das vezes, um pequeno salário como capatazes de fazenda por muito dinheiro, além de poucos segundos de brilho", relatava o texto. Asa Branca declarou ao repórter que, no interior paulista, o público estava formado. "Aqui, não. Teremos de nos superar e fazer o melhor. O paulistano é exigente." Participaram peões e animais vencedores em todas as disputas que ocorreram em 400 cidades paulistas ao longo do ano.

Com a proposta de chamar a atenção da população, a organização conseguiu autorização da Polícia Militar para fazer uma cavalgada na Avenida Paulista, a mais famosa e representativa do município, entre 7h e 9h. Mas o horário não se cumpriu. Por esse motivo, a autoridade barrou os cowboys vestidos a caráter, 20 cavalos e 15 burros. Para não perder a viagem, Asa Branca se aproximou do caminhão e soltou os animais em pleno cartão-postal paulistano. Fingiu que a porta havia se rompido. Foi a maior confusão no trânsito. Teve peão que não sabia voltar ao Ibirapuera.

O fato gerou representativa mídia espontânea, o que ajudou na divulgação. Nos três dias, um bom público compareceu ao ginásio e assistiu as montarias, regidas principalmente por Asa Branca, e as apresentações de números musicais de cantores como Sérgio Reis, Chrystian & Ralf e Nalva Aguiar. O locutor colheu frutos. Seu nome ganhou exposição e passou a ser conhecido de forma mais ampla.

Apesar das dificuldades, o objetivo se alcançou com a transformação da atribulada metrópole em polo sertanejo. Em 1993, no entanto, foi promulgada uma lei que proibiu na cidade a realização de rodeios, touradas ou similares.

*

No final da década de 1980, Asa Branca atingiu um admirável patamar no mercado. Suas inovações traziam efeitos positivos e chamavam a atenção tanto da plateia como da imprensa. A maioria dos contratantes não colocava freio em suas investidas velozes por receio de entrar em colisão e, consequentemente, perder a atração de maneira prematura. Miravam o ganho financeiro, sem mensurar eventuais consequências ou riscos. Sua ousadia contava com uma autorização tácita.

A partir da própria observação, Asa Branca percebeu que o profissional que muda, varia, modifica e atualiza a literatura da área em que atua fica em uma posição confortável. Jamais parou de pensar diferente e percebeu as necessidades que existiam ou poderiam surgir. Até mesmo nos momentos de lazer, sua antena permanecia ligada e captava outros conceitos.

Em raro momento sossegado, sentou-se no sofá da sala. Na televisão, a banda britânica Pink Floyd. Sucesso mundial, com discos que modificaram as direções do rock. Antes dos números musicais serem executados, um detalhe fora da expectativa: o grupo se locomoveu de helicóptero ao ambiente do concerto. O desembarque ocorreu nos fundos do palco. O som característico do motor e a hélice em movimento causaram frisson. As pessoas corresponderam à altura, com animação. A faísca se acendeu. Apaixonado por aviação, os olhos de Asa Branca brilharam intensamente com o que acabara de assistir. Nesse momento, percebeu que poderia reproduzir essa entrada triunfante. É claro: com megalomania. Em sua mente, mensurava uma forma possível. Muitas dúvidas surgiram nesse processo. De pronto, descartou fazer uma simples repetição, em lugar discreto. Queria chegar com extravagância. E, com esse norte pouco provável, decidiu pousar no coração da arena.

Escolheu Cajamar (SP) para testar a novidade, em 1989. O projeto, repleto de temeridades, ficou distante da publicidade. Todos os pormenores foram preparados em sigilo, como o aluguel de uma aeronave modelo Jet Ranger. Asa Branca combinou com o piloto que, antes do pouso, queria um sobrevoo próximo da arquibancada por alguns minutos. No momento em que houve a aproximação, o público se assustou, sem entender o que acontecia. O locutor ligou o microfone sem fio e falou com seu vozeirão. "Ao perceber que era eu, o povo enlouqueceu. Uma sensação indescritível." Desceu no centro do lugar e executou a sua função com a autoridade contumaz.

Reproduziu o feito em Fernandópolis (SP). Nas duas ocasiões, as apresentações transcorreram com normalidade, sem registro de passagens negativas. A aceitação popular facilitou a negociação com os contratantes. Com os gastos extras, o orçamento encareceu. Todo mundo queria ver aquele sujeito desengonçado. Nenhum colega de ofício trabalhava nesses moldes. A novidade se tornou a assinatura oficial de Asa Branca. O fato era visto normalmente na abertura, quando ocorria a solenidade oficial com a presença de autoridades e de políticos. Detalhe: o voo não tinha autorização.

O agropecuarista Marcelo Figueiredo presidiu a Festa do Peão de São José do Rio Preto entre 1989 e 1996. Em 1991, Asa Branca debutou. A partir de então, tornou-se o titular da posição por seis anos seguidos. "Logo de saída, disse-me que ficaria dentro da arena. Três anos depois, apareceu de helicóptero, o que gerou uma comoção na cidade. Não se falou de outra coisa."

Figueiredo se recorda de outras duas passagens que envolvem Asa Branca.

Primeiro, ele foi buscar um caminhão carregado com equipamentos de som no Paraná. A aparelhagem seria usada em sua apresentação. No retorno ao município paulista, perdeu o controle da direção e o veículo capotou. A valiosa carga virou sucata. Sofreu diversos ferimentos pelo corpo. Mas cumpriu seu papel normalmente. "Apareceu todo machucado", relembra o agropecuarista.

Em 1994, o Brasil venceu a Copa do Mundo dos Estados Unidos. Embora o rodeio de São José do Rio Preto fosse promovido em setembro, o locutor pensou em homenagear o futebol e posicionou a réplica gigante da taça de campeão no centro da arena. "O Asa Branca entrou nessa cápsula três horas antes. Ficou lá, sem fazer nada, até ser anunciado. As pessoas se consumiram em curiosidade. A revelação criou um momento espetacular", acrescenta Figueiredo.

Se a grade de programação trazia Asa Branca como atração, os admiradores se preparavam para, no mínimo, vê-lo 'voando'. Quem sabe, com sorte, seria possível assistir a outro fato curioso, daqueles que rendem conversa por um bom tempo. A repetição dessa verdadeira loucura aeronáutica fomentou a criação de um ritual. Momentos antes de embarcar, ele tomava de uma a quatro doses de uísque com água. Na sequência, rezava um Pai-Nosso e uma Ave-Maria. Terminava a oração com o sinal da cruz. Sentia-se seguro. Pedia proteção a Nossa Senhora Aparecida, santa de devoção, e seguia adiante. Seu uniforme era formado por calça jeans, chapéu, camisa e bota de cowboy.

Muitas vezes, mais de 30 mil pessoas esperavam na arquibancada. Em determinadas ocasiões, desembarcava antes do pouso. Com 100 quilos e 1,90metro, pulava de uma altura de cinco ou seis metros. Caía na areia, levantava-se com rapidez e corria em disparada. Normalmente, ligava o microfone antes do perigoso desembarque. Do céu, apresentava sua prosa, fazia versos pegajosos e lançava mão de vários recursos chamativos, com sua voz potente e marcante. A plateia correspondia com gritos, acenos, braços levantados e chapéus suspensos.

O homem era despejado do céu nos braços do povo. Nem sempre, porém, saía como combinado. Benedito Amaro da Silva, o Ditão, iniciou a carreira como peão e passou por diversas funções. Nos anos de 1980, conheceu Asa Branca, a quem classifica como um indivíduo cheio de imprevistos. De imediato, nasceu amizade forte e parceria profissional duradoura. Em Planalto do Sul, distrito de Teodoro Sampaio (SP), aconteceu um episódio arriscado. Na abertura, ficou acertado que o locutor chegaria de helicóptero e saltaria de três metros no centro da arena.

A aeronave se aproximou do lugar indicado. O público e os profissionais foram surpreendidos, e da pior maneira possível. O motivo? A dez metros do solo, Asa Branca pulou repentinamente e encontrou o chão com toda força. Provavelmente, errou o cálculo. Possivelmente, havia bebido. Antes de o socorro chegar, levantou-se, deu um potente chute na areia e começou a narrar, como se nada tivesse acontecido. Situações semelhantes se repetiram. Caiu do cavalo e de carro em movimento. "É o cara das emoções", atesta Ditão.

*

Com uma rotina atribulada, Asa Branca contratou o amigo de infância José Bartolomeu Ernesto, caminhoneiro e oito anos mais velho, como assessor particular 24 horas por dia. O funcionário resolvia todos os assuntos, entre os quais os pormenores que envolviam as animadas aberturas das festas. "Chegar de helicóptero na arena era uma operação perigosa. O piloto poderia encostar as hélices, sem perceber, em um obstáculo e provocar um acidente", enfatiza Ernesto.

De forma antecipada, o assessor inspecionava o recinto e mapeava os riscos, como fios de alta tensão, cabos e estrutura física. A tática funcionou. Na segunda edição do Encontro de Peões de Barretos, a organização sugeriu que Asa Branca entrasse de tirolesa. Com medo de cair no meio da aventura e se estatelar diante de milhares de testemunhas, pediu ao assessor que testasse o equipamento, embora não fosse sua atribuição. "Prometeu: 'se você descer, eu te darei um litro de uísque'. Com uma proposta dessas, não teve como resistir. Subi na torre e fui embora. Acabei encorajando-o", diverte-se.

Os dois, aliás, têm uma longa marcha juntos. Nos anos de 1980, moraram em um quarto de pensão na Rua Jorge Tibiriçá, em São José do Rio Preto, com mais duas pessoas. "Conheci o Ruy no dia em que nasceu. Eu o considero um irmão." Os amigos saíam de carro por estradas do país afora. "Enquanto um ocupava o volante, o outro descansava. A gente sabe respeitar o lugar do outro", revela Ernesto, que é chamado pelo patrão, na brincadeira, de clínico-geral, em razão de sua contribuição ampla. Na necessidade, atuou até como segurança.

Na questão financeira, Asa Branca acertava seus próprios trabalhos e estabelecia a rotina atribulada em uma agenda precária ou na própria memória. Com a finalidade de melhorar a organização, contratou três empresários em anos distintos. Mas se sentiu prejudicado nesse tipo de relação comercial. A ideia nunca prosperou.

*

Para evitar que sua marca registrada se tornasse banal e deixasse de comover as pessoas, Asa Branca colocou em prática variações sobre o tema, conforme as possibilidades estruturais de cada localidade e a disponibilidade financeira, que jamais pode ser ignorada. Em Santo Anastácio (SP), planejou entrar na arena montado em um belo cavalo na solenidade de abertura. Com um dos braços, segurava a Bandeira do Brasil em posição de destaque.

Como se tratava de período de estiagem, a grama seca gerou problema na queima de fogos. Uma faísca atingiu o mato e causou um pequeno incêndio, justamente perto do caminhão de som. Benedito Amaro da Silva, o Ditão, lembra-se que Asa Branca, sem ter opção perto das mãos, apagou as chamas com o símbolo máximo da nação. "Ele disse: 'melhor queimar a bandeira do que um caminhão'", rememora Ditão. Todos riram, e o evento prosseguiu.

Na Festa do Peão Boiadeiro de Barretos de 1991, Asa Branca desceu no coração da arena de paraquedas. A empreitada ocorreu com perfeição provavelmente por ter contado com a colaboração de qualificados profissionais na retaguarda. Um instrutor campeão o acompanhou no salto. "Eu ficava tenso, com o coração na mão, durante a abertura. Sempre trazia alguma inovação, com sua própria organização. Saía do lugar comum, o que é interessante. Eu apreciava essas coisas. É um revolucionário", sustenta José Wilson Freire, promotor de rodeio.

As condições climáticas atrapalhavam os planos. Em Adamantina (SP), programou sua chegada de paraquedas. Com vento forte, foi orientado a cancelar o plano, em razão do risco de acidente. Nem a tradicional aeronave utilizou.

Com reduzidas opções à disposição, viu-se autorizado a improvisar. Deitou em uma carriola e ordenou que fosse entregue dentro da arena. O povo riu bastante da presepada. Mas, no gosto popular, havia uma preferência, longe de ser esgotada. Nenhuma novidade superava a famigerada aparição aérea.

Consciente da necessidade de inovar, Asa Branca procurou seu irmão Bil – homem do campo, apaixonado por animais. Muito próximos no dia a dia, conversaram sobre inúmeras possibilidades e acharam uma maneira de incrementar o espetáculo. Pensaram em algo ligado exclusivamente ao mundo rural, sem viés tecnológico. Em time vencedor, não há necessidade de mudar toda a escalação a cada jogo. Uma ou outra peça pode ser substituída, sem prejuízo no resultado final.

Em 1991 fizeram uma avaliação em Adamantina. Bil posicionou um cavalo bonito, forte e chamativo em plena arena. Sua função seria mais ampla do que apenas emprestar sua beleza ou destreza nos movimentos. Asa Branca apareceu e fez o papel conhecido. Sobrevoou o recinto, falou em seu microfone e mandou o piloto se aproximar do chão, com toda técnica e calma.

Quando o aparelho parou no ar, a um metro e meio de altura, saltou com precisão no lombo do animal, que saiu em disparada enquanto o cavaleiro saudou os presentes com o chapéu em punho e adrenalina em níveis elevados. O curioso pouso funcionou. Foi ovacionado com gritos ensurdecedores. A cena se repetiu nos desfiles que os cavaleiros faziam na cidade. General Salgado (SP), Poloni (SP), Macaubal (SP) e Birigui (SP) são exemplos de municípios que testemunharam a performance, apresentada somente se Bil estivesse por perto. Caso contrário, nada feito.

Asa Branca confiava no irmão. A cautela se explica. Bil respeitava os limites físicos e mentais do animal. Ao reproduzir esse salto, adotava uma série de cuidados preventivos a fim de diminuir os impactos. Colocava algodão nos ouvidos e vendava os olhos do cavalo, que não sentia os sons do 'circo' montado a sua volta. Fundamental estar calmo para tudo acontecer com o mínimo de segurança. "Ele dava o sinal e eu descia", lembra Asa Branca. Essa parceria durou anos e produziu cenas memoráveis.

6. SUCESSO, DINHEIRO E DROGAS

– Você precisa guardar um pouco de dinheiro, repetia Sérgio Reis.

– Não fui eu que espalhei. Por que vou juntar?, respondia Asa Branca.

O reconhecimento de Asa Branca em âmbito nacional se cristalizou ao ser requisitado, regularmente, por programas líderes de audiência, em emissoras como Rede Globo, Record, Bandeirantes e SBT. Ampliou seus horizontes para além de um setor específico. Tornou-se um artista pop, showman. Seu nome virou grife. No começo de 1990, o rodeio atingiu o auge da popularidade, juntamente com as duplas sertanejas. A rotina campestre foi explorada à exaustão pela televisão ao longo da década.

"Entrevistei o Asa Branca algumas vezes, todas com mais gente. Lindo e simpático, com seu jeito matuto e tímido. Era um ídolo. Um homem simples, mas cheio de charme. Tinha um vozeirão envolvente", lembra a jornalista Silvia Poppovic. Com viés popular, o programa 'Silvia Poppovic' representou uma atração da Bandeirantes entre 1990 e 1996. Em uma das edições, compareceram cowboys e a dupla 'As Marcianas'. A apresentadora interagiu de forma animada, inclusive perguntou termos curiosos no dia a dia do interior. As respostas divertiram a plateia. Asa Branca narrou uma montaria de brincadeira. Um peão enfrentou o touro mecânico.

O locutor participou de dezenas de atrações, entre as quais 'Domingão do Faustão', de Fausto Silva, e 'Domingo Legal', de Gugu Liberato, onde estrelou o quadro da banheira. O apresentador declarou que o programa do SBT registrou uma de suas maiores audiências com a participação de Asa Branca, que demonstrou constrangimento de aparecer de sunga. Sua tarefa consistia em recolher sabonetes na água. A modelo Luiza Ambiel, em trajes sumários, tinha a função de atrapalhar o convidado.

Sem medo, Asa Branca chegava e apresentava suas credenciais: estilo peculiar e educado de falar, estórias curiosas e facilidade de fazer rir. A mulherada o considerava um galã. No SBT, esteve no talk show de Hebe Camargo. Ao pisar no palco, conseguiu o tradicional selinho da comunicadora, cujas entrevistas ocorriam em um famoso e amplo sofá. Ela recebeu os participantes, entre os quais a cantora Roberta Miranda, com um belo chapéu branco na cabeça. Parte da plateia usava roupas típicas.

Hebe e Asa Branca conversaram animadamente.

– Você deve ser mulherengo.

– A mulher é a parte mais importante do rodeio.

– Deve ter umas 300 tampas para a sua panela.

– Estou solteiro. Ultimamente, estou sozinho.

– Você tem uma cara cínica, brincou a apresentadora.

Em outro bloco, o locutor aproveitou e fez propaganda de sua área. O programa atingia representativos índices de audiência com um público diferente do que frequentava normalmente as arenas. "É um esporte em que não dá para comprar o resultado. É impossível falar ao boi: 'dou 500 reais e você me deixa ganhar'". No final, a apresentadora entregou mais um momento memorável: montou em um touro mecânico, ao som de sua risada característica. Rapidamente, no entanto, caiu no colchão inflável e ficou estirada.

Asa Branca teve uma experiência curiosa na seara da atuação. Em 1990, estrelou com a atriz Alexia Dechamps o comercial do rodeio de São José do Rio Preto. Na cena de 30 segundos, a garota sai de casa em uma bonita caminhonete, mas o veículo atola no meio do caminho. Nem tentou resolver o problema. Ficou parada à espera do herói, que apareceu com dois cavalos enormes, disse duas frases e salvou a 'mocinha'. Na sequência, ambos saíram em disparada pelo estradão de terra.

Em 1992, Asa Branca participou do 'Globo Repórter'. A atração, a partir de Barretos, mostrou os bastidores dos profissionais envolvidos no rodeio. As reportagens foram conduzidas por Marcelo Rezende, que mais tarde se tornou apresentador bem-sucedido. O locutor apareceu em dois momentos distintos. No íntimo, vestia-se. No exibicionista, dirigia uma caminhonete com cabine dupla ou pilotava um robusto jet-ski. A generosidade do repórter nos bastidores chamou a atenção. "Comprou todas as balas do supermercado e ofereceu às crianças", recorda-se Asa Branca, emocionado.

Nessa época, Asa Branca se relacionava com a apresentadora Marília Gabriela, uma estrela da comunicação. O romance causou surpresa no meio artístico. Chegaram a dividir apartamento em São Paulo. "Foi um susto para todo mundo. Ninguém acreditava que isso pudesse ir adiante porque eram muito diferentes. Ela viajava o mundo como jornalista. Ele reinava pelo interior do Brasil. E não deu em nada mesmo. Nas poucas vezes em que falou do assunto, Gabi revelou que Asa Branca dizia muito palavrão!", declarou a apresentadora Sônia Abrão. A história durou pouco menos de um ano e terminou em 1993, após ela quase flagrar uma traição. Procurada, Marília Gabriela não se pronunciou.

*

O sucesso profissional e midiático fez Asa Branca conhecer as duas faces da moeda. De um lado, cifras exorbitantes, luxo, carros importados, helicóptero, avião, acesso a lugares inimagináveis e flat em endereço valorizado. Do outro, relações alicerçadas no interesse financeiro, tanto de mulheres como de falsos amigos, intrigas, farras, excesso de bajulação, desperdício, extravagância, álcool, sexo e drogas. Repentinamente, surgiu um turbilhão de novidades, acontecimentos e conquistas. A fama germinou completa, com todas as representações do bem e do mal.

Na questão financeira, foram superadas as expectativas mais lunáticas, ou seja, as que repousam em segredo no íntimo. À medida que ficou conhecido e se tornou popular, os cachês pelos seus serviços aumentaram de forma substanciosa. Em um mês comum, embolsava, em média, o equivalente a 300 mil reais em cifras atualizadas. Mas existiram datas especiais em que obteve 1 milhão de reais em um ciclo de 30 dias. A entrada de numerário era constante, como a saída. Ganhava muito e gastava demais. Expediente similar a carregar água em uma peneira. Ignorava possíveis imprevistos e experimentou tudo o que pode ser comprado.

Homem que se equilibrou entre a tradição do campo e a modernidade da cidade, Asa Branca tem hábitos peculiares na gestão de seus recursos. Nunca manteve uma relação amistosa com o dinheiro. Nesse setor, uma verdade: detesta banco, de qualquer bandeira. Na maior parte do tempo, não teve conta corrente aberta em seu nome, muito menos investimentos na poupança, onde alocaria os vultosos vencimentos normalmente recebidos em espécie. Além de se aborrecer com a burocracia do sistema bancário, receava ser 'enrolado' na matemática das grandes corporações. Por mais contraditória que possa parecer, encontrou uma saída nada rígida.

Dirigiu-se a uma papelaria e comprou uma pasta preta, simples, daquelas de plástico, para usar como cofre itinerante – portanto, conduzido a qualquer lugar. Afinal, guardava ali parte de sua riqueza. A pasta abrigava entre 200 mil e 300 mil reais, normalmente. Nunca soube ao certo a quantia. Mas era muito. Um exemplo: precisou, emergencialmente, de um carro com a finalidade de transportar parte de seu staff de São José do Rio Preto a Goiânia (GO). Dirigiu-se a uma concessionária e, sem dificuldade ou complicação, resgatou do bolso a quantia necessária para efetivar a compra. Saiu montado em uma caminhonete Silverado zero quilômetro.

Quando a pasta enchia a ponto de transbordar, retirava parte do conteúdo e guardava em outros ambientes. Mais seguros? Nada disso. Em suma: precários. Fazia depósitos embaixo do colchão e dormia um sono 'seguro'. Suas soluções administrativas, no entanto, beiravam o absurdo. Em determinada fase, enchia sacolas de plástico com as notas. Os pacotes acabavam pendurados nos galhos de uma árvore no fundo de casa ou enterrados no quintal. Fora o pé de 'grana', esquecia-se dos lugares onde armazenou o tesouro. Não produzia mapas.

Apesar de se encontrar vulnerável frequentemente, jamais enfrentou um assalto formal, com bandido armado, gritos de desespero e clichês do gênero policialesco. Andar endinheirado trouxe perigos reais ou imaginários. No Centro-Oeste, aconteceu uma passagem assim. Fechou um vantajoso contrato em Campo Grande (MS). Acertou que ficaria com a renda da bilheteria em troca de sua participação. Ninguém contava que as expectativas de público seriam superadas. Em uma noite, produziu soma que encheu uma mala. "Mesmo acostumado a mexer com grandes quantias, meu tio se assustou com o volume de notas", lembra Tiago Santos Vulpini, sobrinho de Asa Branca. Fazia parte da produção, juntamente com o irmão, Gustavo Santos Vulpini. Os dois eram adolescentes.

Asa Branca notou olhares de cobiça das pessoas em volta e redobrou a cautela. Colocou em prática um plano mirabolante. Mandou o sobrinho se esconder em um matagal com a mala. Pagou as despesas da hospedagem, dividiu os colaboradores em dois carros e mandou os motoristas saírem apressados. Com 70 quilômetros de distância, eles se reencontraram, já com semblantes um pouco mais serenos. A proposta consistia em seguir viagem sem parar, mas a fome incomodava. Em comum acordo, compraram marmitas em um restaurante de beira de estrada. Nem se sentaram. Foram embora com generosas porções de arroz, de feijão e de carne a tiracolo.

Nas proximidades de São José do Rio Preto, houve a dramática descoberta. A mala sumiu. Procuraram no assoalho, no porta-malas e no compartimento secreto. Sem sucesso. Na verdade, ficou esquecida no estabelecimento comercial. "De imediato, meu tio mandou um funcionário voltar ao restaurante, a mais de 300 quilômetros de distância, e tentar o milagre", mencionou Tiago. No local, a surpresa. O emissário foi prontamente reconhecido por uma solícita funcionária, que se apresentou espontaneamente. "Você estava com o Asa Branca? Na pressa, vocês esqueceram uma coisa. E eu guardei." Sem saber, a trabalhadora devolveu quantia suficiente para comprar uma casa de bom porte estrutural. Como agradecimento pela honestidade, a mulher foi recompensada. A quantia certamente fez diferença em seus rendimentos.

Em outra situação, Asa Branca retornava do trabalho em uma possante caminhonete. Guardou o pagamento dentro de um saco de pão, que ficou solto no banco do passageiro. Com a velocidade do veículo, uma lufada de vento entrou na cabine, de súbito, e provocou o maior prejuízo: dezenas de notas foram lançadas na rodovia, à própria sorte. Não tentou recuperar ao menos algumas unidades. Deixou parte do cachê no chão. Seguiu em frente, veloz.

*

A fartura financeira atraiu uma espécie de gente que, com perdão aos anelídeos, é conhecida no submundo como sanguessuga.

Fato: ocorreu uma mudança significativa no comportamento de Asa Branca. Ele parou de andar sozinho. Sim, é verdade. Nem na padaria da esquina era visto desacompanhado. A cada lugar que visitava por vontade própria ou em razão de compromissos, tinha o acompanhamento de um batalhão nunca inferior a dez pessoas e muitas vezes superior a 15. Havia amigos verdadeiros na turma, embora minoria. Mas a maioria queria mesmo usufruir dos benefícios. "Muita gente se aproveitou da condição confortável. Asa Branca assumia os custos de todas as refeições e presenteava essas pessoas com roupas e tênis de marca." É o que revela o locutor José Edson Cabral, um companheiro de longa data.

Se fosse necessário se hospedar, Asa Branca escolhia um hotel cinco estrelas. Cada convidado ficava em uma suíte particular. Com vontade de ingerir bebidas e se divertir, seguia à boate mais cara. Cada um tomava a quantidade que o corpo aguentasse. No jantar, buscava o restaurante mais elitizado. Cada um comia o prato que desejasse. Pagava a conta sem ver o preço antes, sem pedir desconto, sem rezingar, sem economia, sem questionar. Todo acontecimento, inclusive os banais, transformava-se em motivo de festejar, comemorar, provar e gastar.

Vivia sem vislumbrar o amanhã.

Com início do rodeio programado na quarta ou quinta-feira, a turma se instalava mais cedo na cidade onde seria realizado o evento. Em terreno conhecido, as chácaras afastadas dos olhares curiosos ganhavam a preferência. As festas, intermináveis, conduziam-se com álcool, sobretudo uísque das melhores marcas, e cantoria de música sertaneja. Nas noites mais insanas, Asa Branca ingeria um litro e meio da bebida, sozinho. "Eu vivo todos os dias como se fosse o último de minha vida. Não me apego em matéria. Passei a ser feliz quando me desprendi da matéria. Faço tudo o que quero. Sou um cara que adora viver, que adora voar! Acho que combinou o apelido", declarou em entrevista publicada em abril de 2009 na revista RC Magazine.

Em determinado momento, a bebida alcoólica se mostrou insuficiente e deixou de produzir os mesmos efeitos dos primeiros encontros etílicos. Um amigo incluiu a maconha na rotina do grupo e abriu a perigosa porta da dependência química. Asa Branca começou a fumar um baseado e aumentou a quantidade paulatinamente. Até que a droga encontrou um lugar cativo em sua rotina, com presença marcante. Nunca enxergou perigo na erva, consumida distante dos holofotes e da própria família. Acreditava que fazia uso recreativo.

Sofreu furtos nas horas em que esteve sob o efeito de drogas ou de álcool. Pessoas próximas, graças à chancela da amizade, aproveitavam de sua momentânea fragilidade física e motora e se apossavam de parte do dinheiro. Como carregava grandes quantias, nem percebia a subtração de algumas notas.

Em alta na profissão, Asa Branca se dividia entre duas cidades: São José do Rio Preto, por questão afetiva, e São Paulo, por motivos profissionais. Morava em grande estilo. Alugou um apartamento no prédio Fortune Residence, na Rua Haddock Lobo, 804, bairro Cerqueira César, um dos endereços mais caros da capital, onde ficou entre 1990 e 2000. Usava o flat normalmente para dormir, em parte do dia, e receber suas parceiras amorosas, no resto das horas. Se não estava em repouso ou ocupado com as namoradas, buscava diversão na rua. Ou melhor: nas boates.

Em uma incursão pela noite paulistana, sua turma visitava de cinco a seis casas, a maioria dispendiosíssima, frequentada pela alta roda social, entre as quais as extintas Gallery e Allure. Devidamente trajados com bota, fivela, calça jeans e chapéu, os cowboys invadiam o ambiente dos descolados e, prontamente, centralizavam as atenções, tanto pelo visual exótico como pelas confusões. A vestimenta nem sempre era bem vista pelos outros clientes. "Um cara encostou no meu chapéu e disse: 'aqui não é lugar de peão'. Eu tirei o meu cinto e bati na testa dele. Cortou na hora e o sangue escorreu. Causou a maior confusão. Deu até polícia", disse Asa Branca.

Em um passeio, a brincadeira consumia até 20 mil reais, praticamente o valor de um carro usado. Asa Branca oferecia a cada um de seus seguidores pequenos pacotes com dinheiro

Pagavam a própria despesa, sem a necessidade de pedir em público. Saía para a balada meia-noite e voltava seis horas depois, com o dia clareando.

Asa Branca gostava realmente de agradar. Ao chegar a um restaurante e encontrar indivíduos queridos, prontamente chamava o garçom o assumia a despesa da mesa, independentemente do custo. "Pagava a conta de todo mundo. Eu mesmo o vi fazer isso. Andava com grandes quantias em dinheiro", relembra a colunista social Cida Caran, que atua em São José do Rio Preto.

O cantor Sérgio Reis mantém amizade de longa data com Asa Branca. Os dois têm horas de prosa suficientes para autorizar a abordagem de assuntos de cunho pessoal. Há admiração mútua e respeito. O cantor percebeu os excessos financeiros e fez questão de emitir alertas a fim de evitar o pior. Sua mensagem: em tempo de cheia, essencial represar um pouco dos recursos para vencer a seca sem dificuldade. Mais experiente, sabia que o equilíbrio nesse campo profissional era fundamental para ter uma vida tranquila, sobretudo no futuro.

– Você precisa guardar um pouco de dinheiro, repetia Sérgio Reis.

A resposta vinha em tom de deboche.

– Não fui eu que espalhei. Por que vou juntar?

*

A voz grave, a facilidade de se comunicar e o estilo de cowboy modernizado representam uma combinação que chegou às atrações de variedades e popularescas e aos diretores de folhetins.

A primeira incursão de Asa Branca em novela ocorreu em 'Ana Raio e Zé Trovão', exibida pela extinta Rede Manchete entre 12 de dezembro de 1990 e 13 de outubro de 1991. Apareceu em três episódios. A trama dirigida por Jayme Monjardim destacou um Brasil rural, com paixões arrebatadoras, heróis improváveis, canções típicas e empolgantes rodeios. Fez sucesso, com 15 pontos médios de audiência. O índice é representativo em comparação com o poderio financeiro e o know-how artístico da concorrência. Com o rosto em destaque na televisão, ficou mais conhecido.

À medida que se destacava, o valor do cachê subia. Recebia pagamentos três vezes superiores a seus pares mais afamados. "Ganhava dinheiro de verdade. Virou um pop star. Fechava o evento, sem dizer bem o que iria fazer. Tinha medo de ser copiado. Como o povo vibrava, a gente aceitava", disse um empresário, que preferiu se manter no anonimato.

Pouco mais de dois anos depois de aparecer em Ana Raio e Zé Trovão, Asa Branca teve outra experiência com a ficção. Participou de seis capítulos de 'Mulheres de Areia', um estrondoso êxito da Rede Globo. O folhetim esteve no ar entre 1° de fevereiro e 25 de setembro de 1993. O locutor avaliava as esculturas de areia feitas por Tonho da Lua, personagem de Marcos Frota. Fez parte do núcleo principal, com participação da atriz Glória Pires. Obteve mais prestígio. Acendeu-se a centelha que faltava para o filho da pequena Turiúba explodir na mídia. Bem mais tarde, fez participação rápida, de um capítulo, em outra telenovela global. 'O Rei do Gado', de Benedito Ruy Barbosa, foi transmitida de 17 de junho de 1996 a 14 de fevereiro de 1997.

Graças às três novelas exibidas em sete anos, Asa Branca ingressou na história da teledramaturgia, sem grandes atuações como ator, mas por outro motivo: sempre interpretou a si mesmo. Sim, uma prova irrefutável de sua importância. E, em cada uma delas, engatou namoros rápidos e avassaladores com atrizes de renome, que hoje fazem questão de negar o envolvimento, e mulheres que ocupavam papéis secundários em programas televisivos, como ajudante de palco e dançarina. Era sempre visto em companhia de uma beldade, o que fez sua fama de conquistador se expandir, e sem ajuda da internet.

Aliás, Asa Branca se tornou *habitué* na Globo. Esteve em quatro edições do programa musical 'Som Brasil', apresentado pelo cantor Rolando Boldrin e pelo ator Lima Duarte. Participou da segunda edição do projeto 'Amigos', exibido no final do ano, em 25 de dezembro de 1996. Gravado em Paulínia (SP), o espetáculo trouxe estrelas como Chitãozinho e Xororó, Zezé di Camargo e Luciano, Leandro e Leonardo. E contou com a participação especial de Simone, Chrystian e Ralf, Gian e Giovani, João Paulo e Daniel. Convivia com seus ídolos e artistas que conhecia da televisão.

Ficou tão popular que passou a ser reconhecido facilmente pelas ruas, das capitais às cidades pequenas. Enfrentava dificuldade em um simples caminhar despretensioso, em um fim de tarde. Em um shopping de Cuiabá (MT), sentiu o peso da fama. Entrou no centro comercial em busca de uma roupa nova. O problema nasceu ao ser rapidamente reconhecido pelo público. Foi acompanhado por uma multidão, como se fosse astro de rock. Um Mick Jagger do sertão. Embora habituado com as sinuosidades desse meio, ficou assustado com tamanho assédio.

Gustavo Santos Vulpini se recorda que o tio buscou abrigo em um magazine, de forma aleatória. Ao perceber de quem se tratava, a dona do estabelecimento suspendeu provisoriamente as atividades. Evitou o tumulto e possíveis prejuízos. A normalidade se restabeleceu e Asa Branca pôde ir embora. Responsável indireto pela confusão, ainda saiu com as mãos ocupadas. Negociou um patrocínio. Em troca de seis camisas novas, tornou-se garoto-propaganda da loja.

*

Com seu jeitão *bon vivant*, Asa Branca fez amizade com atores, diretores, jornalistas, políticos, jogadores de futebol e modelos. Tinha desenvoltura para conversar, com o mesmo nível de entendimento, tanto com o Presidente da República quanto com um peão em início de carreira. Frequentava um mundo descolado da realidade que conheceu na infância. Com fama, badalação, dinheiro no bolso e reconhecimento, vivia a uma velocidade de mil quilômetros por hora, sem freio ou radar de fiscalização. Conquistava as mulheres que queria. Namorou diversas famosas, reconhecidas nacionalmente, como a modelo Núbia Oliver e a atriz Alexia Dechamps.

Núbia contou em entrevista que marcou um encontro com Asa Branca em um barzinho famoso na Lagoa de Freitas, no Rio de Janeiro. Apareceu antes do horário combinado e se sentou. Qual a surpresa, um 'maluco' entrou na casa montado em um cavalo. Não acreditou ao perceber quem era o cavaleiro. O próprio. Asa Branca. Queria impressionar. A modelo ficou nervosa com a atitude surreal, mas o desconforto se dissipou ao ver o locutor ser ovacionado pelos outros clientes. O conquistador gastou mais que a lábia. Sim, colocou a mão no bolso. O animal quebrou a porta e diversas mesas, o que gerou um prejuízo de oito mil reais. "Paguei tudo." Sem esconder, revela que o investimento valeu a pena.

Justamente nesse período de deslumbramento foi apresentado a uma substância que iria modificar a sua vida: a cocaína.

Certa noite, ele recebeu em seu apartamento duas atrizes, cujos nomes prefere resguardar em anonimato. O trio bebeu um pouco, conversou animadamente e praticou o chamado *ménage à trois*. Concluído o ato sexual, Asa Branca se deitou na cama e descansou brevemente. Ao recuperar os sentidos, no entanto, percebeu que as mulheres cheiravam pequenas quantidades de pó branco em cima da mesa. Não ficou inerte ao observar a cena. "Eu vi aquilo e quis experimentar. A minha pior viagem. A curiosidade atrapalhou. É um caminho sem volta", lembra. Repetiu a dose.

Inicialmente, utilizava o entorpecente esporadicamente, mas atingiu o status de consumidor regular. Cheirava três gramas de cocaína em uma noitada. "Na hora em que usava, era bom. Tirava o cansaço, você sai à noite. Mas percebe os prejuízos que traz", avaliza Asa Branca. Tratou-se do ápice do fascínio. "Caí dentro do Rio de Janeiro, moleque, porque eu vim de Turiúba. Fui pra escola a cavalo até os 16 anos, entendeu? Tirava leite! De repente você entra na novela Mulheres de Areia, no meio daquela mulherada. Eu me empolguei. Depois que seu organismo vicia, você não consegue parar", contou, em entrevista concedida em 2009.

A combinação explosiva entre maconha, álcool, testosterona, riqueza e cocaína afrouxou o senso de perigo e a razão perdeu espaço. Junto com os colegas, aprontava as maiores trapalhadas, sem qualquer preocupação com as consequências. Quando as montarias terminavam e as luzes se apagavam, iniciava-se uma disputa com propósito absurdo. O locutor e os peões promoviam um campeonato cuja finalidade era verificar quem transava com mais mulheres em sequência. Sem proteção. Asa Branca ficava com cinco ou seis – a quantidade pode ter sido maior. As lembranças são ambíguas. "Eu fazia igual a um peão que vai montar. Pedia proteção divina, estocava para trás e deixava pular." Contava com ajuda na

Asa Branca

questão sexual. “Eu cheirava um pouquinho antes. Bem pouco, senão atrapalhava.” Na década de 1980, o vírus HIV passou a ser discutido publicamente, em razão do grave risco que representava à saúde pública. Existia pouca informação disponível sobre melhores práticas para evitar a contaminação. Justamente nessa época, Asa Branca se entregou aos prazeres em orgias com pessoas desconhecidas, cujos nomes nem sabe dizer. Não sustentava conversa prévia com as parceiras sobre o tema ou a preocupação em adoecer, mesmo com o tema AIDS em voga. O expediente ocorreu sistematicamente em cidades diferentes. Temporada de perigosos experimentos.

Asa Branca colocou a cocaína dentro da arena. Drogou-se antes de narrar em Paulo de Faria com objetivo de verificar se melhoraria o desempenho físico. A resposta ficou distante do que esperava. O risco de acidente se amplificou, pois ficava perto dos animais. “Fiquei mal, com medo dos bois. Percebi que não iria funcionar.” Em nome do próprio bem-estar, abortou o plano. Mas não suspendeu o consumo. Pelo contrário. Estabeleceu como intento usar entorpecente depois da lida. Antes, nada. Quer dizer, quase nada. Iria se contentar com quatro doses de uísque, misturadas com água.

7. O GOLPE DO SÉCULO

Instado a dar volta olímpica na arena (de Barretos), Fernando Henrique Cardoso recebeu uma das maiores glórias de sua vida.

Francisco Graziano, escritor e político

Em meados de 1994, a população dividia as atenções entre a Copa do Mundo dos Estados Unidos e as eleições majoritárias domésticas. Na bola, o Brasil não conquistava um mundial de seleções desde 1970, com a célebre geração liderada por Pelé. Na política, o último mandato presidencial foi iniciado por Fernando Collor de Mello, cassado pouco mais de dois anos após assumir o cargo, e concluído por Itamar Franco. Dono das arenas, Asa Branca se incomodava com as manifestações frequentes de defensores de animais. Justamente na Festa do Peão Boiadeiro de Barretos, misturou futebol e política. A combinação, antagônica, produziu efeitos bombásticos.

Essa passagem recebeu o primeiro impulso em uma noite aparentemente pacata. Asa Branca ligou a televisão no programa da Hebe Camargo e viu a cantora Rita Lee entrar no palco vestindo uma camiseta que trazia uma mensagem direta: 'eu odeio o rodeio'. Incomodado com a frase, pensou em uma resposta. Nos dias seguintes, dirigiu-se ao escritório do postulante a presidente da República Fernando Henrique Cardoso (FHC) e propôs uma parceria. Ofereceu ajuda na divulgação de seu nome em Barretos. "Em troca, pedi que legalizasse a profissão de peão boiadeiro."

Eles se aproximaram no começo da década de 1990, em Formosa, interior de Goiás. Asa Branca iria narrar um campeonato de montaria. Durante a tarde, conheceu FHC, que tratava de negócios pessoais na cidade. A conversa teve sequência. No começo da noite, o político assistiu às disputas. Já no dia seguinte, os dois almoçaram frango caipira e conversaram bastante sobre diversos assuntos, entre os quais o rodeio. O locutor sentiu receptividade ao tema. "Demonstrou vontade de nos ajudar." No reencontro quatro anos depois, o presidenciável enxergou com bons olhos a proposta de encontrar o público em solo paulista. E o melhor: sem grandiosos investimentos.

Com o acordo acertado, Asa Branca focou no desenvolvimento do plano, que deveria ser revestido de perfeição, a fim de colocar FHC, integrante do PSDB, dentro de uma arena com milhares de pessoas presentes. Pelas vias normais, a tarefa seria impossível. Afinal, Os Independentes, grupo organizador, criou alianças com as lideranças estaduais e nacionais do PMDB. Impensável um tucano pousar nesse ninho.

Para driblar o obstáculo, o locutor recorreu à criatividade, sem economia de recursos financeiros. De forma pensada, o futebol entrou na história. O país acabara com longo jejum e festejava a conquista da Copa do Mundo contra a Itália. Já ciente do que queria, pegou um avião com destino ao Rio de Janeiro. A viagem passou distante de turismo. Na verdade, queria encontrar João Clemente Jorge Trinta, o popular carnavalesco Joãosinho Trinta, e encomendar uma réplica da taça Jules Rimet que o Brasil ganhou na Copa do Mundo de 1970. O artista trabalhava na Escola de Samba Unidos do Viradouro e aceitou o desafio de criar a peça, com mais de dois metros de altura, em troca de uma boa remuneração. Cobrou o equivalente a 15 mil reais. O montante não incluiu o material, quitado à parte. Recebeu prontamente o pagamento pelo serviço, em espécie. Em duas semanas, entregou a encomenda.

A ideia era colocar FHC dentro da taça e transportá-lo até a arena. O objeto seria aberto no momento em que o convidado ilustre fosse apresentado. A tática, ousada, reduziria a possibilidade de interrupção brusca. Asa Branca escolheu a data perfeita: 27 de agosto, um sábado, dia com grande concentração de público. Essa edição tinha abrangência internacional, já que contou com peões norte-americanos, canadenses e australianos. Esse diferencial despertou interesse da grande imprensa.

A réplica ocupou um lugar onde pudesse ser vista por todos. Até a hora da revelação, o público não entendeu o objetivo da medida. Como o locutor carregava a fama de ser inventivo e de trazer novidades em suas apresentações, certamente viria mais uma surpresa. No início, o público acreditou que o craque Romário faria uma participação especial. O título mundial ainda embriagava os torcedores.

À tarde, na tradicional queima do alho, o Governo do Estado de São Paulo, com participação do governador Luiz Antônio Fleury, liberou recursos financeiros para a construção do Memorial do Peão, cuja função era contar a história do rodeio e do grupo Os Independentes. O museu teria a função de alavancar o turismo e fortalecer mais a cidade como referência nacional do esporte.

Asa Branca despiu seu plano à noite. No momento em que os espectadores se encontravam na arquibancada, os peões na arena e as autoridades nos camarotes, iniciou seu discurso político. "Vocês precisam saber. Muita gente quer destruir o rodeio. Muita gente quer acabar com o rodeio. Políticos com política suja querem acabar com esse esporte que nós amamos. Na cidade de Ribeirão Preto proibiram o rodeio. Por isso, eu quero uma vaia para quem quer parar o rodeio. Eu quero ouvir mais alto. Eu quero mais uma vaia. Mas, enquanto tem gente que quer destruir, tem alguém que quer fazer. Alguém que pisa nesse chão agora de Barretos para marcar presença junto dos cavaleiros. Eu quero ver o povo do rodeio aplaudir. Recebam o futuro presidente do País", disse em tom acima do normal.

Segundo reportagem publicada pela Folha de São Paulo em 30 de agosto de 1994, a aparição do candidato foi precedida por efeitos de luz e pela música que a Rede Globo executou nos jogos da Seleção. As luzes se apagaram e, quando voltaram a iluminar uma plateia de 30 mil pessoas, apareceu FHC. Ele discorreu de maneira sucinta, por dois minutos, mas ofereceu sua mensagem e colocou fogo nos bastidores. "Muito obrigado, Asa Branca. Eu vim aqui dar um abraço e torcer pelo rodeio. Vamos todos juntos torcer pelo Brasil. Grande abraço a vocês. Parabéns. Nós vamos levar esse esporte sempre", disse o futuro presidente, cercado de apoiadores. Encerrou sua participação com uma volta olímpica.

De imediato, os líderes do PMDB cancelaram o patrocínio, ameaçaram processar os responsáveis e prontamente deixaram o recinto, entre os quais Orestes Quércia, aspirante a presidente, e o próprio governador. Ficaram ofendidos com o que assistiram. A organização, em ato contínuo, determinou que Asa Branca se retirasse da arena – o que pode ser considerada uma demissão sumária. Na frente de todos, deixou a narração da noite, conduzida por outros profissionais. Em cumprimento à determinação, os seguranças agiram. "Um grupo grande veio me buscar. Com mais ou menos 50 peões ao meu lado, ninguém se aproximou de mim", lembra.

Asa Branca se dirigiu com rapidez ao rancho de Henrique Prata, presidente do Hospital de Câncer de Barretos, que foi rebatizado como Hospital de Amor. Seu helicóptero estava guardado na propriedade. Prata confirmou em um documentário que trancou a porteira e não deixou ninguém entrar. A aeronave era chamada pelo locutor sugestivamente de helicopo, em razão do tamanho diminuto. "Entrei e mandei o piloto levantar voo com pressa, mas o motor demorava demais para começar a funcionar. Fiquei desesperado."

Pouco mais tarde, houve tempo de piorar o intricado. Asa Branca soube que uma aeronave era usada no município na campanha de Robson Tuma. O aparelho era equipado com um painel de propaganda na fuselagem. Pagou o piloto e divulgou a seguinte mensagem: "Asa Branca barrado. Motivo: política dos Independentes."

O grupo afirmou que o episódio com FHC ganhou proporção porque houve dificuldade da organização em se comunicar com o locutor, que, nos dias seguintes, refugiou-se no Sul de Minas Gerais até a poeira assentar. A 'visita' do tucano ocupou as manchetes da semana seguinte, o que trouxe um ganho midiático (e gratuito) ao presidenciável.

Na Folha de São Paulo, o então presidente do grupo Os Independentes, Mauri Abud Wohnrath, declarou em reportagem publicada em 30 de agosto que não sabia de nada a respeito da ida de FHC a Barretos e que Asa Branca traiu a confiança da organização ao levar um candidato a presidente à festa do peão. "Está fora da locução das finais do 2º Barretos International Rodeo por ter transformado a festa em propaganda política", declarou. Na mesma edição, o locutor disse estar em paz, sem arrependimento. "Se eu for punido, será com prazer porque o FHC merece."

A questão prosseguiu. Na mesma Folha de São Paulo, o jornalista David Drew Zingg publicou, em 1º de setembro, um texto opinativo sobre os bastidores, com o título: 'FHC dá o golpe do século em Barretos'. "Fernando Henrique é um economista esperto. Se ele conseguir eleger-se presidente, seu governo vai segurar cada centavo, como um escocês. Você viu o que ele fez no último fim-de-semana, Joãozinho? Ele simplesmente conseguiu entrar na Festa do Peão Boiadeiro de Barretos sem pagar nada! Não é fácil entrar de penetra na Festa de Barretos – não mesmo. Quando o Velho Repórter Caubói Dave tentou entrar, precisou fazer quatro viagens até o departamento de credenciais para conseguir autorização", escreveu.

Segundo o jornalista, com a repercussão negativa entre os parceiros, a organização declarou que não sabia de antemão sobre a investida política de FHC no rodeio de Barretos. "É mais ou menos como dizer que você não sabia que a arma estava carregada, depois de dar um tiro no cara. Às 14h30, os repórteres presentes no centro de imprensa da festa já sabiam que Fernando viria. O fotógrafo da campanha de Fernandinho estava a postos antes de o candidato chegar, com suas câmeras carregadas e prontas para entrar em ação. A imprensa estava pronta horas antes de FHC entrar na arena, às 21h30", escreveu em outro trecho.

O escritor, ambientalista, político e agrônomo Francisco Graziano escreveu o livro 'O Real na estrada – a campanha de Fernando Henrique Cardoso à presidência'. A obra, editada em 1995 pela editora Pauliceia, trouxe bastidores conhecidos por poucas pessoas. O autor desempenhou o cargo de secretário particular, com a função de organização da agenda do político. Na página 93, escreveu: "No dia 27 de agosto, aconteceu o lance mais espetacular da nossa campanha. Foi uma apoteose Instado a dar volta olímpica na arena, correndo ao lado de Asa

Branca e seu microfone mágico, Fernando Henrique recebeu uma das maiores glórias de sua vida, sendo aplaudido de pé, com chapéus abanando aos gritos de viva."

Conforme Graziano, na exposição agropecuária de Formosa o locutor ficou empolgado com FHC. "Esteve no rodeio apenas como interessado em conhecer aquele mundo do caboclo. Isso fascinou o Asa Branca, que certamente se acostumara a conhecer os políticos nas épocas de eleição, sempre interessados em se aproveitar de seu público", diz em outro trecho. Pouco depois da passagem pelo interior de São Paulo, foram divulgadas novas pesquisas. FHC, em franco crescimento, contabilizava 45% das intenções de voto.

Os detalhes da participação do candidato em Barretos foram combinados diretamente com Asa Branca. "Era um segredo absoluto, pois nem a área política da campanha sabia", lembra Graziano, que crava: não houve nenhum acordo prévio em troca da participação. "Jamais se falou nisso. Acontece que eu fui secretário estadual da Agricultura e regulamentei o rodeio no Estado por uma resolução. O deputado federal Jair Meneguelli, do PT, apresentou minha resolução no Congresso. Eu me elegi deputado federal e me tornei o relator desse projeto, aprovando-o e virando lei nacional."

O presidente da República Fernando Henrique Cardoso sancionou a lei número 10.220 no dia 11 de abril de 2001, em seu segundo mandato. O texto reconheceu a profissão de peão boiadeiro. Entre outras medidas, fixou os prazos mínimo e máximo de admissão do profissional, o modo de remuneração, obrigou a contratação de seguro de vida e de acidentes, definiu a jornada de trabalho e obrigou que menores de 21 anos e maiores de 16 anos apresentassem autorização expressa do responsável na hora de participar das competições. O peão tem garantias legais e trabalha com mais segurança.

Companheiro de lideranças históricas nacionais, estaduais e regionais do PSDB, Asa Branca estabeleceu relação aproximada com o mundo político, sobretudo nas campanhas. Colocar FHC dentro do ambiente de rodeio é que se mostrou como diferencial. Igualmente como fazia nas arenas, inovava em suas aparições públicas nos palanques.

Em Monte Aprazível (SP), participou de um comício. Sua chegada ocorreu de helicóptero, o que já representa uma saída do lugar comum. Mas fez mais. Passeou na represa do município de jet-ski. Antes de sair da água, ligou o microfone e interagiu. Na Praça da Igreja Matriz de Turiúba, os moradores assistiam a um encontro com viés político. Asa Branca pulou da aeronave em pleno ar em cima de um cavalo, estrategicamente posicionado. Ao receber o cavaleiro em seu lombo, o animal saiu em disparada no meio do público, o que causou temor de acidente.

Do seu jeito, sabia como se fazer notar.

O envolvimento com política trouxe ganhos e prejuízos. Depois de sete anos de destacada e ininterrupta participação na Festa do Peão Boiadeiro de Barretos, Asa Branca parou de narrar esse evento a partir de 1994. Voltou em participações especiais ou na figura de homenageado. Sem ressentimento ou mágoa. Na verdade, é grato por tudo o que viveu no templo do rodeio brasileiro.

8. O DONO DO SHOW

É um grande profissional, revolucionário. Pensou fora da caixa. É um comunicador extraordinário.

Della Morena, locutor de rodeio

Ser banido da Festa do Peão Boiadeiro de Barretos pode significar o fim prematuro da carreira de muitos profissionais. Empresários, contratantes e presidentes dos principais eventos participam ou enviam atentos representantes ao tradicional festival realizado no interior paulista. Assistem ao vivo ou são informados sobre os principais fatos, tanto negativos como positivos. Com a mesma velocidade, as portas se abrem ou são trancafiadas com cadeado. Apesar de ter o nome forte no mercado, a imagem de Asa Branca ficou danificada em razão da passagem com FHC. Os convites de trabalho se reduziram.

Até pensou que sua trajetória iria encontrar, a partir de então, uma curva descendente, daquelas que leva a um lugar distante do topo. "O Asa Branca é um grande narrador, tem um carisma absurdo e é inigualável. Mas tinha comportamento irresponsável. Fazia coisas que colocava medo na organização. Eu mesmo nunca gostei desse negócio de helicóptero, mas aceitava porque o povo adorava", vocifera um contratante, que prefere não se identificar.

A maré desfavorável trouxe outro duro golpe e atingiu a questão patrimonial. Em 1994, Asa Branca ganhou um mimo: mil cabeças de gado de um político, cujo nome faz questão de não revelar. O generoso agrado se motivou por ter colaborado em uma campanha – participava de várias iniciativas do gênero, nos mais variados lugares. Sem ter espaço físico para manter uma criação com esse porte, resolveu a questão conforme sua necessidade. Trocou os animais por um avião bimotor executivo, modelo Navajo, com capacidade de transportar piloto copiloto e sete passageiros. Um hangar no aeroporto Campo de Marte, em São Paulo, servia como base.

A aeronave proporcionou agilidade em sua atividade profissional. Como voava com regularidade, economizou com aluguel. Mas esse período durou pouco – menos de um ano. Em 1995, o avião acabou furtado em Presidente Venceslau (SP). Em expediente comum, Asa Branca evitou comunicar a polícia. Ignorou os meios legais. Não solicitou uma investigação. Em ação própria, sondou os conhecidos que atuavam na aviação a fim de descobrir o paradeiro do seu bem material. Teve êxito.

Conseguiu uma informação privilegiada de que o Navajo estava em poder de traficantes paraguaios e servia a atividades ilícitas no país vizinho. Asa Branca convocou um grupo pequeno de cúmplices e viajou ao Paraguai. "Meu pensamento era o de recuperar o avião. Cheguei a vê-lo em um aeroporto, mas com vigilância. Pessoas próximas me aconselharam a desistir e fiquei com medo. Como vingança, os bandidos poderiam me matar." O presente do político, estimado em 500 mil reais, desfez-se praticamente no ar. "Uma coisa eu aprendi: tudo o que vem de política, vai embora fácil."

No campo afetivo, outra perda. Asa Branca tinha um macaco prego de estimação, o Zenon. O bicho era levado a tiracolo em todo o lugar, até mesmo nas baladas e encontros familiares, e se destacava com um atributo em particular: "a inteligência acima do normal." Sem autorização, entretanto, o animal se entregou ao consumo reiterado de uísque. Começou por curiosidade, provavelmente de tanto que observou seu dono ingerir a bebida, como se fosse água.

Um fato aparentemente banal estremeceu a relação entre ambos. Ao entrar em sua caminhonete, Asa Branca prensou a coleira na porta do carro sem perceber e deu um tranco potente no macaco. Zenon interpretou a atitude como culposa, e mordeu o dedo do dono em plena emoção. Depois de três anos, aconteceu o afastamento definitivo. Em um Carnaval, Asa Branca viajou a Camboriú (SC) e deixou o bicho aos cuidados de um funcionário, que ocupava a função de DJ. "Ele queria cair na folia, mas, sem grana, vendeu o Zenon. Fiquei triste." O locutor perdeu Zenon e demitiu o colaborador.

Com a ameaça real de ver sua famosa pasta preta renegada a depósito de jornais antigos, papel velho ou boletos a pagar, Asa Branca não aceitou, com a feição da naturalidade, a possibilidade de cair de patamar profissional. Colocou rédeas nos pensamentos negativos e direcionou o olhar em busca de outras opções viáveis. Atuou em rodeios pequenos, com pagamento de cachês inferiores ao que se acostumara. Essa etapa de sua trajetória passou rapidamente.

Em 1995, aconteceu uma virada importante de rota – se a sua vida fosse representada em um gráfico, seria uma curva ascendente. A oportunidade surgiu em um meio inesperado: o musical. Uma gravadora o convidou para participar de um disco. Sua função seria narrar versos e poemas, com seu estilo característico, antes de cada canção ser executada. Era a chance de se reerguer.

A coletânea com músicas internacionais 'Cowboy Country', volume 1, chegou ao mercado em 1996. A capa trouxe uma foto da segunda visita de Asa Branca aos Estados Unidos. O produto, bem aceito pelo público, registrou vendagem representativa nos padrões nacionais, em torno de 700 mil unidades. Rendeu até discos de ouro, o reconhecimento pelo desempenho. Como adiantamento pelos direitos autorais, o locutor recebeu 150 mil reais. Além de embolsar um bom pagamento, percebeu a possibilidade de pegar carona no projeto e fazer esse montante se multiplicar. De que forma? Com a realização de bailes populares em clubes, ginásios de esporte e casas noturnas. Descobriu um novo mercado.

Com a finalidade de oferecer um bom produto ao público, Asa Branca se associou a uma banda, com uma vocalista titular, que se destacou em razão da estrela principal, que aparecia até em novela da TV Globo. "Dava um bom dinheiro." Ele repetia o papel desempenhado nos discos, com a narração de versos e a declamação de poemas. Nos shows, arriscava-se também a cantar temas nacionais. Gravou mais dois discos com a mesma temática: 'Cowboy Country volume 2' (1997) e 'Romântico Especial' (1998).

Enquanto se envolvia no mundo da música, os rodeios voltaram a aparecer com frequência. A parceria com FHC já repousava no passado, sem grande interferência no presente. Requisitado com frequência pelos contratantes, fechava até três trabalhos seguidos, com diferença de poucas horas. À noite, trabalhava na arena. Na madrugada, no ginásio de esporte. Há um exemplo que ilustra essa rotina. Narrou a Festa do Peão de São José do Rio Preto (SP) e participou de dois bailes: em Lins (SP) e em Belo Horizonte (MG). Um avião fretado facilitava o deslocamento, assim como potentes veículos e helicóptero.

Já esteve, na sequência, em três estados diferentes: São Paulo (SP), Campo Grande (MS) e Goiânia (GO). Os compromissos começavam à noite e terminavam às 6h do dia seguinte. Estava na estrada, a toda velocidade, ou no alto do céu, entre as nuvens. Em um desses voos noturnos, Asa Branca e o assessor, José Bartolomeu Ernesto, saíram de Ituiutaba (MG) após cumprir agenda. Em determinado momento do deslocamento, o locutor bateu com a mão no ombro do amigo e falou, sem demonstrar preocupação. "O motor esquentou e está jogando óleo na fuselagem." De imediato, o acompanhante fixou o olhar na pequena janela e verificou se era brincadeira. Longe disso. "Avisamos o piloto. Um motor pegou fogo e parou. Tivemos que voltar ao aeroporto. Chegamos em segurança. Eu morri de medo", relata Bartolomeu.

Também de avião, Asa Branca se espantou em deslocamento de Dourados (MS) a Teodoro Sampaio. A aeronave sofreu problema mecânico, cinco minutos antes do pouso. Só houve tempo de tocar o chão e os passageiros e o piloto correrem. "Pegou fogo e explodiu. Queimou tudo. Fiquei protegido no mato."

A experiência com os bailes foi tão positiva que Asa Branca se sentiu à vontade e ousou. Nos eventos de maior porte e com visibilidade, contratava personalidades nativas da televisão, cantores populares e até jogadores de futebol. As estrelas faziam uma espécie de presença VIP. A participação de famosos significava um atrativo. Mesmo sem estrutura ou numerosa equipe à disposição, em determinados casos, Asa Branca se associava a produtores locais e assumia a responsabilidade de responder pela organização. Nem sempre a empreitada saía a contento.

Juntamente com um empresário de Novo Horizonte (SP), Asa Branca preparou um rodeio no recinto de exposições de São José do Rio Preto. Contratou Tim Maia como uma das atrações. Pagou metade do cachê adiantado e enviou as passagens aéreas pelo Correio. No dia e no horário combinados, prostrou-se no aeroporto à espera do artista. Não apareceu. "Imediatamente, telefonei ao empresário dele e perguntei o que aconteceu: 'perdeu o voo'. Eu disse que iria buscá-lo."

Asa Branca conseguiu um jato particular e seguiu ao Rio de Janeiro. Antônio Cabrera Mano Filho, pecuarista e ministro da Agricultura no governo de Fernando Color de Mello, confirmou o empréstimo do seu avião particular. Como garantia de sucesso na missão, levou alguns peões no apoio. Na mala, colocou laços de vaqueiro. "Eu iria trazê-lo nem que fosse laçado." Bem relacionado, descobriu o apartamento em que Tim Maia morava. Dirigiu-se até o local e tocou a campainha. "Não quis atender. Mandei dizer que iria chamar a imprensa e fazer um escândalo." Com muito custo, conseguiu o que queria.

Começaram a conversar, relaxaram e chegaram a um acordo. "Tomamos uísque e fumamos baseado", lembra Asa Branca. Mas surgiu um empecilho. O cantor disse que não voaria em um aviãozinho. "Fui obrigado a convencê-lo. Disse que era um jato moderno e pertencia a um ex-ministro da República." Seguiram viagem. Todo o esforço, no entanto, terminou em vão. À noite, desabou uma chuva torrencial na cidade paulista. O espetáculo foi cancelado. Houve uma festinha, sim, particular.

Asa Branca encontrou outra mina de dinheiro. Agora, contabilizava duas à disposição para explorar conforme seu empenho. Quanto mais trabalhava, mais ganhava dinheiro e mais gastava.

*

Na década de 1990, a chegada de helicóptero na abertura dos rodeios representava o cartão de visitas de Asa Branca. O público associava homem e máquina. O locutor se empolgou tanto com a receptividade que recorria a esse recurso de transporte, sem parcimônia, em qualquer momento. Somente em um ano, entre 1999 e 2000, teve a sua própria aeronave executiva, modelo MD 500. Pagou mais de 1 milhão de reais pelo 'brinquedinho' de adulto, que foi vendido. O dinheiro virou pó, literalmente. "Queimei tudo nas orgias da noite." Normalmente, arcou com pesados aluguéis e manteve um piloto à disposição.

O helicóptero tinha quase a mesma função que um veículo automotor. Um exemplo aconteceu ao hospedar os sobrinhos Tiago e Gustavo Santos Vulpini em seu luxuoso flat. A proposta consistia em jantar no próprio apartamento. Mas o preparo da comida desandou, por motivo ignorado, e passou longe de agradar ao paladar. Com fome e disposição, falou aos meninos. "Estou com vontade de comer frutos do mar." Para saciar a vontade, nem pesquisou na lista telefônica as opções de restaurantes nas proximidades ou pediu referências gastronômicas. Os três se arrumaram, seguiram até o Campo de Marte e voaram com destino ao Guarujá, em percurso aéreo de pouco mais de 25 minutos. Comeram à vontade e retornaram. Asa Branca era extravagante.

Os sobrinhos se recordam de outra experiência marcante no interior. Moravam em Monções (SP) e receberam a visita do tio famoso, que apareceu na cidade pelo alto. Qualquer terreno baldio com metragem avantajada, campo de futebol ou descampado se tornava aeroporto. Ao ser informado de que os garotos fariam prova em Buritama (SP), um município vizinho, ofereceu a eles a possibilidade de ir ao compromisso por vias aéreas. Os estudantes, claro, aceitaram. O gesto de gentileza produziu a chegada mais espetacular do colégio. O teste acabou renegado a segundo plano. O assunto rendeu conversa por um bom tempo. "Uma loucura", lembra-se Tiago.

Nádia Maria dos Santos Vulpini lecionava nessa mesma instituição educacional. Asa Branca orientava o piloto a fazer manobras rasantes ao se aproximar do prédio. Há explicação. Era o código entre os irmãos. "Avisava a sua chegada." Ela se lembra de um pouso que ocorreu perto do pátio, o que despertou imediatamente as crianças. Elas abandonaram as salas de aula, sem autorização dos professores, com destino à rua. Queriam ver de perto a bazófia.

Ao perceber a debandada, Asa Branca ficou preocupado. Afinal, poderia ser repreendido em público por causar a maior confusão. Observou o acanhado comércio e correu até a sorveteria mais próxima. Comprou todos os picolés disponíveis e boa quantidade de guaraná gelado. Levou as iguarias para o interior da escola e atraiu a criançada ao devido lugar. A tática funcionou e a rotina recuperou a normalidade, sem maiores desdobramentos. Resolveu a questão com seriedade. Por outro lado, houve uma passagem revestida de travessura que resultou em tumulto em Teodoro Sampaio.

Asa Branca almoçava na pensão de uma tia chamada Irene Santos. Começaram a conversar animadamente sobre temas diversos até que ela perguntou. "Quando irei voar?" Sem pestanejar, respondeu que poderia ser naquele momento. Só terminaria de esvaziar o prato. Combinaram uma 'voltinha' no perímetro do próprio município. Aplacaria a curiosidade. Irene aproveitou e levou a filha e uma sobrinha. Foram à vontade, com as roupas que usavam e chinelos de dedo. O voo se desenvolveu bem e trouxe uma sensação diferente.

O que era novidade aos poucos se transformou em estranhamento. A aeronave seguia cada vez mais longe. Preocupada, a tia perguntou o motivo de o deslocamento demorar tanto. "Vou assinar um contrato em uma cidade do Paraná e a gente volta", disse Asa Branca. As três passageiras nem quiseram descer no aeroporto. Após resolver a questão burocrática, retornaram. Nesse ínterim, passaram-se algumas horas, o que causou apreensão na família. Dezenas de pessoas esperavam, entre as quais algumas exaltadas. O locutor percebeu que a brincadeira podia terminar diferente do que imaginou. Desembarcou os familiares e sumiu.

Em sua jornada pelos ares, locava aviões de pequeno porte. Supria suas necessidades profissionais e pessoais. Teve envolvimento romântico (recorrendo a um eufemismo) com uma modelo que trabalhava como ajudante de palco em um programa televisivo. Ao combinarem um encontro, mandava o piloto buscá-la em São Paulo. Sabia fazer uma mulher se sentir especial. Mas a modelo, em questão, aproveitava-se da 'bondade'. Com fama de exigente, não aceitava qualquer meio de locomoção aérea. Voar em teco-teco? Nem em pensamento. Jamais. Ao efetivar os encontros com essa mulher, Asa Branca se via obrigado a contratar, por uma fortuna, um potente jato da marca Learjet – diga-se, seu preferido.

A mistura de sexo com avião produziu um conto erótico no submundo da aviação civil. Asa Branca voava em companhia de uma namorada. O deslocamento originário de São Paulo terminaria em Londrina (PR), onde iria trabalhar. No momento em que o piloto preparava o procedimento de pouso, o passageiro interveio. Como estava ocupado com questões inadiáveis, prontamente exigiu. "Vai até Foz do Iguaçu, faz a perna do vento e volta, para dar tempo da gente brincar aqui legal." O voo do 'amor' enfrentou turbulência. Um ingrediente a mais nessa aventura. "Foi gostoso. Acho que a parceira gostou, porque teve mais."

Por mais incrível que pareça, seu dinheiro também encontrava uma função revestida de nobreza: ajudar o próximo.

*

Com o coração enorme e confortável situação financeira, Asa Branca não assistia inerte a uma cena que revelava necessidade ou mostrava pobreza de amigo, colega, conhecido ou até mesmo estranho. Essas situações jamais passaram incólumes por sua bondade. Desde a infância tem essa característica, de estender a mão a quem precisa. As pessoas se dirigiam diretamente a ele, solicitavam ajuda e terminavam atendidas. Acreditava nas fábulas que lhe apresentavam, por mais inverossímeis, sem conferir a veracidade ou pesquisar as minúcias. Se considerasse a causa justa, colocava a mão no bolso.

"Sabiam que andava com um bom dinheiro. Toda hora aparecia alguém e pedia alguma coisa. Havia casos em que realmente a pessoa precisava de uma força até para comprar comida. Mas existiam os aproveitadores, que queriam beber cachaça", assegura Giuliano Verdi, antigo dono de uma tropa de rodeio. Em vários momentos, viu Asa Branca comprar roupas aos peões. Com os novos trajes, apresentavam-se com o mínimo de dignidade. "Se percebia alguém com a calça rasgada ou surrada, dava as suas, independentemente de ser de marca ou cara. O mesmo ocorria com as camisas. Comprava várias peças nas lojas e oferecia a quem precisasse."

Asa Branca testemunhava determinados episódios e se prontificava a colaborar. Em Maringá (PR), o touro pisoteou um peão e causou fratura exposta na perna. Sem respaldo jurídico, o trabalhador iria ficar sem dinheiro, pois deixaria de ganhar seu ordenado na recuperação. Ciente disso, o locutor ofereceu boa quantia em dinheiro e uma cesta básica. As doações amenizaram o sofrimento no período em que convalesceria. Fez mais.

Soube que a mãe do rapaz era extremamente pobre e vivia em condições precárias, desumanas. Sem pensar, entrou em uma loja de móveis e comprou cama, colchão e fogão. A doação transformou a realidade da família. Esse expediente de estender a mão aos profissionais feridos se repetiu. Na sua curta carreira de peão, Asa Branca ocupou posição similar. Sabe bem o que é ficar parado, ferido em cima de uma cama, sem ganhar nenhum centavo por meses.

Conforme relatos de sua família, Asa Branca pagou inúmeras contas de luz e de água de peões em dificuldades financeiras. Dava dinheiro para que adquirissem passagens de ônibus com destino às suas cidades. Certa vez, usava uma bela jaqueta de couro, comprada por um representativo montante. Andava bem vestido, com roupas de grife. Na rua, viu um homem com os braços enrolados no corpo, em razão do frio que sentia. Fez o que considerou melhor: tirou a peça do próprio corpo e ofereceu de bom grado. Já ajudou um conterrâneo a construir a sua moradia.

Em um restaurante afamado, em uma das avenidas mais movimentadas de São José do Rio Preto, Asa Branca jantava com um grupo de pessoas, entre eles o violeiro Fabiano Rancharia. Um morador em situação de rua o reconheceu. Pediu um lanche. Sentia fome. "Ele atendeu e perguntou sobre seus amigos. Rapidamente, apareceram 15 pessoas. Mandou o garçom servir comida a todos, sem preconceito. Muito bonito o gesto", destaca o músico.

Os garçons desse estabelecimento se alegravam ao notar a chegada de Asa Branca e de sua trupe. Paulo Marques da Costa, o Paulão, que desempenha a função há 35 anos na mesma casa, servia o cliente famoso com gosto, em razão do tratamento que recebia. "Conversava com gentileza e educação. Falava coisas bacanas, como: 'eu enxergo Deus no olhar triste do boi.'" Pedia comumente chope, uísque, cachaça e generosas porções de carne de primeira e de peixe. O melhor ficava reservado na saída. "Deixava gorjeta de 50% do valor total da conta."

*

Na área profissional, a generosidade de Asa Branca era visível.

Nunca esqueceu que começou a trabalhar com locução porque um profissional, o Barra Mansa, ofereceu a primeira oportunidade. Adotou como postura abrir as porteiras das arenas aos narradores ignorados pelo grande público. Com talento natural, buscavam um lugar melhor no concorrido mercado. Com essa atitude, fortaleceu a cena de locução e trouxe frescor.

Marco Brasil, outro nome de relevo nacional, desenvolveu sua carreira graças a uma chance oferecida por Asa Branca. Nascido em Dracena (SP), teve uma infância difícil, tentou ser jogador de futebol e se tornou policial rodoviário, com 21 anos. Tinha emprego, estabilidade financeira e boas perspectivas de futuro. Mas quer saber? Não se sentia plenamente realizado. Descobriu seu norte em uma festa do peão realizada em sua cidade natal. Sentou na arquibancada, ao lado de centenas de moradores, e testemunhou o show de Asa Branca. Maravilhado com o que viu, percebeu uma janela de possibilidades bem à sua frente.

"Fiquei impressionado com sua capacidade de conduzir o público. Falava de um jeito especial com as pessoas. Era cativante. Fiquei apaixonado pelo estilo, que me inspirou. A partir de então, coloquei na cabeça que iria trabalhar nessa área", lembra Marco Brasil. Os dois se conheceram três anos mais tarde. A amizade se ergueu de maneira acelerada. Nas animadas conversas, revelou que gostaria de narrar. Asa Branca o levou a Jales (SP) e Echaporã (SP). Com esse empurrão, a Polícia Rodoviária perdeu um bom colaborador, mas o rodeio ganhou um locutor importante.

Asa Branca estreou vários nomes, entre os quais Della Morena. Ambos se conheciam do passado. Jogaram futebol juntos na juventude. Mas cada um seguiu um caminho. Della Morena apresentava um programa radiofônico focado na cultura sertaneja, em uma emissora de São José do Rio Preto. Em meados da década de 1980, propôs uma entrevista a Asa Branca, que aceitou e soube que o entrevistador nunca havia assistido a um rodeio. Como iria se apresentar nas proximidades, em Potirendaba (SP), resolveu a questão com um convite. "Fui até a cidade e me apaixonei pelo que vi. Ninguém narrava como ele", lembra Della Morena.

Na arena, Asa Branca o chamou e ofereceu seu microfone sem fio. "Eu falei boa noite e mais algumas palavras. De tão especial, teve o mesmo efeito do que uma injeção de adrenalina." Esteve nas cidades de Divinópolis (MG), Marapoama (SP) e Tabapuã (SP) em participações maiores. Della Morena cresceu na profissão, mas nunca abandonou o rádio. As duas paixões empatam em seu interesse. "Tenho enorme gratidão por tudo que o Asa Branca fez por mim. É um grande profissional, revolucionário. Pensou fora da caixa. É um comunicador extraordinário."

Curiosa foi a maneira que Asa Branca conheceu José Edson Cabral, um de seus melhores amigos. Boia-fria, Cabral retornava da roça, na região de Oscar Bressane (SP), em mais um dia de labuta pesada. No trajeto, aconteceu um imprevisto: o carro quebrou. No momento de dificuldade, parou um veículo e desceu um homem alto, todo paramentado e de chapéu. "Muito solícito, ajudou-me a resolver o problema no carburador. Disse que se chamava Asa Branca. Eu sabia quem ele era por nome, de ouvir o povo falar. A maior glória para um matuto, sem perspectiva nenhuma."

O trabalhador reuniu os vizinhos e alugou uma perua Kombi. O grupo se encaminhou à Feira Agropecuária de Assis (SP) a fim de ver Asa Branca em ação. Lembraram-se da dificuldade automobilística e abriram uma fraterna amizade. Cabral gostou do ambiente que conheceu e passou a segui-lo nas cidades próximas. Inicialmente, como fã. Depois, na figura de auxiliar. Montou aparelhagem de som e se tornou narrador. A partir de então, ficou conhecido como 'Cabral Apaixonado'. "Ele falava para mim: 'se você tem um sonho, lute. Tenha fé em Deus e vá buscar o que quer'. Se não fosse o Asa Branca, eu não seria ninguém."

Asa Branca ciceroneava os novatos porque nunca teve medo de concorrência.

Com mais de dez anos em alto nível, jamais se preocupou com os colegas que seguiam na mesma direção, com outras linhas e novos olhares. Estava um passo à frente dos demais, em razão de sua capacidade de produzir novidade e da comunicação. Cobrava cachê de 30 mil reais por apresentação – até hoje, valor nunca igualado por outro profissional. Também descobriu outra fonte de renda, os bailes. Havia mais oferta de trabalho do que conseguia atender.

Se existissem três clones, talvez não fosse capaz de atender a demanda. Sem medo, indicava os parceiros mais próximos para narrar em seu lugar, sem ganhar nada por isso. "O Asa Branca é um mito no meio sertanejo. Mudou a forma de narrar e, por consequência, o trabalho dos colegas. Era dinâmico e levantava a galera. Quando as cortinas se abriam no show, o público já se encontrava em êxtase", assegura o cantor Capataz, que faz dupla com Carreiro.

Asa Branca contabilizava sucesso, fama, poder e dinheiro. Seu apelido ficou tão conhecido que ingressou com processo na Justiça e modificou seu nome de batismo. Com autorização judicial, passou a se chamar Waldemar Ruy Asa Branca dos Santos. Ao mesmo tempo, a cocaína ocupou um amplo espaço e desviou sua trajetória. Como consequência, produziu efeitos devastadores.

9. VIDA LOUCA

Rapaz, deixa a droga. Toma cerveja, que é um suco de cevada.

Luizão, ex-jogador de futebol

– Alô, tudo bem? Hoje tem Praia da Baleia.

No instante em que o piloto particular recebia essa ligação do patrão, sabia os desdobramentos do que iria acontecer. Asa Branca e o seu grupelho de quatro ou cinco asseclas iria fazer um voo de helicóptero (alugado de forma exclusiva) em território paulista, com menos de meia-hora, do Campo de Marte a São Sebastião. Passariam o dia em um lugar discreto, com imponente descampado, longe da fiscalização da sociedade. O ponto preferido ficava nas proximidades de uma bela cachoeira na Serra da Mantiqueira.

O objetivo da viagem passava ao longe de somente aproveitar as belezas da natureza, tomar refrescantes banhos com água cristalina ou fazer piquenique, com pães italianos, sucos naturais e frutas da estação. Sem intenções construtivas, a bagagem consistia em bebida alcoólica (principalmente uísque), maconha e cocaína. O coquetel seria consumido ao longo da visita.

O 'voo do bagulho' fazia inveja a qualquer viciado comum de vila, o famigerado 'nóia'. Esses usuários perambulam pelas cidades, das pequenas às grandes, e sustentam o vício em prédios abandonados, no mato ou em terrenos baldios. Os acompanhantes do locutor tinham acesso ilimitado e se drogavam à vontade, sem gastar um tostão. Esse expediente custava milhares de reais.

Nos momentos de pesado consumo de cocaína, Asa Branca, de uma hora a outra, desaparecia do convívio social. Cheirava quase todo dia. Os parceiros diziam, jocosamente, que era movido a álcool e talco. Permanecia dois ou três meses sem aparecer na casa dos parentes. "Eu ficava invernado." Irmãos, primos e tias desconheciam a gravidade do quadro. Até desconfiavam, mas sem ferramentas capazes de mensurar o nível correto dos excessos. Jamais se narcotizou na frente da família. E dava conselho aos sobrinhos. "Eu falava: 'fiquem longe da bebida e da droga.'" Mas os boatos irônicos apareceram e começaram a fazer sentido.

Como vivia em uma época sem a presença maciça de câmeras portáteis em celulares, nunca foi filmado ou fotografado cheirando ou fumando em público, mas os efeitos dos entorpecentes passaram a ser percebidos por muitas pessoas. A droga potencializou algumas atitudes existentes. Ficou mais impetuoso, inquieto, impulsivo, briguento e desorganizado. O prejuízo, amplo, atingiu muito além do rol financeiro. Abriu uma janela cuja paisagem mostrou degradação.

Asa Branca e outro homem foram flagrados dentro de um carro, em atitude suspeita, na zona do meretrício de São José do Rio Preto. Nas proximidades, funcionava uma delegacia. Desse modo, policiais civis estavam comumente em trânsito. Até que uma equipe desconfiou da postura dos dois, parou de imediato e providenciou uma ampla averiguação no interior do veículo. Algumas pedras de crack foram localizadas. Conduzidos à Delegacia de Investigações Gerais, a DIG, eles foram enquadrados como usuários, o que não é crime. Pagaram a fiança e foram liberados. Já como escravo da droga, consumia o mesclado, a devastadora mistura de maconha com crack.

Asa Branca contabiliza ao menos oito passagens pela polícia. Ficava detido por poucas horas, nunca preso. Normalmente, ele se envolvia em brigas, confusões em boates e desentendimentos. O máximo que permaneceu em custódia: um dia. Ficou encarcerado por falta de pagamento de pensão alimentícia de um de seus filhos. Na verdade, sustenta até hoje que a questão se tratou de um equívoco, pois quitou o débito anteriormente, mas o sistema judicial carecia de atualização. Encrencou-se.

Nesse episódio, aconteceram dois fatos antagônicos.

Primeiro, a fanfarronada.

Ao ser guardado na cela enquanto a investigação se desenrolava, Asa Branca reconheceu um peão boiadeiro entre os detentos. Os policiais perceberam que a dupla demonstrava afinidade e se conhecia de outros carnavais. Pediram, então, uma amostra do que faziam normalmente nas arenas. Antes da locução, a surpresa. Não quiseram uma apresentação qualquer, sem emoção. Mandaram que dois travestis, detidos no mesmo lugar, ficassem de quatro no chão duro, na frente de todos. E orientaram o que deveria ser feito. O peão montou nos rapazes ao som da voz mais famosa das arenas. "Fiquei sem saída. Os travestis ficaram bravos. Pela primeira e única vez, narrei uma montaria assim." Fez amizade com os presos. Alguns, à espera da liberdade; outros, do encaminhamento ao estabelecimento prisional correto.

Agora, a curiosidade.

Ao saber da detenção, uma amiga procurou as autoridades, informou-se sobre o motivo e, sem conversar previamente com ninguém, pagou o valor alvo de disputa, em torno de 10 mil reais. Em suma: a dívida estava quitada. A mulher não aceitou a devolução do dinheiro, por parte de Asa Branca. Contentou-se em vê-lo livre.

*

A vida de cowboy nacional trazia todos os clichês do velho oeste. As demandas mais tolas, que aconteciam no árido dia a dia, terminavam resolvidas no grito, no tapa, no braço, na pernada, na faca ou no revólver. Muitos peões eram mal vistos pelos chefes de família tradicionais, sobretudo nas cidades de menor porte, pelo comportamento errante, por não terem pouso definido e por andarem armados. Representavam uma real ameaça às mocinhas desprotegidas e ingênuas.

Asa Branca esteve em seis ocorrências que envolveram situações pesadas e com real risco de morte – a maioria aconteceu antes da cocaína.

Em 1985, foi ator principal.

Divertia-se em uma boate de São José do Rio Preto. Na madrugada, ele e o filho de um delegado se desentenderam com os seguranças e tiveram seus rostos lavados com uísque. Como pagaram para beber e não tomar banho com a bebida, o amigo reagiu e sofreu agressões físicas, sem compaixão, de quatro guarda-costas já do lado de fora. Ao ver a conjuntura piorar rapidamente e ganhar feições dramáticas, Asa Branca atirou na direção do alto, a esmo. "Só quis assustar", garante. A advertência não verbal fez os agressores correrem em disparada pelas vias rio-pretenses, em sentido ignorado. Como livrou o parceiro, finalizou a rodada como salvador da pátria.

Em 1987, testemunhou.

Encontrava-se sentado à mesa, na companhia de vários profissionais que iriam atuar em Santo Antônio da Platina (PR). No meio do almoço, dois homens divergiram e o pior aconteceu. Um deles sacou uma arma e matou o oponente à queima-roupa, na frente de várias testemunhas. "Eu deixei a comida no prato e corri."

Asa Branca trocou tiros com o pai de uma garota que queria namorar, em uma das avenidas mais movimentadas de São José do Rio Preto. Em outra briga, feriu-se de raspão. Já em uma confusão envolvendo outros personagens, recebeu uma bala perdida. Nas duas passagens, acabou atingido no pé, na canela e nas costas. O narrador Moisés Alves de Oliveira Júnior, o Júnior Paraná, estava em Lucianópolis (PR) a trabalho. "Teve uma confusão por causa do cachê e o Asa Branca saiu de lá embaixo de tiro", lembra-se o profissional, que mora nos Estados Unidos.

Casos resolvidos no impulso eram comuns nesse meio. Um dos melhores peões do Brasil, com três títulos em Barretos, teve sua vida encerrada a tiros. Virgílio Gonçalves morreu em 2008, aos 35 anos. Na Festa do Peão de Novo Horizonte (SP), desentendeu-se com um colega e acabou atingido na cabeça mortalmente. O convívio entre os peões é aproximado e tem um ingrediente especial: a rivalidade. Competem e lutam pelo mesmo objetivo. Com igual velocidade, surgem amizades e desavenças, romances e afastamentos súbitos, afagos e brigas.

Asa Branca, mesmo, coleciona participações em confusões épicas.

Em Presidente Prudente (SP), ocorria um rodeio no estacionamento do shopping. Cultivou uma rusga com o sonoplasta. Ao final do trabalho, os dois foram conversar. Ao invés de resolver a contenda de forma civilizada, desafiaram-se a um *round* de boxe. Formou-se o maior quiproquó. O povo tentou apartar, mas sem êxito. Um homem entrou na frente dos brigões e mostrou uma arma de fogo. Como resposta, o locutor lhe aplicou um violento soco na face. Desmaiou e caiu estirado.

Conforme Benedito Amaro da Silva, o Ditão, as testemunhas alertaram que a vítima se tratava de um figurão. Nada menos que um delegado. Bater em autoridade significa complicação certa. "Ao saber disso, o Asa Branca entrou no carro e saiu a toda velocidade." Em cinco minutos, três viaturas da Polícia Militar apareceram. Duas horas mais tarde, Ditão ligou. "Já estou em São José do Rio Preto, descansando", respondeu Asa Branca. Fez em tempo recorde o trajeto de 300 quilômetros.

Em meados da década de 1990, Asa Branca morou por quatro meses com Luiz Carlos Bombonato Goulart, em São Paulo. No mundo do futebol, é conhecido pelo apelido: Luizão. Jogou em grandes equipes, como Palmeiras, Corinthians e Flamengo, e Seleção Brasileira. "Embora fosse muito mais novo do que eu, o Luizão oferecia conselhos. Falava: 'rapaz, deixa a droga. Toma cerveja, que é um suco de cevada.'" No imóvel, moravam cinco homens, entre eles mais dois atletas – Galeano e Djalminha, todos do Palmeiras.

Mesmo consumido pelo vício, Asa Branca aceitou um convite irrecusável do PSDB e tentou uma vaga na Assembleia Legislativa de São Paulo. Concorreu ao cargo de deputado estadual na eleição de 1998. Longe de ter grandes objetivos na política, ingressou nessa empreitada com intuito de ajudar a sigla, parceira de longa data, a conquistar votos. Sua popularidade, no entanto, seria testada de forma representativa e mais ampla: com a população. Fez campanha em diversas cidades paulistas. Juntamente com os santinhos, confeccionou chapéus de cowboy com seu número de registro.

Na campanha, um grande susto. Em General Salgado, houve aglomeração ao distribuir o brinde. As pessoas ficaram empolgadas ao vê-lo ali, de pertinho, e se espremeram em um alambrado, que cedeu. O incidente terminou sem grandiosos desdobramentos. Compareceu a vários palanques, sempre com chegadas espalhafatosas. Embora tenha se dedicado com afinco, o resultado ficou aquém do esperado. Segundo dados do Tribunal Superior Eleitoral (TSE), somou 9.401 votos, ou 00.60% das indicações válidas. Ficou como suplente. Nunca assumiu o posto.

No trabalho, não ia nada bem. Faltava regularmente aos compromissos.

A atitude motivou a criação, entre seus desafetos e concorrentes diretos, de um apelido irônico: Tim Maia das Arenas – o cantor carregava a fama faltar aos próprios shows. Em sua defesa, o locutor explica que atuava se pagassem pelo serviço antecipadamente, já que nem assinava contrato. “Caso contrário, eu nem entrava na arena.” Também se espalhou a notícia de que Asa Branca quebrava os quartos dos hotéis onde se hospedava. Como efeito colateral dos entorpecentes, acreditava que era perseguido por seres reais e imaginários. Assim que essas ideias confusas surgiam, desaparecia de imediato do convívio público.

Ocorreram situações em que chegou atrasado ou nem apareceu. Bil, seu irmão, pegava o microfone e minimizava o problema. Os dois sabiam fazer a função. A comida era a mesma, o tempero variava. Mas a vida desregrada cobrou seu preço, principalmente na área profissional. A droga tornou sua rotina insustentável.

*

Durante rara lucidez em meio ao turbilhão de emoções que vivia diuturnamente, Asa Branca aceitou ser auxiliado pela família Covas, com quem mantinha sólida amizade pessoal e política. Márcio Covas Neto o internou em uma clínica de recuperação de alcoolistas e de usuários de drogas em Vargem Grande Paulista (SP), a 40 quilômetros da Capital, em 1999.

Antes de entrar, deixou no portão sua rotina contumaz de abusos contra a saúde, loucuras nas noites paulistanas e fracasso como gestor de si mesmo.

Parou tudo, temporariamente. Precisava pensar no que fazia, cuidar do corpo e da mente, reencontrar a essência do menino Ruy, aquele de Turiuba, e se livrar da droga e da bebida. Viu-se em frente ao espelho, sem interferências externas. Por esses e outros motivos, saiu de cena. Com discrição, foi internado e tratado. Recebeu poucas visitas, exclusivamente de gente com relação próxima. Todo o cuidado se explica. De pronto, saiu da cocaína à vontade a nada. Nem um grama.

O tratamento contava com aplicação regular de medicação, acompanhamento médico, palestras educativas, conversas com especialistas, regras rígidas, atividades com horários definidos e alimentação correta. Seguiu uma cartilha formada por dez passos com foco em largar o vício. Enquadrou-se nas normas de convivência e se hospedou em um quarto particular, espartano, sem grande infraestrutura. No seu intento, bastava. Aproximou-se dos mais velhos e ficou longe de desordem.

"Segui tudo o que me mandaram fazer, com o maior rigor. Estive realmente empenhado." A dedicação trouxe resultados práticos. O corpo clínico considerou que ele se livrou do vício, mas deveria manter a guarda. Transcorria o ano de 2000. Após oito meses de internação, conquistou a alta, o que proporcionou sentimento de vitória. Ficou enclausurado, algo impensado. Limpo, poderia retomar a vida de uma maneira diferente, distante das tentações mundanas.

Nessa fase, a primeira festa que participou foi em Cajamar (SP). Animado, entregou ao público o seu melhor. Na sequência, chegou convite do Rodeio dos Campeões de Barretos. Estava feliz e longe dos entorpecentes, mas não se afastou das confusões. Ao abrir sua narrativa, uma mulher surpreendeu ao entrar praticamente nua na arena. Pequenas pinturas corporais encobriram suas 'vergonhas'. De surpresa, ela correu e abraçou Asa Branca por trás. Instalou-se um escândalo; havia um público heterogêneo na arquibancada, inclusive crianças.

Houve uma indignação generalizada de pessoas representativas, entre os quais peões famosos. Apontaram o locutor com mentor da lamentável exposição, mas ele, até hoje, nega participação no ocorrido. "Eu me expliquei e ficou tudo certo. Não combinei nada. Fez tudo da cabeça dela. Imagino que quis ganhar destaque e se pintou como a Globeleza. Confesso que até eu fiquei assustado. Algumas pessoas gostaram do que viram, outras não." Cobriu o corpo da mulher com um casaco e a retirou da arena em segurança. O fato é que, na dúvida, mais essa conta negativa caiu no seu colo.

Em 2000, envolveu-se em outra confusão na frente de milhares de pessoas e com direito a pancadaria. A ocorrência de Frutal (MG) trouxe prejuízo à sua já degastada imagem. Além do alto cachê, fez uma exigência aos organizadores: a arena deveria ser molhada pouco antes de sua chegada. Iria aparecer em um potente helicóptero. Diz que não teve o segundo combinado atendido, apesar de ter monitorado a questão por telefone. Ao se aproximar do pouso, notou que o público virou às costas. Em sua longa trajetória, nunca passou por cena parecida. Nem em pesadelo.

A hélice provocou um redemoinho, que movimentou a areia e deixou o ambiente insuportável. Asa Branca disse que viu gente comendo porção de carne à milanesa. No lugar da farinha, terra. O sangue subiu em pleno ar. Ao pisar no chão, nervoso, questionou a organização com veemência. "Eu disse que eles não tinham responsabilidade. Começou uma briga e os seguranças tentaram me expulsar do recinto. Apanhei demais. Levei duas pauladas, mas consegui desmaiar dois seguranças na porrada. Nesse dia, eu senti a presença de Jesus. Juntaram mais de 60 homens em minha volta e eu consegui escapar. Pulei do outro lado da cerca, com três metros de altura."

Asa Branca conta que nunca entrou em briga sem ter a certeza absoluta de que era o dono da razão. Uma década depois do tumulto cinematográfico, declarou em entrevista que devia desculpas a algumas pessoas que magoou, entre as quais os mineiros de Frutal. "Todos os artistas têm um ponto alto na carreira. Eu tive o meu, mas o sucesso não subiu na cabeça. Nunca sonhei em ser famoso. Cheguei lá porque eu amo o rodeio."

Pouco a pouco, as péssimas amizades reapareceram e recuperaram, com anuência do próprio Asa Branca, o lugar cativo de antigamente. Ficou totalmente longe das drogas por quase três anos, mas reduziu a guarda justamente em um momento de fraqueza e sucumbiu. Esqueceu todos os ensinamentos que aprendeu na clínica de recuperação. O ambiente que voltou a frequentar não ajudou a se manter livre do vício. Deixou a cocaína e maconha retornarem de forma devastadora. Lembra-se de todos os problemas do passado? Sim, voltaram. Pacote completo, roteiro conhecido. Em outros termos, droga, bebida, sexo sem proteção.

Apesar dos hábitos libertinos, Asa Branca nunca deixou de gozar de prestígio com o público. As pessoas admiravam seu jeito simples. Recebia muitos agrados, de camisas a cavalos quarto de milha, de relógio a gado e cachorro da raça rottweiler. Ficou com pouco. Também obteve reconhecimento dos profissionais do ramo. Isso tem um peso importante em qualquer área. Em Goiânia, foi criada a Escola de Montaria Asa Branca. Ganhou o prêmio Arena de Ouro como melhor locutor, oferecido pela revista Rodeo Country.

"No auge da popularidade, o Asa Branca era mais famoso que os cantores sertanejos. Movimentou o rodeio, com criatividade e ousadia. Hoje, as pessoas buscam apenas o show musical", conta Giuliano Verdi.

*

Em 2007, Asa Branca sentia mal-estar com frequência O apetite se reduziu e deixou o corpo fraco. Apesar do incômodo, não procurou ajuda médica a fim de investigar o que se passava. Imaginou ser cansaço, normal. Afinal, vivia uma rotina estressante. Especulou que era efeito colateral das drogas e do álcool. E ainda levou em consideração a idade, pois era um homem forte, é verdade, mas com 45 anos. Porém, no íntimo, sabia a resposta. Continuou a trabalhar na medida do possível.

A confirmação aconteceu em São José do Rio Preto. Narrou uma festa com fraqueza e forte dor de cabeça. Os sintomas tinham aparecido anteriormente, sozinhos ou associados. Nenhum medicamento, com finalidade paliativa, trouxe alívio ou sensação de revigoramento. De carona, chegou a uma chácara no distrito de Talhado. Desembarcou na propriedade em péssima condição. Não sabe ao certo o que aconteceu daí em diante. Desmaiou e enfrentou alucinações, com lapsos temporais.

Reginaldo Bacani Posso, amigo desde a infância, foi visitar Asa Branca. A funcionária informou que o hóspede estava no quarto havia dois dias. Preocupado com o estranho recolhimento, derrubou a porta a pancadas. Durante 48 horas, ficou sem comer e beber. "Eu sentia medo. No fundo, previa uma doença grave." Não queria ser levado ao hospital. Relutou bastante.

Bacani, que é policial civil, portava algemas e ameaçou conduzi-lo à força ao Hospital de Base, um dos mais representativos estabelecimentos de saúde do noroeste paulista. Diante de argumento tão estimulante, Asa Branca aceitou o 'conselho'. No setor de emergência da instituição, foi examinado e recebeu os primeiros socorros. Medicado, sentiu-se um pouco melhor. O paciente e o acompanhante foram levados a um consultório, em lugar reservado.

O ar soturno do médico colocou uma dúvida gigante na cabeça do combalido paciente. Em ato seguinte, sua primeira atitude trouxe a certeza de que algo estava errado e que, realmente, Asa Branca deveria começar a se preocupar. O profissional chamou o acompanhante no canto e fez uma proposta.

– Pergunta ao senhor Ruy se quer receber a notícia por você.

Asa Branca respondeu à generosa oferta.

– Não, doutor. Sou um homem preparado para a vida.

O paciente, consumido por pensamentos difusos, não reunia condição mental mínima de esperar nem mais um minuto pelo diagnóstico. Fez um questionamento com uso de suas metáforas características.

– Doutor, eu estou com o bicho da goiaba?

Mesmo acostumado com as situações mais estranhas, exóticas e complexas, o médico riu da abordagem, sem entender direito a frase. Sem encontrar solução, pediu uma explicação simples, sem base científica, do que acabara de ouvir.

– O que é bicho da goiaba?

A explicação trouxe três palavras.

– É coisa ruim, simplificou Asa Branca.

Respirou fundo e se recuperou da improdutiva conversa, explicou com calma e seriedade o que se passava.

– O senhor é portador do vírus HIV. Sabe o que isso significa?

Sem oferecer a resposta, o locutor elaborou uma questão direta.

– Que vou morrer?

– Não, não vai. Mas será preciso fazer o tratamento corretamente, com os remédios que vou receitar. Vai se recuperar bem e levar uma vida normal.

Realmente, os retrovirais receitados trouxeram melhora representativa no quadro clínico, com a reconquista do bem-estar nos dias seguintes. Não sabe de quem contraiu o vírus. Estima que transou com mais de 500 mulheres. Nunca usou camisinha.

*

No ano de 2008, Asa Branca, em plena imersão nas drogas, viveu uma experiência que classifica como extraterrestre. Compartilhou a história com ufólogos, estudiosos de supostas vidas em outros planetas e participantes do 3º Fórum Mundial de Contatados, realizado em 2015, em Porto Alegre (RS).

Relatou que tudo se deu na saída de Turiúba, ao sair com a namorada de um compromisso. "Na estrada, vi uma luz muito forte. Parei o carro, pulei a cerca e vi um objeto voador não identificado (OVNI)." A mulher, amedrontada, ficou no veículo.

Afirma que se aproximou do OVNI e sentiu seu corpo ser sugado por uma luz intensa. "Fui levado para dentro da nave. Achei que iria morrer. Sofri um desmaio." Ao acordar, teve outra surpresa. "Estava em outro planeta. Vi várias casinhas brancas iguais, uma do lado da outra. O chão era amarelado, igual da areia perto do mar", lembra Asa Branca, que completa. "Aplicaram-me uma injeção na palma da mão."

Nas suas lembranças, os extraterrestres tinham baixa estatura, cabeça com formato de ovo de Páscoa, vestiam roupas brancas e usavam sapatos pretos. Sentiu uma forte dor na cabeça, perdeu os sentidos e acordou deitado no capim, 20 minutos depois de ter sido abduzido. "Fiquei com medo. Achei que iriam me matar." A despeito do susto, prosseguiu.

PARTE 3
TEMPO DE DESCOBERTA, TURBULÊNCIA E NOVAS ROTAS

Viva o peão atrevido, viva o nosso locutor,
Senhora de Aparecida protegei o contendor.
Seja touro seja gente, os cubra com seu amor
E afastai o Asa Branca desse mundo pecador.

10. UMA GRANDE MULHER

Eu falei diretamente a minha condição. Não iria aceitar mais droga.

Sandra Maria dos Santos, mulher de Asa Branca

É dia de prova na escola municipal Octaviano Cardoso, em Turiúba. A criançada do quarto ano do ensino fundamental vai testar seus conhecimentos teóricos. A década de 1970 acaba de começar. A aluna Sandra Maria dos Santos, estudiosa e inteligente, senta-se à frente, na primeira fileira. Logo atrás dela, Ruy se posiciona estrategicamente. Pouco afeito aos cadernos e aos livros didáticos, desconhece os tópicos que estarão no exame. Tenta se precaver do fracasso que se anuncia.

Primeiro, pede que Sandra passe as respostas de todas as questões, sem parcimônia. Diante da negativa, ameaça, em tom de brincadeira, jogar em sua mesa uma colinha fake para incriminá-la, como se a professora não conhecesse o perfil de cada estudante. Com medo de ser flagrada, a garota recolhe o ombro e facilita o acesso do colega, que copia as informações que necessita a fim de tirar uma boa nota. Essa cena se repetiu em diversos testes.

"O Ruy falava tanto que tirava a concentração de quem queria estudar. Era chato, bagunceiro e briguento. Mas, entre a gente, existia amizade e um sentimento de querer bem. Só isso", lembra Sandra. Com o caminhar natural das estações, cada colega de classe fez suas escolhas pessoais, afetivas e profissionais e percorreu trajetos diferentes. Apesar da proximidade na infância, perderam o contato na vida adulta.

Enquanto Ruy foi para São José do Rio Preto, Sandra buscou abrigo mais longe e fixou residência em São Paulo, com sua família. Conheceu outras pessoas, casou-se, trabalhou bastante e estabeleceu novos círculos de amizade. É mãe de Anderson Filipe, Tabata e Rodrigo e avó de Ana Júlia, Caroline,

Vinicius, Isabela, Carlos Filipe e Larissa. Quando somava mais ou menos 40 anos, o passado reapareceu, sem pretensão, e proporcionou uma descoberta.

Em um dia festivo, Sandra dialogava com um pessoal querido sobre o tempo vivido no interior de São Paulo. O tópico, revestido de saudade, incluiu o destino dos antigos colegas da escola. Falaram sobre diversas passagens e pessoas. Perguntou o que havia acontecido com Ruy, o menino arteiro. O interlocutor afirmou que ele ficou famoso e respondia como Asa Branca. "Eu já tinha ouvido falar, mas sem ligar a pessoa ao nome. Descobri que o famoso locutor Asa Branca era o Ruy." O assunto se encerrou.

*

Um fato marcante aconteceu em 2003. Sandra e uma amiga frequentavam bailes em São Paulo e nos arredores da capital paulista. Quase todos os sábados, elas saíam com a proposta de se divertir e espairecer. Em determinada ocasião, um colega disponibilizou dois ingressos de uma casa de shows que seria inaugurada em Cotia (SP), com foco em música sertaneja. Elas aceitaram as entradas.

No deslocamento à boate, Sandra descobriu que Asa Branca seria a atração principal. "Nossa, é meu amigo", falou à colega. Ficou animada com a possibilidade de revê-lo pessoalmente após tantos anos. Não portava qualquer número ou nome que facilitasse o encontro. No estabelecimento, pediu a um segurança autorização para ir ao camarim se apresentar. Mas foi barrada, sem meias palavras.

Na réplica, disse ao vigilante, com decisão. "Vai lá dentro e fala que a Sandra de Turiúba quer falar com o Asa Branca." Recado enviado e respondido. Com a licença garantida, entrou no lugar reservado aos artistas. Uma alegria o reencontro. Conversaram animadamente por horas. Riram das passagens engraçadas, dos acontecimentos especiais da juventude e das memórias em comum.

Trocaram os contatos e combinaram de conversar mais. A promessa, no entanto, não vingou e ficou no plano das ideias. Houve mais um grande período intenso de silêncio, de ambos. Um, dois, cinco anos se passaram sem qualquer contato. Um belo dia, em 2008, o telefone de Sandra tocou.

"Quero conversar com você. Estou no interior. Vem aqui", disse Asa Branca.

Como estava emocionalmente disponível, aceitou encontrá-lo em um churrasco em São José do Rio Preto. Ao ficarem frente a frente, já se olharam de maneira diferente. Conversaram com franqueza sobre os caminhos que percorrem até ali, com direito a temas como família e dificuldades. Entenderam-se com facilidade. "Alguns sentimentos do passado voltaram", revela Sandra.

Logo no começo, a questão da saúde se colocou na mesa.

Assim como Asa Branca, Sandra é soropositiva. Em 2000, contraiu o HIV em outro relacionamento. Ele descobriu em 2007. Essas revelações não trouxeram impedimento. Os dois ficaram em condições iguais. A partir de então, a relação dos antigos colegas ganhou outro status. Como eram maduros e cientes do que queriam, começaram a namorar oficialmente e passaram a escrever juntos novos e intensos capítulos em suas histórias.

*

Mesmo com a empolgação de começo de namoro, rapidamente a mais dura realidade se apresentou. Com o convívio intenso, Sandra percebeu situações que a desagradaram profundamente, como o assédio feminino, a falta de organização financeira, os gastos desnecessários e o vício em drogas e bebidas.

Redobrou a atenção no cotidiano e encontrava entorpecentes do namorado escondidos nos mais variados lugares, como guarda-roupa, calça jeans e até mesmo dentro da geladeira. Como entrou no relacionamento com seriedade, não concordava com os excessos e agiu por conta própria. Pegava os papelotes ou baseados, colocava na privada e acionava a descarga, com a certeza de que era a melhor decisão.

Outra questão incomodava.

Asa Branca tinha o costume nada salutar de desaparecer. Não oferecia qualquer satisfação, o que é perigoso em um relacionamento. "Fazia os rodeios, recebia o pagamento e gastava todo o dinheiro em farras."

Mesmo com as dificuldades, expandiram a relação em 2010 e passaram a dividir o teto. O entrosamento poderia melhorar com a convivência diária. Mas não aconteceu conforme o planejado. Muito diferente disso. Em 2011, Sandra optou pelo rompimento. Vivia uma rotina distante da que esperava. "Enfrentei uma luta muito grande antes de desistir, mas eu não aguentei."

*

Sandra trouxe outro significado à vida de Asa Branca. "Essa mulher me colocou na linha. Mostrou o que é a família." Além do companheirismo, do relacionamento natural de casal e de colaborar na melhora de seu comportamento, ela mostrou, com seus exemplos e ações, a importância de participar do dia a dia dos filhos. Em suma: ser presente, mesmo distante fisicamente.

Asa Branca é pai de Bianca, Lara Lemos, Gabriel, Muriel, Lara e Vitória (são adolescentes ou adultos), todos de mães diferentes, e avô de Maria Luísa e Eloá. Tem um processo de reconhecimento de paternidade em andamento. Antes da chegada de Sandra, teve dois casamentos. O primeiro durou dois meses. O segundo apenas 15 dias. As relações foram conflituosas, inclusive com sogros e sogras. Asa Branca não coloca a culpa pelos insucessos amorosos na conta das parceiras. Nem pode. Sabe que seu estilo e a rotina de viagens foram determinantes. "Optei pelo trabalho ao invés de estar com meus filhos."

Bianca é a filha com que Asa Branca teve um pouco mais de convivência na infância. O pai aparecia de surpresa, geralmente quando tinha compromissos por perto. Era um dia feliz, com atividades, brincadeiras e divertimento. Mais ou menos na época em que ela nasceu, o locutor estourou comercialmente. Mais viajava do que convivia com a família. Bianca passou temporadas com a tia Nádia Vulpini, em Monções. Nesses passeios, acompanhava o pai, que sumia e aparecia em questão de horas ou até de dias. Do lado paterno, a menina teve mais convivência com os primos e os tios, o que garantiu saborosas lembranças.

Muryel Cardoso Silva conheceu o pai ao ingressar na adolescência, aos 12 anos. Sua família, explica, tinha medo de que Asa Branca, em razão de sua influência, ficasse com a guarda do garoto. "Ele falava que, se tivesse um filho homem, iria pegar e criar. Tinha medo de que me levasse embora", lembra Silva. Hoje, os dois têm uma relação salutar e aproximada. "Não foi um pai participativo, mas nunca o culparei. A gente conversa e se dá bem. Fico feliz em saber que está tranquilo."

Asa Branca não testemunhou as dores de dente, as reuniões de escola, os primeiros namoros, as dúvidas da juventude, as pequenas vitórias e os choros pelos cantos. Com apoio de Sandra, mudou o jeito de se relacionar. Tanto que adotou extraoficialmente, de coração, os três filhos e os seis netos da mulher. Mas, com seus descendentes diretos, existem lacunas em campos afetivos, aquelas que residem nos lugares mais secretos, que nunca serão preenchidas, mesmo com um hercúleo esforço. O tempo perdido está guardado em gaveta do passado. Não poderá ser recuperado. Nem com a anuência das duas partes.

*

Com três meses de separação, parecia que o romance havia acabado. Asa Branca não aceitou o fim do relacionamento. Sentia falta da mulher que trouxe outro significado à sua existência. Tentou reatar o namoro. Telefonava de maneira insistente. O tema da conversa pouco variava: pedia a volta dela. Com argumento, afirmou que iria mudar e ser outra pessoa. Apesar da boa vontade, suas afirmações trouxeram pouco resultado prático. Teve êxito na empreitada ao se comprometer a seguir uma determinação simples e direta de Sandra. Caso contrário, nada feito. "Eu falei diretamente a minha condição. Não iria aceitar mais droga."

Os dois combinaram de fazer mais uma tentativa. Asa Branca se empenhou em cumprir o prometido, mas sofreu algumas recaídas, em menor quantidade. Tentou, persistiu e conseguiu. Após tantos relacionamentos que duraram pouco, percebeu que encontrou uma companheira que proporcionou mudança. "No final de 2012, estava totalmente limpo", comemora

Sandra. Sua participação nesse processo de recuperação do parceiro é reconhecida pela família. "Ajeitou o meu irmão, com sua persistência", lembra Nádia Vulpini. Os amigos brincam: é a única mulher que realmente enfrentou Asa Branca. E, assim, mudou o rumo de sua trajetória autodestrutiva.

A crônica parecia se encaminhar na direção de um final bem-aventurado, mas uma tempestade desabou com força devastadora. Nada ficou no lugar.

11. MORTE À ESPREITA

Eu tenho muita fé, mas achei que ele morreria.

Rosana Alves Campassi, amiga da família.

A conta pelos intensos e desregrados anos chegou a Asa Branca em um período de quietude. Entrou 2013 com especial alegria. Afinal, havia se livrado das drogas. Mas sentia mal-estar e dor na cabeça com frequência. Com a coordenação motora modificada, procurou atendimento médico. Uma suspeita pegou a dianteira das dúvidas. Poderia ser efeito colateral causado pela abstinência de cocaína. O diagnóstico foi inconclusivo.

Com o passar dos dias, a preocupação aumentou. Mesmo assim, havia a necessidade de manter a rotina. Até então, o casal morava em Lourdes (SP), uma pequena cidade do interior. No começo de janeiro, hospedou-se em um hotel na Vila Maria, em São Paulo. A viagem se justificava. Sandra tinha compromissos profissionais agendados. O quadro de Asa Branca, no entanto, piorou. Sofreu dois desmaios.

Sandra buscou na religiosidade uma resposta às suas indagações. Em uma noite de incerteza, com o coração apertado, deitou-se e pediu a Deus que oferecesse um sinal. E adormeceu "Na sequência, tive um sonho. Uma médica disse com todas as letras: 'você tem mais um mês de vida'. Respondi que não concordava. Queria viver muito mais." Acordou apavorada, aos prantos, e assustou o parceiro. Ao revelar a imagem construída pelo subconsciente, o locutor fez a leitura correta. "Não é com você. Na verdade, essa história é minha."

Nas primeiras horas do dia 10 de fevereiro, Asa Branca tomou uma vitamina de leite com manga, como parte do desjejum. O organismo expulsou a bebida. Pior do que isso. Mal se equilibrava em pé. Precisava ir a um hospital com urgência. Imediatamente, Sandra pediu ajuda a Rosana Alves Campassi, de quem é amiga há três décadas. Uma série de dificuldades se materializou antes do socorro. Primeiro, o locutor não queria ir. Depois de muita conversa, convenceu-se da necessidade e aceitou a ajuda. Mas, registre-se: do seu jeito. No trajeto, dirigiu o carro, o que se mostrou temerário. "Quase bateu. Estava sem coordenação", lamenta Sandra.

Asa Branca procurou auxílio no Hospital Emílio Ribas, um dos mais conceituados de São Paulo. Ficou no setor de pronto-atendimento enquanto Sandra resolvia a burocracia, ou seja, preencher a ficha cadastral. Ao entrar na enfermaria, encontrou uma médica parecida com a que ilustrou o sonho. Sua pressão arterial disparou pela forte emoção que sentiu. Teve que receber cuidados médicos também. Acalmou-se e voltou as atenções ao parceiro. "A doutora nem colocou a mão no Asa Branca. Determinou que fosse internado e passasse por tomografia computadorizada. Mas alertou: 'esse menino vai precisar de você. 'Nunca estive em uma consulta com tanta cumplicidade'", destaca Sandra. Retornou ao hotel e esperou o resultado dos exames. No momento adequado, seria prontamente avisada.

Na consulta reveladora, ela sentou e respirou fundo. O diagnóstico não trazia boas notícias. Pelo contrário. Asa Branca contraiu criptococose, conhecida popularmente como a doença do pombo. É uma das enfermidades oportunistas surgidas pela ação do HIV no organismo. "Os médicos disseram que, se demorasse mais uns dias, dificilmente iria resistir", cita Sandra. O fungo encontrado nas fezes dos pombos entra no organismo pelo pulmão e se instala no sistema nervoso.

Asa Branca ingressou no hospital sem imunidade e com sintomas como confusão mental, mãos trêmulas e dificuldade no andar. Lembra-se que, meses antes, lavou a piscina na residência de um amigo. Na propriedade fechada por cinco anos, a água estava contaminada por fezes de pombos. Fez o serviço sem notar anormalidade. A descoberta trouxe uma difícil constatação: sua vida corria sério risco de ser finalizada precocemente. Iniciou uma batalha com ajuda da mulher, de alguns parentes e de gente que estima. O seu drama pessoal apenas começou. Sem demora, o que já era difícil piorou sensivelmente.

Em razão da criptococose, desenvolveu hidrocefalia, isto é, acúmulo excessivo de líquido na cabeça. Uma válvula foi instalada em seu crânio. Retirava e encaminhava a água a outras partes de seu corpo. Durante a estadia no hospital, contraiu meningite bacteriana. A junta médica alertou que o caso, considerado grave, seria resolvido com uso de um forte medicamento, a Vancomicina. O antibiótico, injetável, tem finalidade de tratar de graves infecções. "O remédio poderia paralisar os seus órgãos vitais. Nenhum outro tratamento se indicava. Senti medo", lembra Sandra. Foram 21 longos dias de incerteza. Mas, ao final, funcionou. Enquanto isso, ela deixou o hotel e se alojou na casa da filha. A rotina hospitalar pesou. Tanto que contraiu pancreatite e ficou dois dias internada.

Ao vencer essa etapa, o casal se animou com a possibilidade de retornar ao aconchego do lar, onde Asa Branca continuaria, com dedicação, os tratamentos necessários até atingir a plena recuperação. Ledo engano. Ele apresentou surtos e o comportamento habitual se modificou. Em algumas situações, maltratou as enfermeiras. Sandra, sempre atenta, percebeu algo errado. Não reconhecia essa postura. "Nunca agiu assim. Pedi que o médico examinasse." A válvula entupiu com um coágulo.

O novo e inesperado problema se resolveu com outra cirurgia, com objetivo de drenar a água represada no crânio. Uma segunda válvula acabou instalada. As complicações não pararam de surgir. O tubo saiu do lugar. Sabe o que isso significa? Outro procedimento arriscado. Asa Branca ficou debilitado, com olheiras gigantes, corpo esquálido e olhar triste. Alimentava-se por meio de uma incômoda sonda. Perdeu metade da massa corporal, restando apenas 49 quilos de peso. Em momento de desespero, clamou à mulher. "Me tira daqui, pelo amor de Deus. Eu vou morrer."

Abatido, ficou sem os traços da jovialidade que tanto encantaram as arenas. Sua feição mudou, com os ossos à mostra. "Eu fui visitá-lo e balancei. Na saída, disse a mim mesmo que não ele voltaria nunca mais. Saí do hospital chorando. Rezei bastante. Duro ver uma pessoa, que eu considero um irmão, naquela situação. Pensei que morreria", revela o ex-jogador de futebol Luizão. "Pagou as suas contas com juros pesados. Acredito que, na dificuldade, aprendeu bastante coisa."

Em uma visita aparentemente trivial, Nádia Vulpini e Bianca ficaram chocadas com o semblante pálido de Asa Branca. Preocupadas, foram conversar com um médico. Ouviram uma sequência de frases perturbadoras. "Nem é preciso voltar ao interior. Pode ficar aqui e providenciar o funeral", relembra Nádia. O tom se amenizou, mas não trouxe tranquilidade. "Explicou que sairia plenamente recuperado do hospital com um milagre. Até poderia sobreviver, mas poderia ficar preso a uma cadeira de rodas, perder a visão ou parar de falar. Enfim, ter uma grave sequela." Bil pegava a bíblia e seguia todos os dias a uma igreja. Pedia intercessão divina.

Desde o primeiro dia de internação, Rosana Alves Campassi, amiga de Sandra, ofereceu todo suporte e atenção. Quando não trazia uma palavra amiga, ajudava a saciar uma vontade gastronômica de Asa Branca. Clandestinamente, ela levava na bolsa algumas bananas, o que é proibido pelo hospital. Nas idas e vindas da UTI ao quarto, ele sentia vontade de comer as frutas. "Eu tenho muita fé, mas achei que ele morreria. Todos os dias eu ia embora triste", afirma Rosana.

Na internação, Asa Branca recebeu diversas manifestações de apoio à sua recuperação de colegas, de parceiros, de pessoas que nem conhecia e de milhares de fãs que conquistou ao longo da sua trajetória. Nessa época de baixa, restaram os amigos de verdade. São poucos, mas sinceros e fundamentais. Os aproveitadores, interessados nas benesses que o dinheiro proporciona, desapareceram sem deixar rastros. A essa altura, buscavam mais um lombo onde pudessem se hospedar.

Asa Branca vivia um dia a cada vez. Uma vitória, por menor que fosse, transformava-se em comemoração. No dia 19 de abril, festejou o seu aniversário de 51 anos na companhia de Sandra, dentro do hospital. O homem que dominava arenas com mais de 30 mil pessoas não segurou sozinho o pequeno bolo, com cerejas e seu nome escrito no centro. "Eu ficava na frente do espelho e chorava. Sentia que iria morrer." Diversas reportagens, algumas de cunho sensacionalista, abordaram sua prolongada internação. Boatos maldosos versaram sobre sua morte diversas vezes.

Mas Asa Branca é a prova viva de que existe uma lacuna entre a ciência e as coisas de Deus. Mesmo à beira da morte, tirou forças de lugar ignorado e renasceu. Pouco a pouco, melhorou, sentiu-se mais seguro, deixou a UTI e se alojou no quarto, a última parada antes da rua. Embora magro, vislumbrou o futuro ao perceber que, em breve, poderia voltar para casa. De forma sistemática, foi liberado pela equipe multidisciplinar. O departamento de nutrição ofereceu o último sinal positivo. Ficou acertado que seguiria o cronograma de tratamento com rigor. O casal assinou um termo de responsabilidade. No controle das doenças, toma remédios todos os dias e é submetido a exames regulares.

Asa Branca considera a temporada no Emílio Ribas como o fundo do poço. A alta hospitalar ocorreu no dia 29 de julho de 2013, depois de 83 dias seguidos de internação e seis perigosas cirurgias. De fato, um presente antecipado à parceira, que fez aniversário no dia seguinte à 'libertação'. "Está bem e se Deus quiser vai voltar à vida normal. Agradeço muito aos amigos que nos deram força nesse momento difícil", declarou Sandra em entrevista ao jornal Diário da Região, de São José do Rio Preto. Estabeleceram-se em São Paulo em um apartamento.

Ele aumentou ainda mais sua religiosidade e devoção. "Deus e Nossa Senhora estão em primeiro lugar. Sem eles, eu não estaria aqui. Na UTI, tive uma conversa franca com Jesus. Eu disse: 'se quiser me levar, tudo bem. Mas quero viver mais um pouco'. Deus fecha uma porta e depois abre dez. A Sandra me salvou da morte, com todo seu empenho e dedicação. Ela é uma guerreira. Uma pessoa muito importante para mim."

Com a melhora, o casal visitou o Santuário Nacional de Nossa Senhora Aparecida, em Aparecida (SP), e o Santuário do Pai Eterno, em Trindade (GO), rezou e agradeceu por Asa Branca estar vivo. Superou um verdadeiro turbilhão.

*

Embora estivesse convalescente, Asa Branca pensou que retomaria a rotina de uma vez, após quase três meses enclausurado. Deixou o hospital e foi ao supermercado fazer compras. Sandra tentou dissuadi-lo. Entrou no estabelecimento sentado em uma cadeira de rodas e escolheu os alimentos de que sentia falta. No apartamento, constatou que não sabia mais comer. Alimentado por sonda durante meses, sentiu dificuldade em engolir a comida – ficou com essa sequela, além de uma pequena tremedeira nas mãos, resolvida com apoio de uma cirurgia espiritual.

Asa Branca fez tratamento com fisioterapeuta, fonoaudióloga e neurocirurgião em busca de suas funções naturais. Como ficou sem trabalhar, os recursos acabaram com rapidez. Precisava custear as despesas médicas, caras e fundamentais em sua recuperação. Uma reviravolta para o milionário que teve avião bimotor, helicóptero, duas mil cabeças de gado em fazendas arrendadas no Pará e no Mato Grosso e carros de marcas como BMW, Mercedes, Audi e Mitsubishi.

Ao ver a situação ganhar contornos dramáticos, Sandra agiu. Não reunia condição de trabalhar, pois ficava à disposição. Entrou em contato com meios de comunicação e relatou o drama que enfrentava. Criou uma campanha e solicitou ajuda financeira. A atitude gerou críticas. "Foi a maneira que encontrei de manter meu marido em pé." Uma reportagem do programa Balanço Geral, apresentado por Geraldo Luís, na TV Record, pode ser considerada a mais emblemática. A figura de Asa Branca apareceu por quase uma hora. As pessoas ficaram surpresas com sua magreza, aspecto de cansaço e pequena fala, quase inaudível. O assunto rendeu.

Colegas de profissão se mobilizaram, realizaram rifas e agendaram eventos beneficentes em cidades como Guarulhos (SP), Arealva (SP), Nova Mutum (MT), Cassilândia (MS) e Presidente Prudente (SP). A renda parcial ou total se destinou à recuperação. Sérgio Reis doou 50 mil reais. "Temos uma amizade de longa data. Estou feliz por ter se recuperado. Falei: te cuida e vai em frente. Você está vivo. Isso é o que importa", relembra o cantor. O ex-jogador Luizão também colaborou.

O casal disponibilizou uma conta bancária e aceitou doações. Uma pessoa ofertou a importância simbólica de três reais. "Estou aqui para dizer a todos os fãs do Asa Branca o tanto que vocês estão sendo importantes neste momento. Um grande beijo no coração de todos e meu muito obrigado", escreveu Sandra, em sua rede social.

"Um período, sem dúvidas, difícil. A família se uniu e se abraçou. A gente achava que ele não iria sair dessa. Acredito que aconteceu um milagre", expõe Anderson Filipe dos Santos, filho de Sandra. "Minha mãe é uma mulher forte. Por quase três meses, dormiu na poltrona do hospital. Ela arrumou a vida do Asa Branca, que não tinha nem os documentos pessoais". Em sinal de gratidão, Asa Branca chama a mulher de mãe. O casal percorreu diversas festas do peão e vendeu um CD com temas de rodeio. Todas as receitas ajudaram. Tanto que pagou os médicos e se manteve.

Quase cinco meses após sair do Hospital Emílio Ribas, voltou a trabalhar. Naviraí (MS) abrigou sua reestreia. Ficou emocionado com o retorno. A voz estava distante do tom que o consagrou nacionalmente. Ao jornal Folha de São Paulo, declarou que sentiu medo do seu corpo não suportar, em razão das cirurgias na cabeça. "Aguentei até o final, mas foi preocupante. O medo era levar cabeçada de um touro, pois voltei dentro da arena. Mas medo não pode existir no rodeio. É uma festa de bravos." A partir de então, ganhou peso e, de alguma forma, começou a se restabelecer. Muitas emoções distinguiram 2014, tanto por ganhos como por perdas.

Em janeiro, conversou com o Diário da Região. "O Asa Branca, como sempre, foi educado e direto. Disse que eu poderia perguntar sobre qualquer assunto. E, antes de mais nada, fez questão que eu passasse a mão em suas válvulas que controlam a pressão intracraniana, salientes no couro cabeludo. Foi uma entrevista marcada por emoção, pois era uma das primeiras que falavam sobre a sua impressionante recuperação e seus planos de retomar a carreira. Falou do drama, de aventuras com drogas e mulheres, aids, fama... Sem meios-termos", lembra o jornalista Marival Correa. Asa Branca declarou. "Me vejo um pouco nos peões esquecidos, abandonados. Penso no futuro, né? O rodeio é um esporte tão bonito, tão bem conceituado, e o peão, que é o maior protagonista, quando termina a vida fica jogado às traças."

Esteve na atração televisiva de Sônia Abrão. "Fiz várias entrevistas com o Asa Branca, mas acredito que as mais marcantes foram quando revelou sua doença e voltou ao nosso programa totalmente recuperado. O que mais admiro nele é sua capacidade de desafiar a morte e vencer a luta pela vida. É mais forte que touro indomável solto na arena", afirmou a apresentadora.

A saúde inspirava cuidados contínuos e ocasionava sustos, como em uma viagem ao Mato Grosso. Na rodovia, bateu a cabeça no teto do seu carro, ao quase se envolver em um acidente com um caminhão. Não notou nada diferente e seguiu sua programação normal. Em Goiânia, sentiu forte dor na cabeça. Retornou ao Hospital Emílio Ribas. O impacto tirou do lugar a válvula intracraniana, que entupiu. Encarou mais duas cirurgias. Permaneceu internado por 12 dias.

De alta na sexta-feira, pegou a estrada no dia seguinte em direção a Mirante do Paranapanema (SP). Compareceu a um evento marcado anteriormente, embora sua cabeça estivesse costurada. Para suportar a dor intensa, tomou dipirona em doses cavalares.

Sentiu medo de passar mal, cair e agravar o quadro. Sandra, então, revelou outra faceta. Além de ser mulher, guardiã, incentivadora, empresária e parceira, desempenhou uma função nova: segurança. Sim, atuou como guarda-costas. Ficou posicionada no palco com visão estratégica. Seu sexto sentido estava correto. Em determinado momento, um fã, com medidas enormes e animação fora do normal, subiu no tablado com escopo de oferecer um forte abraço ao locutor. Sandra interveio. Segurou o sujeito na unha e evitou o carinho efusivo, que poderia gerar prejuízos físicos ao companheiro.

Nesse mesmo ano, um fato gerou grande tristeza. O irmão de Asa Branca, Belisário José dos Santos, o Bil, morreu aos 56 anos. De Buritama, seguia em direção a um sítio. O cavalo se assustou, pulou e correu. Ele não caiu. Mas, com o impacto, quebrou a bacia. Recebeu os primeiros atendimentos no pronto-socorro da cidade e foi transferido para o hospital de Araçatuba (SP). Depois de uma semana internado com hemorragia interna, não resistiu. Deixou uma filha e dois netos.

Bil e Asa Branca eram próximos em razão do grau de parentesco, da amizade e da parceria no trabalho. Essa dor segue intacta, como se a ferida estivesse aberta.

12. O RESSURGIMENTO

Para mim, que sou fã, conhecê-lo pessoalmente significou a realização de um sonho.

Eliton Luiz de Souza, peão de rodeio

Depois de enfrentar intensos problemas de saúde, dificuldades financeiras e perder o irmão querido em poucos mais de dois anos, um horizonte se abriu. A rotina profissional de Asa Branca sofreu uma reviravolta relevante a partir de 2015. Virou o manche, posicionado na direção do passado, e buscou outros rumos. Diversos acontecimentos positivos vão acontecer. Colocou em prática um sonho antigo: cantar.

Com esse foco, Asa Branca formou dupla sertaneja com o violeiro Fabiano Miguel Ribeiro, o Fabiano Rancharia. Enquanto o locutor ficou responsável por cantar, recitar versos e fazer locução, o músico contribuiu com a segunda voz e a produção. Entenderam-se bem e começaram a produzir, inclusive músicas próprias. Essa parceria se forjou em 2007, ano em que se conheceram. Tinham amigos em comum. Nas ocasiões em que se encontravam, cantavam de brincadeira.

Por sugestão de pessoas próximas, pensaram em gravar um CD. Sem explicação, a empolgação despareceu e caiu na vala do esquecimento. No ano de 2011, em Barretos, conversaram e o assunto ressurgiu. Acertaram de ir a Goiânia gravar um álbum. No caminho, pararam em Icém, cidade paulista, a fim de abastecer o carro e comer. "O Asa Branca pediu um salgado, caiu e desmaiou. Deveria ficar internado, mas fugiu do hospital." Estava fissurado pela droga. A dupla durou um dia.

O reencontro se efetivou quatro anos à frente. Asa Branca e Sandra juntaram as economias, em torno de 25 mil reais, e investiram o montante na produção do CD 'Asa Branca Rodeio', dirigido por Alberto Pereira dos Santos. O projeto contou com dez músicas, entre as quais duas de Asa Branca e de Rancharia, 'Lobo Selvagem' e 'Bagagem', e regravações de Raul Seixas e Léo Jaime. A primeira faixa, intitulada 'Funk Caipira', originou um clipe gravado em Nova York, Estados Unidos, e conseguiu bom resultado comercial. Participaram de vários programas televisivos com abrangência nacional, entre os quais o do apresentador Ratinho, no SBT.

Asa Branca e Rancharia se dedicavam aos shows; a maioria, em lugares pequenos ou médios. Desde que começaram a trabalhar juntos, poucos ensaios foram realizados. Combinam de repassar o repertório e estabelecer o roteiro das apresentações. Nunca vencem a barreira da segunda música. Asa Branca não funciona assim. Na hora mais certa, improvisa e entrega o seu melhor. "Ele canta e oferece um testemunho. As pessoas gostam de ouvir e até se emocionam com sua mensagem", garante o violeiro. Enquanto a carreira de cantor não decolou, ele atuou em festas com cachês inferiores a 10 mil reais.

A partir do segundo semestre, os ventos mudaram de direção. No final de outubro, Asa Branca ocupou a capa de uma edição da revista Veja São Paulo. Sem barreiras, abriu o baú de recordações e se revelou ao repórter João Batista Júnior. A infância em Turiúba, o envolvimento com as mulheres, a rotina com HIV e os excessos com as drogas e bebidas estiveram em pauta. A reportagem, explosiva, ofereceu fartos subsídios ao tribunal popular. Os vereditos continham tanto elogios pela superação como críticas por ter dilapidado uma fortuna. Na questão profissional, destacou sua faceta musical.

A matéria gerou um novo produto. A revista Veja SP se juntou à Kurundu Filmes com a finalidade de produzir um documentário sobre a trajetória de Asa Branca. "Havia recuperado a saúde e se lançava como cantor. Fiquei encantado com sua história, que é inacreditável, e surgiu a ideia. É revolucionário e polêmico. Talvez a maior celebridade brasileira da década de 1990", lembra o jornalista Sérgio Ruiz, produtor do filme. As filmagens começaram em 2016 e se estenderam por dois anos com a meta de entrevistar quantidade representativa de pessoas. Imagens foram gravadas em lugares emblemáticos, como Barretos.

Asa Branca fez uma nova amizade, daquelas com potencial para durar a vida toda. O relacionamento começou de maneira inusitada. Os cineastas envolvidos no filme pensaram em gravar cenas de Asa Branca perto de um helicóptero. Ideia boa, porém difícil de realizar. Afinal, faltava o principal. Começaram a perguntar e pesquisar. Em um rancho, descobriram uma família que emprestou a aeronave.

Pouco antes de começar a gravação, um homem bem à vontade, vestido com bermuda, aproximou-se e acompanhou a sessão de fotografias. Asa Branca, sem pensar, aproximou-se dele e perguntou. "O senhor é o lavador do helicóptero?" A resposta o desconcertou. "Na verdade, eu sou o dono", respondeu o empresário Marcos Zoboli. A produção prosseguiu sem maiores consequências.

No período da noite, Zoboli se surpreendeu com uma visita. Era Asa Branca. "Veio se desculpar com toda humildade. Disse: 'pelo amor de Deus, me perdoa. Não quis ofender.'" Embora não tivesse se incomodado com a confusão, aceitou as desculpas. Surgiu uma grande empatia e conversaram por horas. "Antes, eu o conhecia por nome." A amizade entre os dois se desenvolveu rapidamente e se estendeu aos outros familiares, como conta a mulher do empresário, Maria Luísa Zoboli. Os filhos do casal, Leonardo e Marcos, são fãs do locutor, bem como os irmãos de Marcos, Domingos, Jesus e Pedro. Leonardo, de 9 anos, foi presenteado com um berrante enorme. O instrumento é quase de seu tamanho. Fez sucesso na escola.

A fase estava realmente boa.

Asa Branca fechou uma turnê pelos Estados Unidos, com festas, shows e rodeio em sua terceira viagem pelo país norte-americano, agora com outros status. Na área musical, apresentou-se em Connecticut, Massachusetts e Nova Jersey no mês de novembro. Ficou hospedado na casa de amigos de longa data. Nessa aventura, não contou com o auxílio de Rancharia, cujo passaporte ficou pronto tarde demais.

Além de cantar, o locutor mostrou o talento que o consagrou ao participar do Rodeio Barretos na América na cidade de Brockton, em Boston.

O peão paranaense Eliton Luiz de Souza, o Sorozinho, fez jornada tripla nesse evento: participou da organização, montou em touro bravo e ciceroneou Asa Branca e Sandra. Ficou responsável por acompanhar o casal do aeroporto até o hotel. "Para mim, que sou fã, conhecê-lo pessoalmente significou a realização de um sonho. Na hora de almoçar em uma churrascaria brasileira, eu não conseguia comer. Ficava olhando fixamente para meu ídolo. Muita gente o reconheceu e veio até a mesa conversar."

No almoço, Sorozinho contou a Asa Branca que sempre sonhou em participar de uma montaria ao som de sua voz. No dia seguinte, realizou esse desejo. Asa Branca o apresentou, com entrevista e elogios. O final, no entanto, passou longe do que desejou. "Eu caí e levei um pisão do animal. Por sorte, não quebrei nada." O que ficou dessa passagem: a amizade sincera.

Após tantas descidas abruptas, Asa Branca agarrou essa oportunidade com força. A arquibancada abrigava 10 mil pessoas, a maioria brasileira. Sentiu-se leve e solto. "Foi nesse rodeio que o vi narrar pela primeira vez. Foi emocionante demais vê-lo pertinho. O público foi ao delírio", lembra Jobson Almeida, o Jobinho, que mora nos Estados Unidos há quase duas décadas. Ele e Asa Branca se aproximaram e posteriormente se encontraram em outras oportunidades, inclusive pescaram no rio Negro, no Mato Grosso do Sul, durante dez dias em 2016.

Na questão pessoal, Asa Branca aproveitou a estada em um grande centro médico no mundo e cuidou da saúde. Foram quatro meses de viagem. Retornou feliz com as experiências que vivenciou e com o bolso cheio, com cachês pagos em dólar.

Com 30 anos, a carreira de Asa Branca passou a ser revisitada. Além do documentário, inspirou a produção de um longa-metragem, que será dirigido pelo diretor Guga Sander, da Sentimental Filme, de São Paulo. Para fazer esse filme, a produtora conta com as parcerias da Querosene Filmes e da Universal.

*

O final de 2016 apresentou mais um susto.

Asa Branca se queixava de uma dor frequente na boca e de uma afta que não se curava, mesmo com aplicação de remédios. "Preciso ir ao médico. Estou sentindo que é coisa brava", comentou com Sandra. Procurou novamente o Hospital Emílio Ribas e relatou o que sentia. Foram realizados exames de ressonância, PET-Scan e sangue. Os resultados trouxeram informações negativas, com diagnóstico de um câncer maligno de orofaringe, na parte de trás da boca. A doença incluía a língua, a amígdala e as partes lateral e posterior da garganta.

Apesar de estar novamente com um grave problema clínico, tentou manter a calma e até brincou em suas declarações públicas. "Já domei muito touro. Não vai ser um câncer que irá me derrubar." Mas, no íntimo, preocupava-se sim. Sabia que iria enfrentar mais uma batalha contra um adversário inédito. A notícia se espalhou no começo de 2017 e gerou diversas reportagens e mensagens de apoio dos fãs. Sua luta contra a morte quatro anos antes, ao estar desenganado em um leito de hospital, voltou a ser explorada. Como o câncer se encontrava em estágio avançado, não pôde ser removido com cirurgia. A quimioterapia foi descartada, por estar com a imunidade baixa e existir risco de atingir a artéria aorta. O tratamento para debelar a enfermidade consistiu, portanto, em radioterapia. Teve que retirar alguns dentes.

Como enfrentava uma moléstia letal, não perdeu tempo. Antes de começar sua nova luta, realizou um sonho de Sandra. Ela queria se casar vestida de noiva.

Oficializaram o relacionamento de nove anos intensos em cerimônia realizada em Lourdes, terra natal dela, no dia 19 de abril. No recinto, trocaram as alianças, ofereceram o simbólico sim e receberam os 400 convidados, entre familiares, amigos queridos e pessoas importantes no relacionamento. Os noivos, além de parte dos padrinhos, vestiram-se conforme a tradição do campo, com chapéu e roupas típicas.

Asa Branca apareceu em grande estilo e de forma tradicional. Desembarcou de helicóptero no centro da arena. Saiu a cavalo e cumprimentou a todos. Com semblante tranquilo, entrou no salão e esperou a mulher. Foram momentos de emoção e de alegria. Asa Branca e Sandra choraram e brindaram, abraçaram e foram abraçados, e agradeceram. Um grande dia, de fleuma, entre tantas turbulências e situações inesperadas. "Estou emocionada e agradeço a Deus por chegar até aqui."

Ao final da festança, a realidade retornou. As atenções se voltaram à saúde de Asa Branca. No final de maio, iniciou as sessões de radioterapia no Instituto do Câncer, em São Paulo. Foram 33 procedimentos até agosto. "A boca queimava. Sentia muita dor." Foram meses complicados. A despeito do risco, sua voz não se prejudicou. Voltou a trabalhar na parte final do ano. Em janeiro de 2018, exames revelaram a cura.

O tratamento deixou uma sequela: a perda do apetite. "Sorvete, sopa, pizza e bife acebolado têm sabor de papel", declarou Asa Branca à imprensa. A limitação afetou diretamente sua saúde. Antes de começar o procedimento, sentia-se bem e somava 89 quilos. Seu peso caiu a 66, ou seja, 23 quilos a menos. Ingeria líquidos e poucos alimentos pastosos. "Os médicos dizem que meu paladar vai voltar. Quero comer muito em 2018." O prognóstico, no entanto, estava errado. Nos primeiros meses, a dificuldade não desapareceu. Em agosto, submeteu-se a uma infiltração na boca, o que gerou mais um dia de internação. Com aspecto de fraqueza, recuperou dois quilos.

*

Apesar de estar com a saúde fragilizada, o locutor manteve a empolgação. Gravou mais um disco, batizado como 'Asa Branca e Rancharia', com produção de Sandro Soares e Rancharia e direção-executiva do respeitado produtor musical Arnaldo Saccomani. O lançamento oficial contou com um show no dia 25 de abril, no Villa Country, em São Paulo. O álbum tem dez canções e um poema. Os temas são inspirados no universo do rodeio. As composições são próprias, inclusive com participação de Sandra em duas. Tem homenagem ao cantor Sérgio Reis. 'Na Pegada do Cowboy' se tornou música de trabalho.

Plenamente envolvido nos palcos, considerou ser o momento propício de guardar as tralhas e deixar as arenas. Em 19 de maio de 2018, Asa Branca voltou a um palco histórico em sua carreira, o recinto de exposições de Fernandópolis, onde quase morreu ao ser pisoteado por um boi. Em razão do acidente, abandonou a caminhada errante de peão e se tornou o maior locutor brasileiro de rodeios. Completou sua marcha onde tudo começou. Narrou uma prova pela última vez.

Depois de 35 anos de carreira e participação em 1.600 rodeios e festas pelo Brasil e Estados Unidos, Asa Branca se aposentou sem ressentimento, sem mágoa, sem qualquer culpa. Chegou a hora de parar. "Cumpri a minha missão. Quero pescar bastante. Posso participar de algum rodeio, mas como convidado." Mesmo com a mudança de direção, não perdeu a voz das polêmicas. Suas declarações públicas jamais passam incólumes.

*

O lançamento do documentário 'Asa Branca – A Última Lenda do Rodeio' ocorreu no dia 26 de agosto no North Shopping Barretos. A sessão contou com a participação de familiares, pessoas queridas e imprensa. Estreia perfeita, com sala cheia, discurso saudosista do homenageado e emoção – passado e presente se encontraram. Além de trazer depoimentos, o filme tem uma música composta por Sérgio Reis e Renato Teixeira, chamada de Asa Branca. Não tem a ver com o clássico de Luiz Gonzaga. É uma nova canção, inspirada na biografia do locutor.

Na tarde do mesmo dia, iria ocorrer uma exibição aberta da obra no Palco Culturando, no último dia da 63ª Festa do Peão Boiadeiro. O evento, no entanto, acabou cancelado pela organização. A motivação? Uma entrevista que Asa Branca concedeu ao jornal Folha de São Paulo, na coluna de Mônica Bergamo, com publicação horas antes. A edição do perfil, que ocupou uma página inteira, pinçou uma frase, dentro de um contexto mais amplo, que causou a maior polêmica: 'peço perdão se incentivei a maltratar os animais'. A volta triunfal a Barretos morreu no vazio.

A frase completa de Asa Branca: "Todo dia, antes de dormir, eu peço perdão a Deus se eu incentivei a maltratar os animais. Hoje, não sou a favor, nem contra (os rodeios). Mas não vou mais brigar, nem usar meu nome para defender. Porque quem tem que dizer são os médicos veterinários. E a maioria é contra." A reportagem despertou mais reações.

A ativista Luísa Mell escreveu uma mensagem em sua rede social. "Antes tarde do que nunca! O maior locutor de todos os tempos, Asa Branca, em entrevista na Folha de SP, admite: 'peço perdão a Deus todos os dias se incentivei a maltratar os animais'. Asa Branca amealhou fortuna e sucesso graças aos rodeios. Mas agora, doente e sem recursos, teve a hombridade de assumir toda a crueldade que envolve o rodeio. Poderia morrer como uma lenda dessa covardia, mas teve a dignidade de pedir perdão a Deus e assumir isso publicamente! Como eu sempre digo, só defende essa crueldade quem só pensa em seu próprio lucro e benefícios!" A mensagem foi compartilhada por milhares de seguidores.

O próprio Asa Branca se viu obrigado a publicar uma nota oficial e explicar sua versão. "Eu confirmo todas as declarações publicadas no jornal. Não quis ofender ninguém, muito menos generalizar. Amo os peões e as demais pessoas que trabalham nas arenas. Quando comecei no circuito, lá pelos anos 80, havia pouca consciência sobre a questão do trato dos animais. Acompanhei de perto o quanto isso mudou, sobretudo nos maiores rodeios, que possuem veterinários e médicos de outras especialidades para cuidar dos bichos levados", declarou.

Em outra parte do comunicado, concluiu. "Com minha ajuda e do ex-presidente da República Fernando Henrique Cardoso, a profissionalização ganhou impulso e a turma foi seguindo esse caminho. Os defensores dos animais fizeram seu papel, fiscalizando de perto o que ocorre nas arenas. Sou grato ao universo do rodeio pela carreira que construí e por ter contribuído com a profissionalização da narração. O mundo do rodeio passa por transformações. Assim como antes a narração era feita de cima de um palco e eu a levei para o meio da arena, o bem-estar dos animais merece um cuidado muito maior comparado ao tempo em que comecei."

Além de ser o maior expoente do esporte por mais de uma década, Asa Branca e um grupo de profissionais desse meio defenderam a classe de maneira oficial, com a fundação da Confederação Brasileira de Rodeio, em 1996. O objetivo da instituição, sediada em uma sala do Ginásio do Ibirapuera, em São Paulo, consistia em buscar melhorias à profissão. Em 2006, deixou a presidência e a confederação se extinguiu.

Após superar mais essa polêmica, Asa Branca e Sandra seguiram para uma temporada em Boston, Estados Unidos, em setembro de 2018.

No Brasil, a viagem foi imaginada com focos bem delineados: descansar, passear e relaxar, visitar os amigos e cuidar da saúde.

Trabalhos esporádicos, com shows musicais em casas noturnas e participação em eventos do mundo country, também estavam no radar.

Mas nada saiu como planejado.

A dor na boca, que já incomodava no Brasil, ficou cada vez mais forte. Sem comer nada sólido, Asa Branca emagreceu e chegou a menos de 70 quilos. Só ingeria líquidos. Sentia falta de arroz, de feijão e de bife.

O problema, no entanto, era maior. Foi constatada uma necrose nos ossos do maxilar, em decorrência das sessões de radioterapia feitas em 2017.

Nesse local afetado, ocorreu uma infecção, que rendeu 20 dias de internação. Depois, foi hospitalizado mais duas vezes, em uma delas contraiu uma bactéria.

Os médicos norte-americanos ofereceram duas opções para resolver o problema: uma cirurgia, com risco de morte, ou um tratamento mais longo e menos invasivo, na câmara hiperbárica, uma modalidade terapêutica na qual o paciente inala oxigênio puro, com pressão maior do que a atmosférica.

O casal escolheu a segunda opção. Foram realizadas 30 longas e cansativas sessões. Em uma entrevista concedida à Revista Veja em 5 de abril de 2019, Asa Branca disse uma frase que foi alçada ao título: 'eu me recuso a morrer'.

Depois de dez meses, não apareceram os resultados esperados. Pelo contrário. O quadro piorou de forma considerável. Além da boca, as dores se manifestaram no queixo e na garganta. Uma lesão foi constatada perto da aorta, a maior e mais importante artéria do corpo humano. A suspeita é de que o câncer voltou.

No dia 30 julho de 2019, Asa Branca e Sandra chegaram a São Paulo para buscar respostas definitivas. Ao lado de parentes e dos amigos queridos, uma nova jornada foi iniciada, com fé e determinação.

O que eles mais temiam, no entanto, confirmou-se, e da pior maneira possível. O câncer não só retornou de forma agressiva, como se espalhou pela face e garganta. Debilitado, passou a se alimentar por sonda.

Os médicos cogitaram cirurgia ou quimioterapia, mas as duas possibilidades acabaram descartadas. A primeira opção trazia importante risco de morte. Na segunda, o sofrimento seria grande e não havia garantia de cura.

Sem perspectiva, foi encaminhado para o setor de Cuidados Paliativos do Instituto do Câncer. Recebeu apoio psicológico e tratamento menos invasivo e doloroso. Depois de 15 dias de internação, obteve alta e voltou para casa. A medicina não teve mais recursos técnicos para resolver seus problemas clínicos.

Após digerir o trágico diagnóstico, iniciou um período soturno de despedidas das pessoas amadas, de acerto de contas com o passado e de encontros inusitados, com figuras com as quais se desentendeu em famosos embates midiáticos.

Asa Branca esteve acompanhado de velhas parceiras: as opiniões polêmicas sobre o universo dos rodeios.

REMATE

Waldemar Ruy Asa Branca dos Santos é o maior locutor brasileiro de rodeio de todos os tempos. O menino de Turiúba foi lavador de avião, jogador de futebol sem futuro, vendedor de cachorro frustrado, ajudante de pedreiro em momento de limitação financeira e peão boiadeiro sem habilidade antes de se encontrar, de forma definitiva, na locução das festas do peão, onde fez uma transformação.

Após a imersão pelos Estados Unidos, trouxe inovação ao Brasil. Usava microfone sem fio na narração, trabalhava dentro das arenas, colocou sonoplasta para executar clássicos do rock, ofereceu voz aos peões, apresentou um estilo radiofônico e moderno, criou versos e contribuiu na transformação do rodeio em um espetáculo de grande público e com apelo midiático.

O evento oriundo do interior terminou alçado a outro patamar justamente no momento em que Asa Branca vivenciou o auge da profissão na década de 1990. Com seu carisma, energia, criatividade, raciocínio rápido, presença, estilo peculiar e invenções, como a chegada em uma aeronave ou de paraquedas, chamou a atenção do público, dos contratantes e até dos diretores de novela.

Sim, Asa Branca participou de três folhetins no intervalo de sete anos. Em todas as oportunidades, interpretou a si mesmo. Prova de sua popularidade e estatura. Apresentou programas de televisão, pisou em grandiosos palcos e se tornou número um em sua área. Em um mês comum, embolsava 300 mil reais. Dono de avião, de helicóptero, de carros importados e de duas mil cabeças de boi, chegou a ser chamado de 'James Dean de chapéu'.

"O Asa Branca é um pioneiro, com contribuição de valor inestimável. Deixou uma marca que, dificilmente, será repetida. Muita gente tentou copiá-lo, mas ninguém conseguiu", afirma o cantor Sérgio Reis.

A apresentadora Sônia Abrão salienta uma característica de sua personalidade. "Sempre teve ousadia: desde abrir um rodeio com uma emocionante oração à Virgem Maria até aterrissar na arena de helicóptero. Coisas de quem sabe ser e fazer o show. Eu odeio rodeio, mas admiro o Asa Branca."

"Se não fosse o Asa Branca, o rodeio como todos conhecem nem existiria. Foi um showman, um fenômeno. Trouxe novidade, juventude e diferenciais. Abriu caminho para um monte de gente. Poucos reconhecem, mas é a mais pura verdade", garante o locutor Marco Brasil.

O sucesso, no entanto, não fez bem.

Subiu ao topo rapidamente, sem ter uma base firme no chão, que ajudasse a suportar a pressão, organizar-se na fartura e investir parte dos ganhos. Gastava fortunas com a mesma velocidade que ganhava. Bebia uísque, consumia maconha e cocaína, praticava sexo sem proteção, patrocinava noitadas e gastava demais com o aluguel de aeronaves. Teve uma vida autodestrutiva.

A rotina desregrada cobrou um preço alto demais e com juros exorbitantes. Tornou-se soropositivo e teve criptococose, meningite bacteriana, hidrocefalia e câncer. Ao juntar todas as doenças, contabiliza mais de cem dias de internação e a perda de metade do peso. Desafiou e venceu a morte diversas vezes. O vício o afastou do convívio familiar. Não acompanhou a infância dos seis filhos, o que prejudicou a relação entre eles.

Reconhece que os excessos, em diversos campos, atrapalham. "Se eu pudesse hoje dar um conselho ao Asa Branca da década de 1990, diria: não se drogue e invista os esforços em sua família." No campo profissional, pouco mudaria. "Eu tinha que ser peão mesmo." A cocaína, reconhece, atrapalhou demais. "É a única coisa que me arrependo. A droga estragou tudo", finaliza.

O pior inimigo de Ruy foi o próprio Asa Branca.

ANEXOS

PESSOAS ENTREVISTADAS

(por ordem alfabética)

Antônio Cabrera Mano Filho. Anderson Filipe. Benedito Amaro da Silva. Carlos Filipe. Capataz. Cida Caran. Cesar Gomes da Silva. Della Morena. Eliton Luiz de Souza. Emílio Carlos dos Santos. Esnar Ribeiro. Fabiano Rancharia.Francisco Graziano. Giuliano Verdi. Gustavo Santos Vulpini. Jair Honório de Oliveira. José Bartolomeu Ernesto. José Edson Cabral. José Gomes de Sá.

José Rodrigues Pereira. José Wilson Freire. Jobson Almeida. Leonardo Zoboli. Luiz Carlos Bombonato Goulart (Luizão). Maria Luísa Zoboli. Marco Brasil. Márcio Issas.

Marcos Zoboli. Marcelo Figueiredo. Marival Correa. Milton Barbosa Santigo (Django).

Miguel Luís Lopes. Moisés Alves de Oliveira Júnior. Nádia Maria dos Santos Vulpini. Neges Roberto Reverendo Vidal Júnior. Oscar Roberto Godói. Paulo Marques da Costa. Reginaldo Bacani Posso. Rita Cadillac. Rosana Alves Campasso. Sandra Maria Asa Branca dos Santos. Sérgio Reis. Sérgio Ruiz. Silvia Poppovic. Sônia Abrão. Tiago Santos Vulpini. Vanderlice Teixeira de Sá. Muryel Cardoso Silva. Paulo Marques da Costa. Waldemar Ruy Asa Branca dos Santos.

POEMA

Nas três divisões do livro, constam trechos da música Asa Branca, composta por Sérgio Reis e Renato Teixeira. A música integrou o documentário 'A última lenda do rodeio', uma produção da Revista Veja SP e da Kurundu Filmes, que foi lançado em 2018.

Música completa

Quando nasceu Asa Branca
um anjo torto falou
Esse será diferente daquele que Luiz Gonzaga cantou
Será astuto e atrevido, instigante e falador
Um sujeito destemido surgirá dos céus numa luz de amor
E pousará nas arenas e dirá com muito ardor
Que nos rodeios da vida uma briga é do touro a outra é do montador
Viva o peão atrevido, viva o nosso locutor
Senhora de Aparecida protegei o contendor
Seja touro seja gente, os cubra com seu amor
E afastai Asa Branca desse mundo pecador
Assim surgiu Asa Branca
Nas arenas do Brasil
E se fez a voz do povo, orador da coragem, ligeiro e sutil
Poeta da valentia, menestrel e trovador
Antes do touro era ele acedendo emoções como nunca se viu
No coração das arenas o mundo inteiro se abriu
E agora tudo podia que venham os dias loucura feliz
Viva o peão atrevido, viva o nosso locutor
Senhora de Aparecida protegei o contendor
Seja touro seja gente, os cubra com seu amor
E afastai o Asa Branca desse mundo pecador
Mas de que vale o juiz
se não houver condutor?
Se não houver o caminho
pra que serve o vinho,
pra que serve o pão?
Todos os riscos caminham juntos com as emoções
Não pressentiu o perigo, nem mesmo os amigos chamando atenção
Não foi a seca Asa Branca, foi uma inundação

Que devastou a poesia, feriu a alegria e matou o peão
(Asa Branca) Esta homenagem de Renato Teixeira e Sérgio Reis me faz sentir
os tempos de peão e de locutor, por isso deixou saudade e muito amor
Segura Sérgio Reis e Renato Teixeira!
É no buraco do tatu que a urutu gosta de morar
Viva o peão atrevido, viva o nosso locutor
Senhora de Aparecida protegei o contendor
Seja touro seja gente, os cubra com seu amor
E afastai o Asa Branca desse mundo pecador.

DEDICATÓRIA

Aos meus filhos Isabela e João Pedro, as minhas melhores partes.

AGRADECIMENTOS

A Mariana Daher, pelo incentivo, parceria, leituras críticas e amor.

Ao meu pai, Pedro, e minha mãe, Vera, os grandes exemplos de minha vida.

Aos meus irmãos Pedro Jr. e Tiago Marques, os meus melhores amigos.

Ao jornalista Franklin Catan, pela companhia e generosidade.

A Sandra Santos, pela franqueza, amizade e paciência.

Ao Asa Branca, pela confiança, liberdade e disposição.

A Nádia Vulpini, por compartilhar suas memórias.

Ao advogado Carlos Raniero, pela amizade, 259 cafezinhos e orientação jurídica.

Ao casal Abrão e Iany Daher, por cuidar das crianças em nossas ausências.

À psicóloga Léia Trindade, pelo profissionalismo, orientação e palavra construtiva.

Ao editor Gustavo Abreu, que acolheu esta história no Grupo Editorial Letramento.

E a todas as pessoas que, de alguma forma, ajudaram a tornar esse projeto possível.

REFERÊNCIAS BIBLIOGRÁFICAS

Livros

ARBEX, Daniela. *Holocausto Brasileiro*. São Paulo: Geração, 2013.

ARAÚJO, Paulo Cesar de. *Roberto Carlos em detalhes*. São Paulo: Planeta, 2006.

BATISTA e MEDEIROS, Márcia e Anna. *Silvio Santos, a biografia*. São Paulo: Universo dos Livros, 2017.

CAPOTE, Truman. *A Sangue Frio*. São Paulo: Companhia das Letras, 2003.

CARVALHO, Franklin. *Céus e Terra*. Rio de Janeiro: Record, 2016.

DINIZ, Abilio. *Novos caminhos, novas escolhas*. Rio de Janeiro: Objetiva, 2016.

GRAZIANO, Francisco. *O Real na estrada*. São Paulo: Paulicéia, 1995.

LEE, Rita. *Uma autobiografia*. São Paulo: Editora Globo, 2016.

MATOGROSSO, NEY. *Vira-lata de raça*: memórias. São Paulo: Tordesilhas, 2018.

MEDEIROS, Jotabê. *Belchior – Apenas um rapaz latino americano*. São Paulo: Todavia, 2017.

VARELLA, Drauzio. *Carcereiros*. São Paulo: Companhia das Letras, 2012.

Reportagens e entrevistas

"Asa Branca a última lenda dos rodeios". *Diário da Região*, 18 de agosto de 2018.

"Asa Branca tem mais uma batalha pela frente". *Rodeio Magazine*, 3 de maio de 2017.

"Asa Branca conta experiência extraterreste em fórum de ufologia". *Diário da Região*, 15 de maio de 2015.

"A despedida de uma das lendas das arenas". *Diário da Região*, 18 de maio de 2018.

"Após perder fama e dinheiro, Asa Branca tenta retomar carreira". *Veja SP*, 31 de outubro de 2015.

"Dupla Sertaneja vai ajudar o locutor Asa Branca". *R7*, 21 de junho de 2013.

"Documentário sobre Asa Branca abordará luta do locutor pela vida". *R7*, 21 de agosto de 2018.

"FHC dá o golpe do século em Barretos". *Folha de São Paulo*, 1° de setembro de 1994.

"FHC faz campanha na festa do peão de Barretos". *Folha de São Paulo*, 29 de agosto de 1994.

"Gastei tudo na noite com bebida, drogas e festas". *Quem acontece*, 17 de abril de 2018.

"Geraldo Luís mostra volta de Asa Branca aos rodeios". *O Fuxico*, 17 de agosto de 2014.

"Ibirapuera faz festa para vaqueiros". *O Estado de São Paulo*, 4 de novembro de 1988.

"Ibirapuera prepara festa do interior". *O Estado de São Paulo*, 2 de novembro de 1988.

"Locutor Asa Branca termina tratamento contra câncer na garganta". *Veja SP*, 5 de janeiro de 2018.

"Locutor de rodeios diz em evento no RS ter chip na mão colocado por ET's". *G1*, 7 de junho de 2016.

"Morre o irmão do locutor de rodeio Asa Branca". *Diário da Região*, 29 de setembro de 2014.

"O Lado Obscuro da vida de Asa Branca". *RC Magazine*, 2009.

"O Renascimento do locutor Asa Branca". *Diário da Região*, 19 de janeiro de 2014.

"Peço perdão se incentivei a maltratar animais". *Folha de SP*, 26 de agosto de 2018.

"Sucesso e queda de Asa Branca serão mostrados em doc". *UOL*, 21 de agosto de 2018.

"Sérgio Reis e Renato Teixeira gravam canção em homenagem a Asa Branca". *Veja SP*, 3 de agosto de 2018.

Programas de televisão

A Tarde é Sua, Rede TV, 2018.

A Tarde é Sua, Rede TV, 2013.

Aparecida Sertaneja, TV Aparecida, 2018.

Balanço Geral, TV Record, 2013.

Balanço Geral, TV Record, 2017.

Domingo Show, TV Record, 2016.

Domingo Espetacular, TV Record, 2018.

Domingão do Faustão, TV Globo, ano não identificado.

Domingo Legal, SBT, ano não identificado.

Entrevista, TV Rodeio, 1995.

Especial Amigos, TV Globo, 1996.

Globo Repórter, TV Globo, 1992.

Programa Sensacional, Rede TV, 2016.

Programa Marco Brasil, canal Youtube, 2016.

Programa HEBE, SBT, ano não identificado.

Programa Silvia Poppovic, Rede Bandeirantes, ano não identificado.

Programa do Ratinho, SBT, 2015.

Mariana Godoy Entrevista, Rede TV, 2015.

Som Brasil, TV Globo, ano não identificado.

Novelas

Ana Raio e Zé Trovão, Rede Manchete, 1990/1991.

Mulheres de Areia, TV Globo, 1993.

O Rei do Gado, TV Globo, 1996/1997.

TESES

PERINELLI NETO, Humberto. *A construção da paisagem do sertão no Brasil moderno*: investigando e interpretando a Festa do Peão de Boiadeiro de Barretos (1956-1972). Franca: Faculdade de História, Direito e Serviço Social. Programa de Pós-Graduação em História, 2002. Dissertação (Mestrado em História).

GOMES DA SILVA, Cesar. *Da festa ao território*: o rodeio no Estado de São Paulo e sua mercantilização. Rio Claro: Instituto de Geociências e Ciências Exatas. Programa de Pós-Gradução em Geografia, 2016. Tese (Doutorado em Geografia).

FOTOS

FOTOS 1, 2, 3 e 4

Crédito: Arquivo Nádia Vulpini

FOTOS 5 e 6

Crédito - André Vinha/Diário da Região/21/4/1996

FOTOS 7, 8, 9 e 10

Crédito - Leandro Gasparetti/Revista Magazine Agrofest/2015

FOTOS 11 e 12

Crédito - Arquivo Nádia Vulpini

FOTO 13

Crédito – Arquivo Asa Branca

FOTO 14

Crédito – Toninho Cury/23/6/2000

FOTO 15

Crédito – Arquivo Asa Branca

FOTO 16

Crédito – Hamilton Pavan/Diário da Região/13/1/2014

FOTOS 17, 18, 19, 20, 21, 22, 23, 24, 25 e 26

Crédito – Arquivo Asa Branca

FOTOS 27, 28 e 29

Crédito - Tiuballa Moreira/28/1/2017

FOTO 30

Crédito - Leandro Gasparetti/Revista Magazine Agrofest

FOTO 31, 32, 33, 34 e 35

Crédito – Arquivo Asa Branca

FOTO 36

Crédito – Pierre Duarte/Barretos/2016

Ruy, o menino arteiro

Os irmãos Nenza, Bil, Nádia, Ruy e o pai, Waldemar. Formatura de Nádia

Aos 14 anos, Ruy se emocionou no casamento de Nádia

Fazenda em que Ruy passou a infância em Turiúba (SP)

Marca registrada de Asa Branca: chegada de helicóptero na arena

Em sua segunda casa: a arena de Barretos

Destemido, Asa Branca levou a narração para dentro da arena

Asa Branca dança animado no rodeio de Bady Bassitt

Ensaio fotográfico de Asa Branca no campo

Com o parceiro de música, o violeiro Rancharia

Asa Branca na inauguração da escolinha de futebol de Luizão, em São José do Rio Preto, junto com Hortência

Com os cantores Juliano César e Sérgio Reis

Locutor reflete ao falar do passado em uma entrevista

Um dos shows que fez em boates

Asa Branca e a esposa, Sandra, com o ator Marcos Frota

Asa Branca segura Bianca, sua filha, ao lado de Sandy e Júnior

Reunião com o ex-governador de São Paulo Geraldo Alckmin

Asa Branca e Reginaldo Bacani Posso, amigos desde a juventude

Com o amigo Marcos Zoboli

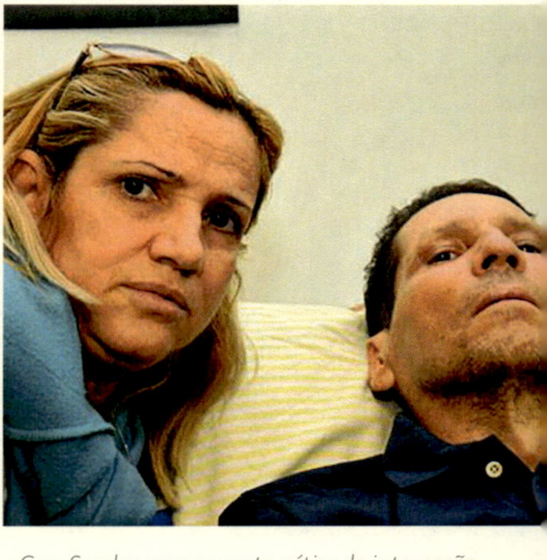

Com Sandra em momento crítico da internação

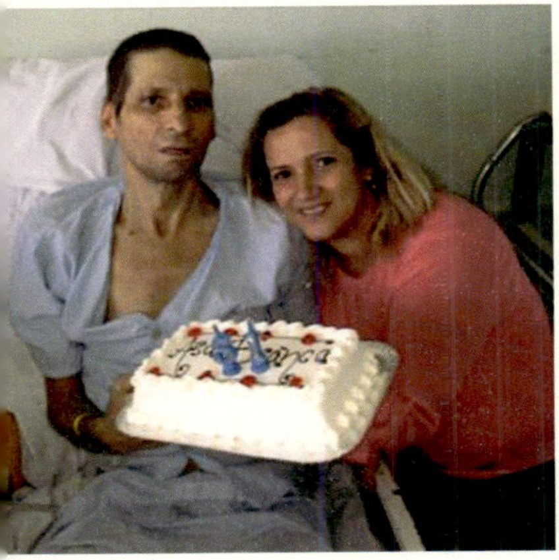

Asa Branca festejou aniversário dentro do hospital

Entrevista para Geraldo Luís, no período de recuperação

Emoção de Asa Branca na volta às arenas

Emoção no casamento de Asa Branca e Sandra

Casamento de Asa Branca e Sandra: da chegada de helicóptero até o beijo

Entrevista tranquila no interior paulista

Casal vai a igreja agradecer às bênçãos

Asa Branca com sua filha Lara Lemos

Locutor e Vinicius, neto de Sandra

Asa Branca com a neta Laryssa

Asa Branca com os amigos que moram nos Estados Unidos

Imagem captada na gravação do documentário sobre o locutor